KB150137

베트남 투자 · 창업자가
꼭 알아야 할 베트남 법

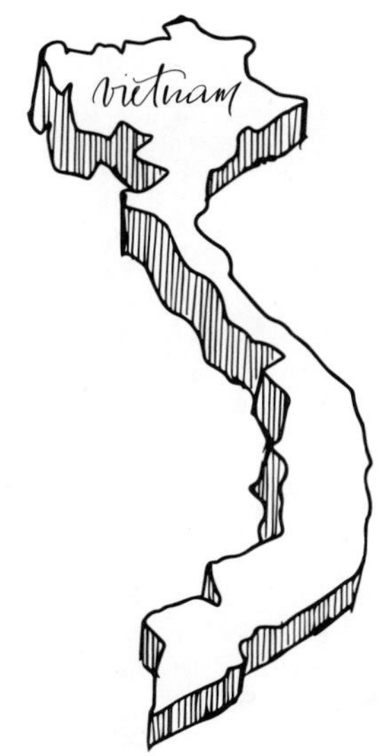

베트남 투자 · 창업자가
꼭 알아야 할 베트남 법

초판발행	2018년 4월 11일
1판2쇄발행	2018년 5월 23일
1판3쇄발행	2018년 7월 20일
2판1쇄발행	2019년 1월 15일
2판2쇄발행	2022년 7월 15일
지 은 이	김유호
발 행 인	오세형
디 자 인	정승민
제작지원	TOPIK KOREA
발 행 처	(주)도서출판 참
등록일자	2014년 10월 12일
등록번호	제319-2015-52호
주 소	서울시 동작구 사당로 188
전 화	도서 내용 문의 (02)6294-5742
	도서 주문 문의 (02)6294-5743
팩 스	(02)6294-5747
블 로 그	blog.naver.com/cham_books
이 메 일	cham_books@naver.com

ISBN 979-11-88572-06-9(13320)

베트남 **투자·창업자**가

꼭 알아야 할 베트남법

도서출판 참

추천사

베트남은 원대한 포부를 갖고 있는 나라입니다. 응웬 쑤언 푹(Nguyen Xuan Phuc) 베트남 총리가 강조하듯 베트남은 IT 기술 등 4차 산업혁명의 솔루션을 통해서 하이테크 투자를 육성하기 위한 정책을 펼치면서, 머지않아 아세안의 중심국가가 될 것이며 글로벌 제조공장으로서 국제정치경제 관계에서 중요한 행위자가 될 것입니다. 베트남에는 전근대와 근대 그리고 사물인터넷 시대가 공존하고 있습니다. 얼마 전까지 기본적인 외국인 투자 법을 배우기 위해 노력하던 베트남 관리들이 이제는 경쟁 법을 만들고 있고, 블록체인과 핀테크에 관련된 법을 만들고 있습니다. 오토바이 물결과 지하철 건설 현장이 교차하는 하노이 시내만큼 베트남의 법률 풍경은 현기증이 날 정도로 다양한 층위로 구성되어 있습니다. EU와의 FTA 발효를 앞두고 있는 베트남은 더 많은 외국인 투자를 받아들이기 위해 각종 외국인 투자 관련 제도와 법의 국제적 기준을 적극 수용하고 있으며, 모든 분야에서 빠른 속도로 글로벌화하고 있습니다. 베트남인들은 개방적이고 자존심이 강하며 놀라울 정도로 유능하므로 우리가 생각하는 것보다 빨리 베트남의 풍경이 글로벌하게 변화할 것입니다. 이러한 베트남 경제의 전환기에 이 책은 우리들에게 법률의 중요성을 깨우쳐주고 나아가 베트남이라는 비즈니스의 바닷길을 항해하는데 유용한 길잡이가 될 것입니다.

김도현 주 베트남 대한민국 대사

누구나 번역된 베트남 법을 읽고 베트남 법을 아는 것처럼 이야기할 수는 있다. 그러나 베트남인과 문화를 이해하고, 쓰인 법과 다른 베트남의 실무까지 정확하게 알고 업무를 처리하는 한국인 변호사는 이 책의 저자인 김유호 변호사가 유일할 것이다.

Pham Tien Van (전) 주한 베트남 대사

한국과 베트남의 관계는 1992년 수교 이래 놀라운 발전을 거듭해오며 한국의 대베트남 투자는 600억불에 도달하여 제1의 투자국이 되었습니다. 양국 간의 관계가 앞으로도 순조롭게 발전하기 위해서는 우리 기업들이나 교민들이 베트남 법에 관한 지식을 넓혀야 한다고 생각됩니다. 독자 여러분께서 이 책을 잘 활용하신다면 베트남 경제 활동에 큰 도움이 될 것으로 믿습니다.

이혁 한・아세안센터 사무총장

이 책은 코트라 고문 변호사를 역임했던 김유호 변호사의 오랜 실무 경험의 역작입니다. 특히 베트남에 첫걸음을 내딛는 사람에게는 귀중한 필독서입니다.

박철호 코트라 하노이 무역관장

지난 10년 이상 베트남 경제 현장에서 일한 변호사 답게 현재의 법 뿐아니라 과거의 히스토리까지 비교하며 기업가들이 필수적으로 알아야 할 법을 아주 쉽고 일목요연하게 정리해 놓은 책이다. 이미 베트남에서 기업을 하시는 분 뿐 아니라 투자를 준비하는 기업의 실무자, 경영자 그리고 한국에서 베트남 관련 업무를 하시는 분들께 꼭 권하고 싶은 책이다. 읽은 만큼

시행착오를 줄일 수 있다고 확신한다.

류항하 하노이 상공인 연합회 (코참) 회장

베트남에 진출한 기업들의 가장 큰 애로가 현지 법률의 모호성과 이에 따른 이해부족인데 저자는 풍부한 경험을 기반으로 이슈를 파악하고 독자의 눈높이에 맞춰 이해하기 쉽게 길을 제시하였습니다. 이 책이 베트남에 관심있는 우리 기업들에게 길잡이가 되었으면 합니다.

임충현 대한상공회의소 베트남 사무소장

하노이 수출인큐베이터에서 명강의를 접하고 우리만 듣기에는 아깝다고 생각했는데 출간을 환영합니다! 베트남 진출을 고심하시는 모든 중소기업분들께 이 책을 필독서로 적극 추천합니다.

김광석 중소기업진흥공단 하노이 수출인큐베이터 소장

국경을 넘어 온다는 것은 새로운 세상으로의 유영이 되겠지만 도전과 극복의 시간이기도 하다. 사업과 정착을 위해서 반드시 넘어야할 산, 그 등산로 입구에 그려진 지도가 바로 김유호 변호사의 "베트남 투자 · 창업자가 꼭 알아야 할 베트남 법" 이다.

윤상호 베트남 하노이 한인회장

김유호 변호사께서는 대사관과 한인회 고문변호사로서 베트남에 진출해 있는 많은 한국기업들의 등대역활을 해주신 분이시다. 이 책은 베트남에서 오랫동안 변호사의 경험을 중심으로 애매한 베트남 법을 분야별 특성에 맞게 다양하게 구성하여 분석한 책으로 베트남에서 사업을 하고 계시는

분이나 베트남에 진출을 하고자 하는 기업들에게 특별한 노하우를 전수하는 책으로 많은 도움이 되리라 생각한다.

고상구 (전) 베트남 총연합 한인회장

넘쳐나는 정보의 시대, 그러나 그만큼 정확하지 않은 정보 또한 사실처럼 넘쳐나는 것도 현실이다. 이 책은 베트남 최고의 전문가인 김유호 변호사가 겪었고 지금도 진행 중인 살아있는 진짜 정보를 담고 있다. 베트남 법을 정확하게 알고 사업을 하려는 분들은 반드시 읽어야 할 필독서이다.

신동민 베트남 신한은행 은행장

정말 반가운, 좋은 소식입니다. 많은 고객과 다양한 상황을 상의하면서 법률에 대한 지식 부족으로 어려움이 많았는데 보고 참고할 수 있는 책이 생겼다는 것은 복음입니다. 늘 옆에 두고 사랑할 애인이 생긴 거지요.

김승록 베트남 우리은행 은행장

전통문화의 기반아래 관습법이 여전히 유효한 베트남사회에서 법률에 대한 사회문화적 이해는 기업의 성공을 좌우하는 큰 요인이라고 할 수 있습니다. 사회주의 체재에서 자본주의의 체재로 급격하게 사회 전반이 전환되는 역사적 현장에서 직접 겪은 저자의 경험은 저자는 물론 우리에게 소중한 자산입니다. 이를 독자들과 공유하려는 저자의 의지가 충분히 반영되었다고 생각합니다. 아울러 복잡한 법률 문제를 사례를 들어 알기 쉽게 설명한 점은 베트남 현장을 다년간 몸소 체험한 저자만이 쓸 수 있는 글이라 생각합니다.

박낙종 (전) 베트남 한국문화원장

머리말

베트남은 세계무역기구(WTO) 가입, 환태평양 경제동반자 협정(TPP)과 자유무역협정(FTA) 등 세계 경제시장 변화의 중심에서 많은 투자자의 관심을 받고 있습니다. 2018년 현재, 한국은 베트남의 1위 투자국이며 앞으로도 더욱 많은 분야에서 한국의 참여와 역할은 계속 커질 것입니다.

베트남이 WTO에 가입하고 개방을 하기 시작한 2007년도에 베트남 현지 대형 로펌에서 일한 것을 계기로, 한국계 로펌으로는 최초로 베트남에 진출한 법무법인 로고스와 인연을 맺어 하노이 지사장으로, 그리고 지금은 세계 최대 글로벌 로펌 중 하나인 베이커 맥킨지 로펌의 베트남 사무소에서 근무하며, 베트남에 진출하면서 법을 몰라 어려움을 겪는 많은 개인과 기업을 보게 되었습니다. 수백 번 같은 질의를 받고, 비슷한 사기를 당해 사업에 어려움을 겪는 분들을 보며, 베트남에 진출할 때 가장 궁금해하고 꼭 알아야 하는 베트남 법과 관련 사례들을 누구나 쉽게 이해할 수 있게 한 곳에 정리된 자료로 만들어야겠다는 생각을 하게 되었습니다.

이 책에서는 베트남 시장에 처음 진출하는 분 뿐만 아니라 이미 베트남에 진출하여 사업을 하며 법적인 부분에서 어려움을 겪고 계시는 분, 그리고 베트남 사업을 확장하려고 하시는 열정적인 기업 경영인에게 꼭 필요한 정보를 정리했습니다.

책을 내는 데 많은 도움을 주신 베이커 맥킨지 로펌과 법무법인 로고스의 변호사와 직원분들, 오랫동안 함께 일했던 류두현 변호사님과 Giang 변호사님, 법률신문사 권용태 부장님, 박낙종 전 한국문화원장님, 도서출판 참의 오세형 대표님, 세금 관련 내용을 감수해 주신 엄진용 회계사님, 흔쾌히 라이프 플라자 잡지에서 편집한 표의 사용을 허가해주신 하경옥 실장님, 그리고 항상 저를 응원하고 지지해주는 가족에게 감사의 마음을 전합니다.

김유호

2018년 봄, 하노이에서

(현) 베이커 맥킨지 로펌, 베트남 법무부 등록 외국변호사

(전) 법무법인 로고스, 하노이 지사 대표

1. 법 체계 이해하기

2. 사무실 임대, 토지 취득, 부동산 사업, 주택 구입

3. 회사 설립

ENTS

CONT
목차

ENTS

LAW

PART 01

법 체계 이해하기

!KEYPOINT

1 베트남 법률 적용을 위해서는 법뿐만 아니라 그 법에 대한 하부 시행령과 시행세칙이 있어야 실제로 적용할 수 있는 경우가 빈번하다.

2 베트남 특성상 같은 법을 적용해 처리하는 문제도 베트남의 담당 공무원이나 관련기관의 유권해석에 따라 달라지는 경우가 종종 발생한다.

3 최근 들어 베트남 정부는 법을 엄격히 적용하는 추세다.

법률 시스템

많은 사람들이 베트남 법이 애매모호하고 법과 실제 업무처리가 다른 경우가 많아 사업하기 쉽지 않다고 말한다. 사실이다. 예를 들어 베트남 법상 ○○허가서는 영업일 20일 내에 발행해야 한다고 명시되어 있더라도 실제 발행까지 수개월이 걸리는 경우도 있고 불법 파업 노동자에 대한 처벌 규정이나 정당하게 합의된 토지보상을 거부하고 이주하지 않는 주민에 대한 강제이주 규정과 절차가 있음에도 불구하고 법 적용을 하지 않아 사업 수행에 차질을 빚기도 한다.

그뿐만이 아니다. 새 법이 만들어졌지만 그 법에 대한 시행령[1]과 시행세칙[2]이 없어 난감한 경우도 있다. 예를 들어 법에서는 "나쁜 짓

---

1 어떤 법률을 실제로 시행하는 데 필요한 상세한 세부 규정을 담은 것. 법령에는 모든 상황을 모두 규정할수 없으므로 큰 원칙만 정해놓고 시행령을 통해 케이스별 자세한 실천방식을 규정한다.

2 시행령을 어떻게 적용할 것인가에 대해 구체적으로 규정한 것

을 하면 처벌받는다."라고 규정하지만 '나쁜 짓'이 구체적으로 무엇을 의미하고 구체적으로 어떤 처벌을 받는지 알 수 없다. 그래서 시행령에서는 "절도는 나쁜 짓이고 벌금이나 징역형에 처해질 수 있다"라고 규정하고 시행세칙에서는 "500달러 이상 가치 있는 물건을 훔친 자는 1천 달러 이하의 벌금 또는 1년 이하의 징역에 처한다."라고 구체적으로 명시한다. 그런데 문제는 법은 개정되었는데 시행령과 시행세칙이 개정되지 않아 개정된 법률의 실제 적용이 어렵거나 심지어 내용상 서로 충돌한다는 것이다. 만약 법이 "나쁜 짓이나 모욕적인 짓을 하면 벌을 받는다. 본 법은 옛날 법을 대신한다."로 개정되었는데 이 개정법에 대한 시행령과 시행세칙이 개정되지 않았다면 '모욕적인 짓'에 대한 명확한 정의와 세부사항이 포함된 새 시행령과 시행세칙이 나오기 전까지는 타인을 흉보는 것이 모욕적인 것인지에 대한 논란이 있을 수 있다. 또한 흉을 보는 내용이 사실인지 거짓인지에 따라 처벌 여부와 처벌 수위가 달라질 수 있어 사실상 새 법을 적용하기 어려울 수도 있다. 이런 경우, 관련기관에 공문

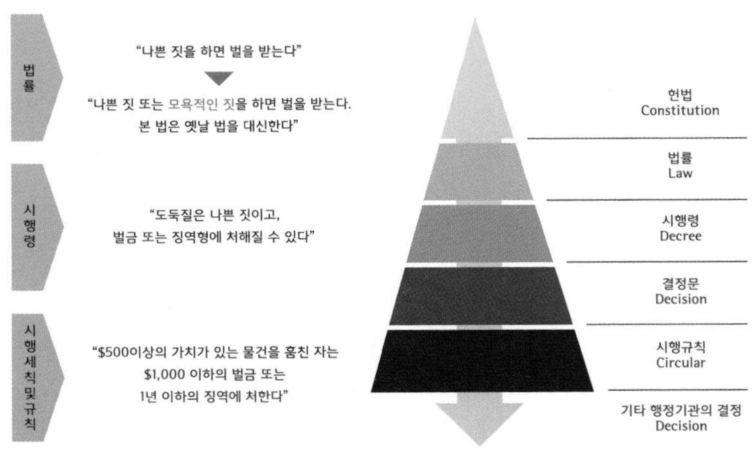

을 보내 답변을 받는 것이 좋지만 현실적으로 공식적인 서면 질의를 하더라도 답변이 없는 경우가 많다.

베트남의 기업법과 투자법 조항 해석이 불명확한 경우도 있고 환경법이나 토지법 등 다른 법들과 내용상 상충되어 같은 법을 적용해 처리하는 문제도 베트남의 담당 공무원이나 관련기관의 유권해석에 따라 달라질 수 있다. 이런 이유로 같은 기업법과 투자법을 적용해 설립하는 회사도 지역에 따라 요구하는 서류나 절차가 다를 수 있다. 심지어 담당 공무원이 관련 법규가 바뀐 사실을 모르고 수년 동안이나 이미 효력을 상실한 법규를 적용해 업무를 처리한 경우도 있어 사건처리 수행 도중 변호사가 담당 공무원에게 이 사실을 알리고 조항의 법적 해석과 실무 적용을 도와주는 경우도 있었다.

최근 수년 동안 외국인 투자자들과 법률가들은 한 목소리로 이 문제점을 지적했고 베트남 정부도 애매모호한 법을 정비할 필요성을 인식하고 있다. 베트남에서는 법 전산화가 아직 미비해 법령 간의 내용 상충을 모두 확인하고 개정될 때까지는 시간이 다소 걸리겠지만 최근 개정된 법령들을 보면 이전의 애매모호한 규정들이 구체적으로 수정되고 있다.

하지만 과거 베트남 정부가 외국인 투자유치를 위해 제공했던 세제 혜택 등의 투자 인센티브는 점점 축소되는 방향으로 법률 개정이 이루어지고 있으며 법 적용도 엄격해지는 추세다. 이것은 일부 공단에서 외국인이 회사 설립 후 계획대로 운영하지 않는 등의 이유로 장기간 토지가 황무지 상태로 방치되는 현상을 문제 삼아 공단의 환경부서에서 투자관련 부서와 기업관리 부서에 무분별한 투자 허가와 외국인 투자회사에 대한 관리소홀에 대해 강력히 항의한 것과 무관하지 않은 것 같다. 또한 이전에는 외국인 투자사업 수행이 12개월 동안 추진되지 않을 경우, 법적으로 베트남 관련기관의 판단에 따라 해당 외국인 투자사업 허가를 취소할 수 있는데도 불구하고 실제로 이 법을 적용해 투자 허가를 취소하는 경우는 거의 없었지만 최근 약 18~24개월 동안 추진되지 않은 사업에 대해 해당 외국인 투자사업 허가를 취소한 사례도 있다.

최근 수천 건의 환경법 위반행위에 대해 과징금을 부과한 사례 등에서도 알 수 있듯이 외국인의 무분별한 투자와 그로 인한 폐해를 막기 위해 베트남 정부는 법을 엄격히 적용하는 추세다. 특히 2010년 베트남 국영조선공사인 비나신의 외채 지불유예[3](디폴트) 사태 등으로 베트남의 국가 신용등급이 하락하고 달러 대비 동화 가치가 급락해 베트남 정부는 환율 안정을 위해 금융시장에서의 노력뿐만 아니라 관련 법령을 강화하고 엄격하게 적용하는 등 다방면으로 노력하는 추세다. 2010년 중앙은행 공문을 통해 부동산업과 건설업 회사에 대해 외화 통화를 명시해 계약하는 것을 금지한 것도 이런 추세와 같은 맥락이다.

3 공·사채나 은행융자 등에 대한 이자 지불이나 원리금 상환이 불가능해진 상태. 공·사채나 은행융자 등은 계약상 원리금 변제시기·이율·이자 지불시기 등이 확정되어 있으나 채무자가 사정에 의해 이자 지불이나 원리금 상환을 계약에 정해진 대로 이행할 수 없는 상황에 빠진 것으로 '채무불이행'이라고도 한다.

해외투자 Tip

베트남은 지난 1986년 도이모이(Doi Moi)[1] 정책을 시작으로 금융시장과 실물시장을 개방하고 대외무역을 확대해 지속적인 경제성장을 이루었다. 특히 베트남의 세계무역기구(WTO)[2] 가입 이후, 한국을 포함해 많은 국가들이 베트남에 투자 진출했고 베트남 경제는 비약적으로 성장했다. 베트남에서도 외국인 투자 유치를 위해 수많은 관련법들이 제정되었지만 아직도 베트남에서 사업하시는 분들이 베트남 법을 모르거나 잘못 알고 있어 어려움을 겪는 것을 목격한다. 또한 한국인과 베트남인 간의 국제결혼도 급증해 현재 한국과 베트남 양국에는 수많은 다문화 가정들이 생겼지만 사증 발급, 혼인과 이혼, 체류 연장, 영주권과 국적 취득 등 한국과 베트남에서 다양한 법적 문제들이 있는 것이 현실이다.

주위를 둘러보면 변호사의 검토 없이 체결한 계약서 때문에 큰 손해를 보거나 세제 혜택을 받기 위해 사전 신고를 해야 했지만 그것을 몰라 안타깝게도 혜택을 못 받은 사례도 있다. '법에 대한 무지는 용서받지 못한다.' 라는 법언이 있다. 중요한 사업을 진행할 때는 반드시 법률전문가의 도움을 받아 진행하기 바란다.

---

1 베트남어로 '변경한다'는 뜻의 '도이(doi)'와 '새롭게'라는 의미의 '모이(moi)'가 합쳐진 용어로 '쇄신'을 뜻한다. 1986년 베트남 공산당 제6차 대회에서 제기된 개혁·개방 정책 슬로건이다. 공산당 일당 지배 체제를 유지하면서 사회주의적 경제발전을 지향해 왔다.

2 무역 자유화를 통한 전 세계적인 경제 발전을 목적으로 하는 국제기구

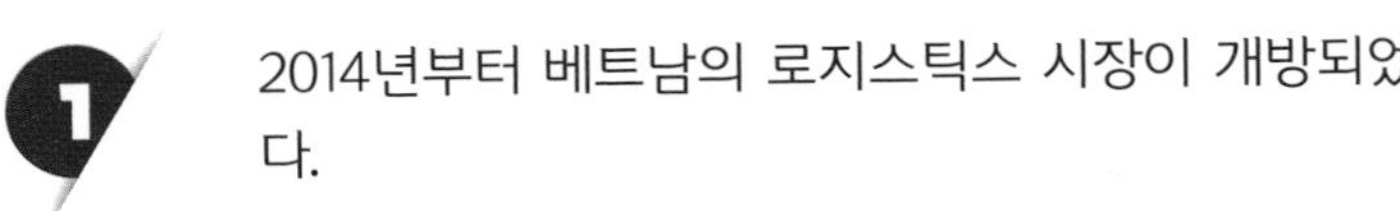

1. 2014년부터 베트남의 로지스틱스 시장이 개방되었다.

2. 2015년 1월 11일부터는 요식업시장이 개방되어 외국인 100% 소유의 식당과 카페 등을 열 수 있게 되었다.

3. 2015년에는 새로운 출입국관리법, 기업법, 투자법, 부동산사업법, 주택법 등 베트남에 거주하는 외국인과 외국인 투자자들에게 영향을 미치는 많은 신규 법규나 개정 법규들이 발효되었다.

4. 특별소비세법과 개정법 안내에 대한 시행령이 2016년 1월 1일 발효되어 전시회나 재수출용으로 임시 수입한 물품에 대한 특별소비세 공제 및 환급 업무 처리 시 알아야 한다.

5. 금융기관과 외국은행 지점의 거주자 외화대출 규정에 관한 시행규칙이 2016년 1월 1일 발효되었다.

6. 2017년 1월 1일 새 민법이 발효되어, 최대 대출금리, 상속 기간의 제한, 민사소송 제소 기간 등 여러 가지가 변경되었다.

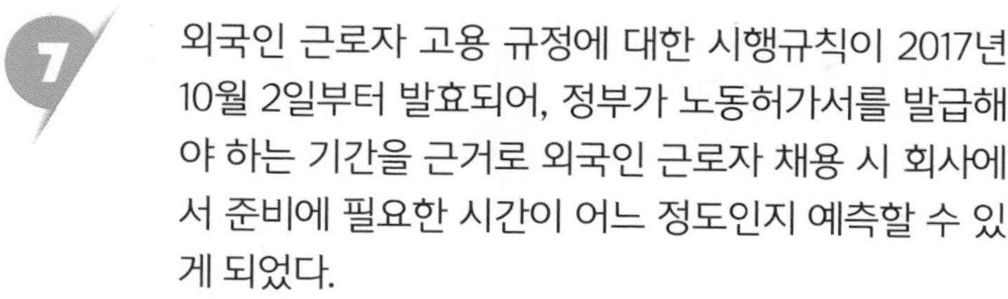

7 외국인 근로자 고용 규정에 대한 시행규칙이 2017년 10월 2일부터 발효되어, 정부가 노동허가서를 발급해야 하는 기간을 근거로 외국인 근로자 채용 시 회사에서 준비에 필요한 시간이 어느 정도인지 예측할 수 있게 되었다.

8 종교신앙법이 2018년 1월 1일 발효되어 종교시설에서 예배, 기도, 설교 등의 종교활동 보장과 종교관련 출판물 소지의 허용 등을 명시하였다.

9 2018년 1월 1일부터는 임금과 임금을 기반으로 한 수당뿐만 아니라 각종 보조금까지 모두 포함한 금액을 기반으로 사회보험료를 지급해야 한다.

10 차량 수입 면허에 대한 시행령에 따라 2018년 1월 1일부터는 차량 수입을 하려면 별도의 수입 면허가 있어야 한다.

신규 법규 및 개정 동향

2018년 3월 기준, 이곳에 포함된 일부 법규는 변경된 것이 있으나 최근 5년간의 법률 개정 동향을 보여주기에 그대로 포함하였다.

2014년 베트남의 로지스틱스[1] 시장이 개방되었고 2015년 1월 11일부터는 요식업시장도 개방되어 외국인 100% 소유의 식당과 카페 등을 열 수 있게 되었다. 특히 2015년에는 새로운 출입국관리법[2], 기업법[3], 투자법[4], 부동산사업법[5], 주택법[6] 등 베트남에 거주하는 외국인과 외국인 투자자들에게 영향을 미치는 많은 신규 법규나 개정 법규들이 발효되었다.

1 Logistics 는 라틴어 'Logisticus' (계산)와 19세기 프랑스어인 'Logistique' (군사적 의미의 물자조달)에서 유래하였다. 현대에서는 물류와 로지스틱스의 개념이 모호해 졌는데, '로지스틱스' 는 물류시스템과 정보시스템의 결합으로 보는 것이 다수의 견해이다.

2 출국, 입국, 비자 등에 대한 여러 규정을 명시한 법

3 기업의 설립, 관리조직, 구조조정, 해산과 관련 활동을 규정하고, 유한책임회사, 주식회사 등에 대해 규정한 법

4 베트남 내의 투자와 베트남에서 외국으로의 투자에 대해 규정한 법

5 부동산 관련 사업과 관련한 권리와 의무를 규정한 법

6 주택의 소유, 개발, 관리, 사용 등을 규정한 법

그와 관련해 변호사의 법률 검토 없이 개인적으로 인터넷상에 떠도는 법령자료를 보고 의사결정을 내렸는데 이미 효력을 잃은 이전 법을 적용해 낭패를 보는 경우도 종종 있어 주의해야 한다. 예를 들어 베트남 노동법 관련 인터넷 자료를 검색하면 신 노동법(Law No.10/2012/QH13)뿐만 아니라 지금은 유효하지 않은 이전 노동법(Law No.35/2002/QH10)과 여러 개정본도 등장한다. 일부 법령은 짧은 기간에 여러 번 개정된 경우도 있으므로 발행번호 등을 이용해 현재 효력이 있는 법인지 여부부터 확인하고 적용해야 한다.

한·베 FTA

2014년 12월 10일 한국과 베트남 양국 정상이 투자, 상품, 서비스 등 17개 분야와 관련된 한국-베트남 자유무역협정(FTA)이 실질적으로 타결되었음을 공동 선언했고 드디어 2015년 12월 20일부터 한 · 베 FTA가 발효되었다. 2015년 10월 환태평양 경제동반자협정(TPP)[7]이 타결되어 미국과 일본 등 12개 회원국 중 하나인 베트남이 매력적인 투자처로 다시 주목받았는데 트럼프 미국 대통령은 결국 2017년 1월 'TPP 탈퇴' 행정명령[8]에 서명하며 미국은 공식

7 태평양 연안의 광범위한 지역을 하나의 자유무역지대로 묶는 다자간 자유무역협정(한 번에 여러 국가와 체결하는 자유무역협정)이다.

8 행정명령(行政命令, Executive order) 또는 행정규칙은 직무명령이라고도 하며, 행정기관에 의하여 정립되는 일반적 명령을 말한다. 행정명령은 행정기관 내부에서만 적용될 직무의 준칙에 불과하기 때문에 법규로서의 성질을 갖지 못하며, 따라서 행정명령은 특별한 법적 수권 없이도 발할 수 있다.

적으로 TPP를 탈퇴했다. TPP의 관세 혜택을 염두에 두고 베트남에 설비투자를 늘리거나 생산기지를 베트남으로 이전한 기업들도 적지 않아 미국의 TPP 탈퇴가 투자처로서 베트남에 미치는 영향에 대해 우려가 있는 것이 사실이다.

그러나 TPP가 타결되었더라도 모든 회원국에서 필요한 국내 비준 절차를 마친 후 발효하고, 실제 TPP 혜택을 받을 때까지 상당한 시간이 걸릴 것으로 이미 예상했으므로 미국의 TPP 탈퇴 영향은 제한적일 것으로 보인다. 또한 미국의 TPP 탈퇴에도 불구하고 미국과의 양자 간 협정 등을 통해 미국 수출에 필요한 혜택은 큰 변화가 없을 것으로 보인다. 중국의 급격한 임금인상 등을 포함한 다른 나라에서의 사업 운영상 어려움의 대안으로 젊은 노동력과 상대적으로 저임금의 베트남은 미국의 TPP 탈퇴와 무관하게 여전히 매력적인 투자처이다.

한국과 중국의 관계 개선과 한·중 FTA 타결로 한국 기업들은 중국과 베트남에 생산을 이원화하는 경우도 많은 것 같지만 최근 수년 동안 중국의 급격한 임금상승과 외국 투자자 관련 법규의 강화로 '세계의 공장'으로 불렸던 중국에서 베트남으로 공장을 이전하는 것이 세계적인 추세로 보인다. 일본 무역진흥회에 따르면 중국에서 철수한 일본 기업의 25%가 베트남으로 이전한다고 한다. 마이크로소프트(Microsoft)가 인수한 노키아(Nokia)의 중국 휴대폰 생산설비를 베트남으로 이전하기로 결정했다. 캐논(Canon), 인텔(Intel), 삼성, LG전자 등 많은 기업들도 베트남 공장 설비를 확충하고 있다. WTO 가입으로 세계의 투자처로 관심을 끈 베트남은 TPP와 FTA

등으로 머지않은 미래에 명실공히 '세계의 공장'으로 자리매김할 것 같다.

한·베 FTA와 관련해 2015년 12월 20일부터 효력이 발생한 한·베 FTA 특혜 세율에 대한 시행규칙(circular 201/2015/TT-BTC; 베트남 재무부(MOF) 발행)에 따라 한국은 베트남의 열대과일, 농수산물, 봉제섬유 등에 대해 저율 관세 할당(TRQ)[9]이나 무관세[10]를 적용하고 베트남은 한국에 아세안 FTA보다 많은 품목들에 대해 추가 개방하게 된다. 한·베 FTA의 원산지를 규정하는 시행규칙(circular 40/2015/TT-BCT; circular 48/2015/TT-BCT; 베트남 산업무역부(MOIT) 발행)도 2015년 12월 20일부터 발효해 특혜관세 대우를 받을 수 있는 원산지로 인정받을 수 있는 원칙 등을 규정했다.

9 저율관세할당(Tariff Rate Quotas, TRQ)이란 일정 수입량은 무관세 혹은 저율의 관세를 부과하고, 이를 초과하는 물량은 높은 관세를 부과하는 것을 말한다.

10 국제 무역에서 교역되는 상품에 부과되는 세금이 없는 것

파산

베트남 통계청에 의하면 2014년 약 6만 8천 개 기업이 휴업 또는 청산했고 2015년 1월에만 벌써 약 1만 개 기업들이 휴업하고 약 1천 개 기업들이 청산했다. 그와 관련해 2015년 1월 1일부터 새 파산법(51/2014/QH13)이 발효되었다. 신 파산법에서는 구 파산법의 불명확한 부분들을 명확히 규정했다. 예를 들어 구 파산법에서는 '부실기업 또는 부실 협력업체'를 '기업이나 협력업체가 만기가 된 채무를 상환할 의무가 있지만 상환하지 못하는 경우'로 정의했으나 구체적으로 채무를 상환하지 못하는 기한에 대한 언급은 없었다. 하지만 신 파산법에서는 파산 절차 개시 신청의 기준이 되는 이 기간에 대해서도 '만기일로부터 3개월 이내에 채무 상환 의무를 이행하지 못하는 상태'로 정의했다. 이것은 명확한 정의를 제공하려는 목적뿐만 아니라 금전적 어려움을 겪는 기업들에게 채무 상환에 대해 조치할 기회를 주고 파산 절차 개시 신청률을 낮추려는 의도로 보인다.

신 파산법에 따라 법원의 관할과 파산 절차 개시 신청을 할 수 있는 자의 요건이 변경된 점도 참고하기 바란다. 임금 체불 등의 경우, 구 파산법에서 근로자는 대리인이나 노동조합을 통해서만 파산 절차 개시 신청을 할 수 있었지만 신 파산법에서는 근로자도 직접 파산 절차 개시 신청을 할 수 있도록 변경되었다. 또한 주식회사의 주주나 주주단체의 권리는 신법에서도 그대로 유지되었지만 20% 미만의 보통주를 보유한 주주나 주주단체의 권리는 회사 정관에 관련 내용이 포함되어 있어야 할 뿐만 아니라 6개월 이상 계속 보유하는 경우로 한정했다.

외국환, 금융

2014년 외국환관리법[11]에 대한 다수의 시행령과 시행세칙, 해외에서의 외화 차입 절차와 승인에 대한 규정, 자금세탁 방지 관련 시행세칙[12] 등이 새로 발효되었거나 개정되어 외화관리가 강화되었음을 알 수 있다. 게다가 은행 및 금융기관의 불법행위 처벌에 관한 시행령(decree 96/2014/ND-CP)에 따라 2014년 12월 12일부터 자금세탁을 위한 관련 불법행위, 화폐 훼손, 자동현금입출금기(ATM)의 현금이 부족하거나 기기가 제대로 작동 안 되는 경우 등 넓은 범위의 금융 관련 위반행위에 대해서도 벌금이 부과된다. 또한 2015년 1월 15일부터 중앙은행에서 발행한 국가자본을 사용하는 기관과 조직의 현금결제에 관한 시행세칙(circular 33/2014/TT-NHNN)이 발효되었고 금융기관과 외국은행 지점의 금융 안전한도와 비율에 관한 시행세칙(circular 36/2014/TT-NHNN)과 신용카드 결제서비스용 장비의 안전에 대한 기술적 기준에 대한 시행세칙(circular 47/2014/TT-NHNN)이 각각 2015년 2월 1일과 4월 1일 발효되어 현금 사용과 금융기관에 대한 관리도 한층 강화되었음을 알 수 있다.

---

11 외국환거래의 자유를 보장하고 시장기능을 활성화하여 국제수지의 균형과 통화가치의 안정을 위해 제정한 법률

12 자금세탁방지제도는 금융기관 등을 이용한 범죄자금의 세탁행위를 예방함으로써 건전한 금융거래질서를 확립하고 조직범죄, 마약범죄 등 반사회적인 중대범죄의 확산을 방지하기 위해 금융제도, 사법제도 및 국제협력을 연계하는 종합관리시스템을 구축해 운영하는 것을 말한다.

첨단기술과 세제 혜택

법이 기술발전 속도를 못 따라가 사실 법에 명시된 첨단기술 목록은 더 이상 첨단기술이 아니고 진짜 첨단기술은 아직 법에 반영되지 않은 경우가 종종 있다. 2015년 1월 15일부터 발효된 첨단기술 목록과 관련된 총리의 결정서(decision 66/2014/QD-TTg)에 설계기술, 초고속집적회로(IC) 제조기술, 나노(Nano) 기술 등이 새로 포함되었으므로 관련기술을 보유한 기업들은 관련 세제 혜택을 받을 수 있는지 확인해보는 것도 좋을 것이다.

제조업의 경우, 누구나 첨단기술로 인정받아 세제 혜택을 받고 싶을 것이다. 그 마음은 이해하지만 가끔 누가 보더라도 첨단기술이라고 할 수 없는 기술에 대해 막무가내로 인정을 요구하는 경우엔 난감할 때가 있다. 예를 들어 최신형 자동차 제작 공정에는 자동차 전기장치를 제어하는 첨단기술도 있지만 단순히 구멍을 뚫거나 나사를 조이는 공정도 있다. 각 공정을 담당하는 자가 독립된 회사인 경우도 많다. 이 경우, 베트남 진출 초기에는 하나의 회사로 우선 투자등록증(IRC)과 기업등록증(ERC) (2015년 7월 1일 이전은 '투자허가서(IC)')을 발급받고 나중에 각 공정을 담당하는 회사들을 분리해 독립 회사로 만드는 경우가 있다. 이때 모든 공정이 집약된 자동차 자체는 첨단기술로 인정받을 수 있지만 나사를 조이는 공정만 따로 분리해 별도 회사를 설립했을 때는 그것을 첨단기술로 보기 어려울 것이다. 그와 관련해 외국인 투자를 유치하려는 관련기관과 세금을 더 많이 징수하려는 세무기관의 이해가 달라 실제 첨단기술로 인정받아 세제 혜택을 누리는 경우는 매우 드물다는 사실도 염두에 두어야 할 것이다.

온라인 서비스

베트남 인구의 ⅓은 소셜네트워크(social network)나 스마트폰 무료통화 애플리케이션을 이용해 문자와 음성통화를 하고 있다. 베트남 산업무역부는 2013년 22억 달러 규모의 온라인 거래시장이 2015년 40억 달러 규모로, 그리고 그 이후로도 계속해서 성장할 것으로 예측하고 있다.

이런 성장 과정에서 사회적 부작용을 줄이기 위해 여러 관련법령이 제정되었다. 2014년 1월 소셜네트워크 서비스(SNS) 관련 위반 처분에 대한 시행령(decree 174/2013/ND-CP)과 전자상거래 관련 위반 처분에 대한 시행령(decree 185/2013/ND-CP)이 발효되었고, 2015년 1월 20일부터는 산업무역부에서 발행한 전자상거래 웹 사이트 관리에 관한 시행세칙(circular 47/2014/TT-BCT)도 발효되었다. 그에 따라 담배, 술, 희귀 야생 동·식물 등의 온라인 거래는 금지되며 전자상거래 웹 사이트상 잘못된 정보, 관련 면허증 미취득, 변경사항에 대한 미신고 등에 대해서는 벌금이 부과된다. 또한 법령 위반이 고의적인 경우, 가중벌금이 부과되는 등 전자상거래와 소셜네트워크 사용에 대한 감시·처벌이 매우 강화되었다. 실제로 compare.vn, 2d.com.vn, cuoi24h.vn, tinso.vn 등은 관련 면허증이 없거나 유효기간이 지나 벌금이 부과되었고 bep.vn, thegioibep.com, vertucenter.com, luxurymall.vn, donghothuysy.com 등은 관련기관에 신고하지 않고 전자상거래 서비스를 제공해 벌금이 부과되었다. 소셜네트워크서비스에 대한 관리·감독도 강화되어 manga24h.com, anime24h.com, haivl.com 등은 역사적 인물에 대한 악성 댓글 게재, 특정 지역 차별과 지역감정 조장, 미풍양속을 해치는 등 유해 사이트라는 이유로 벌금이 부과되고 웹 사이트 폐쇄조치가 내려졌다. 베트남에 거주하는 외국인들의 온라인을 이용한 불법행위에 대한 감시도 강화되어 2014년에는 베트남에서 불법도박사이트를 운영한 한국인 33명이 추방되었고, 2017년 베트남에서 불법 도박 사이트 운영에 가담한 한국인이 한국에서 구속되기도 했다.

환경

최근 수년 동안 외국인이 건설 프로젝트 수행 목적으로 회사를 설립하고 실제 회사 운영은 하지 않는 등의 이유로 토지가 오랫동안 황무지로 방치되는 사태와 관련해 환경부서에서 투자 부서와 기업관리 부서에 무분별한 투자 허가와 외국인 투자회사에 대한 관리소홀에 대해 항의한 적도 있었다. 또한 투자 허가 신청 시 약속과 달리 사업 추진을 하지 않은 외국인 투자사업의 투자 허가를 취소한 사례나 수천 건의 환경법 위반 사례에 대해 과징금을 징수한 사례 등에서도 알 수 있듯이 외국인의 무분별한 투자와 그로 인한 폐해를 막기 위해 베트남 정부는 관련법을 엄격히 적용하는 추세다.

환경문제와 관련해 2015년 1월 1일부터 베트남 총리의 폐기제품 회수 및 처리에 관한 결정문(decision 50/2013/QD-TTg)에 따라 유통기한이 지난 배터리, 컴퓨터, 모니터, 팩스기, 카메라 등은 폐기처분되고 구 환경보호법(52/2005/QH11)의 많은 부분들이 개정된 신 환경보호법(55/2014/QH13)도 발효되었다. 신 환경보호법은 구 법상의 환경보호 약정서를 환경보호계획으로 수정했지만 환경보호계획의 목적, 관련요건, 승인 권한은 환경보호 약정서의 그것과 거의 같다.

하지만 환경영향 평가보고서 재작성에 대한 규정이 새로 추가되어 다음의 경우에는 환경영향 평가보고서를 재작성해야 한다.

① 환경영향 평가보고서가 승인된 후 24개월 이내에 프로젝트를 시행하지 못한 경우;

② 승인된 환경영향 평가보고서에서 계획한 곳과 다른 장소에서

프로젝트를 시행하는 경우; 또는

③ 프로젝트의 규모 및 범위를 확장하거나 기술을 교체함으로써 승인된 환경영향 평가보고서에서 예상한 것보다 환경에 더 부정적인 영향을 미치게 된 경우

대부분의 신법은 투자자들에게 유리하게 업무처리 기간을 줄이는 방향으로 개정되는 추세인데 환경영향평가 보고서의 승인 기간은 구 법상 15일 이내에서 20일 이내로 늘어났다. 이것은 충분한 시간을 갖고 환경영향 평가보고서의 내용을 더 신중히 검토하고 환경관련 사안에 대해 전보다 까다로운 기준을 적용하려는 의도로 보인다. 일례로 조건부 업종은 외국인 투자자의 투자등록증(IRC)[구 투자허가서의 일부] 신청서가 투자국에 접수되고 관련기관들에게 보내져 평가 의견을 받는데 모두 긍정적인 의견을 내도 환경부서의 평가가 부정적이어서 투자등록증(IRC)[구 투자허가서의 일부] 발행이 지연되는 경우가 종종 있다는 것도 염두에 두기 바란다.

투자, 기업, 인수합병

베트남 총리는 경쟁력을 갖춘 5개 산업분야(전자와 IT, 섬유·의류, 식품가공, 농기계, 관광)의 개발과 발전을 위해 경쟁력 있는 지역과 산업단지에서 2020년까지 시범 프로젝트를 운영하며 필요한 인력과 기술을 연결하고 투자 유치를 위한 관련정책 등을 시행하는 등의 포괄적인 지원 장치를 마련하는 개발계획에 대한 결정

문(Decision 32/QD-TTg)을 2015년 1월 13일 자로 승인했다. 가전전자 산업단지는 빈즈엉(Bình Dương)에 육성하고 타이응우엔(Thái Nguyên), 박닌(Bắc Ninh), 박장(Bắc Giang), 하노이(Hà Nội)와 하이즈엉(Hải Dương)에는 전자산업단지를 육성할 계획이다. 섬유산업단지는 북부 타이빈(Thái Bình), 남딘(Nam Định), 닝빈(Ninh Bình), 박장(Bắc Giang)에 조성하고 의류산업단지는 남부 호치민(HCMC)과 중부지역에 조성할 계획이다. 섬유 분야는 한국 기업들이 설비투자를 늘리는 것도 주목할 만하다.

국영기업 민영화와 관련해 2014년 12월 제정된 100% 국영기업 민영화에 대한 시행령(decree 128/2014/ND-CP)이 2015년 3월 1일 발효되었다. 이 시행령은 매각 우선순위(부채 승계, 부채 미승계, 합의를 통한 부채 처리 순; 동일 조건과 동일 가격인 경우, 근로자에게 매각 우선 등), 매각 원칙, 매각대금 지급 방법 등 실무 처리를 위한 구체적 내용을 담고 있다. 사실 항공, 조선, 이동통신, 섬유 분야의 국가 보유 주식 매각을 통해 민영화할 것이라고 밝힌 지 한참 되었는데 그동안 가시적인 진전은 없었던 것 같다. 이 시행령의 발효로 소문만 무성했던 베트남 에어라인(Vietnam Airlines), 비나라인즈(Vinalines), 모비폰(MobiFone), 비나텍스(VinaTex)등의 굵직굵직한 베트남 국영기업들을 주식시장에 공개상장(IPO)하면서 베트남 인수합병 시장이 한 단계 성장하고 경제활동이 더 활발해지는 계기가 되길 기대한다. 2015년 3월 17일 발효된 재정부의 기업 현금결제에 대한 시행세칙(circular 09/2015/TT-BTC)에 따라 기업의 자본금 출자나 지분 매각 시 현금 사용 금지도 염두에 두면 좋을 것 같다.

2015년 7월 1일부터 새 기업법(68/2014/QH13)과 투자법(67/2014/QH13)이 발효되었다. 주요 내용은 '외국인 투자자'에 대한 명확한 정의, 인감 사용 간편화, 금지 사업 외에는 모두 허용하는 소극적(네거티브)규제 방식[13]을 적용하는 등 외국인 투자자에게 유리한 사항들이 다수 포함되어 있다.

부동산

2015년 7월 1일 새 부동산사업법(66/2014/QH13)과 주택법(65/2014/QH13)이 발효되었다. 그에 따라 토지 할당과 임대에서 베트남인과 외국인에 대한 차별이 법적으로 거의 사라졌다. 우선 외국인 개인과 법인의 주택 소유와 관련해 주택 구매가 가능한 자격 요건이 훨씬 완화되었고 약간 제약은 있지만 아파트뿐만 아니라 주택개발 프로젝트에 속하는 빌라나 단독주택도 구매할 수 있고 구매 후 임대와 매매도 가능해졌다.

노동법

대부분의 외국인 투자회사들은 이미 지역별 최저임금(regional minimum wage) 이상의 급여를 지급하고 있어 사실 지역별 최저임금 인상 자체가 큰 영향을 미치는 경우는 별로 없는 것 같다. 하

13 법률이나 정책에서 금지한 행위가 아니면 모두 허용하는 방식

지만 지역별 최저임금 인상은 임금에 기반을 둔 사회보험료, 의료보험료 등에 영향을 미치는데 사회보험법에 대한 시행령(decree 115/2015/ND-CP)에 따라 2016년 1월 1일부터는 임금(wage; mức lương)과 수당(wage-based allowance; phụ cấp lương)을 합친 금액을 기준으로 사회보험료를 지급해야 하고 2018년 1월 1일부터는 임금과 수당뿐만 아니라 각종 보조금(additional items; các khoản bổ sung khác)까지 모두 포함한 금액을 기준으로 사회보험료를 지급해야 하므로 기업 부담이 늘었다고 할 수 있다.

이와 관련해 추가 근로시간에 대한 임금 계산법에 대한 안내를 담은 시행규칙(circular 23/2015/TT-BLDTBXH; '시행규칙 23')이 2015년 8월 8일 발효되었다. 그런데 시행규칙 23상 언급된 제도는 시행령(decree 05/2015/ND-CP; '시행령 5')의 발효일로부터 적용된다는 조항이 있어 시행규칙 23을 시행령 5의 발효일인 2015년 3월 1일부터 소급 적용해야 하는지 여부에 대한 혼란이 있었다. 시행령에 대한 구체적인 안내인 시행규칙이 시행령보다 나중에 제정되어 발생한 혼란이었다. 2015년 11월 16일 발표된 다른 시행규칙(circular 47/2015/TT-BLDTBXH; 2016년 1월 1일 발효)에서 혼란을 일으킨 시행규칙 23의 관련조항을 폐지했기 때문에 시행규칙 23을 소급 적용하지 않아도 된다고 보면 된다.

매년 베트남의 임금이 오르고 있지만 최근 5년간 지역별 최저임금과 인상률을 살펴보면 베트남이 여전히 다른 나라들보다 경쟁력이 있다는 것을 알 수 있다.

지역 구분	2014	2015	2016	2017	2018
	VND/월 (인상률)	VND/월 (인상률)	VND/월 (인상률)	VND/월 (인상률)	VND/월 (인상률)
1지역	2,700,000 (14.9%)	3,100,000 (14.8%)	3,500,000 (12.9%)	3,750,000 (7.1%)	3,980,000 (6.1%)
2지역	2,400,000 (14.3%)	2,750,000 (14.6%)	3,100,000 (12.7%)	3,320,000 (7.1%)	3,530,000 (6.3%)
3지역	2,100,000 (16.7%)	2,400,000 (14.3%)	2,700,000 (12.5%)	2,900,000 (7.4%)	3,090,000 (6.6%)
4지역	1,900,000 (15.2%)	2,150,000 (13.2%)	2,400,000 (11.6%)	2,580,000 (7.5%)	2,760,000 (7.0%)

<최근 5 년간 지역별 최저임금과 인상률>

지역 구분	2019년 1월 1일부터 적용되는 지역 최저임금	인상률
1지역(하노이, 호치민 도심지역 등)	월 4,180,000 VND	5.0%(2018년 3,980,000 VND)
2지역(박닝 시, 하이즈엉 시 등)	월 3,710,000 VND	5.1%(2018년 3,530,000 VND)
3지역(박닝 성의 르엉따이 현, 하이즈엉 성의 빈쟝 현 등 성의 일부 현)	월 3,250,000 VND	5.2%(2018년 3,090,000 VND)
4 지역 (1, 2, 3 지역에 속하지 않은 지역)	월 2,920,000 VND	5.8%(2018년 2,760,000 VND)

<2019년 지역 최저임금>

베트남에 거주하는 외국인들은 현지 가사 도우미의 도움을 받는 경우가 많다. 2014년 노동보훈사회부의 시행세칙(Circular No.19/2014/TT-BLDTBXH guiding Decree No. 27/2014/ND-CP guiding Labor Code on house maid)에 따라 가사 도우미가 최소 월 4일의 휴일을 가질 수 있도록 보장해야 하고 15세 이상 18세 미만 미성년의 근로시간은 하루 8시간, 1주일 40시간을 초과하면 안 된다는 것도 참고하기 바란다.

참고로 최대 초과근무 시간과 정년퇴직 연령 연장을 포함한 노동법 개정 논의가 이루어지고 있어 경과를 지켜보아야 할 것 같다.

민법

2017년 1월 1일 새 민법(91/2015/QH13)이 발효되었다. 알아둘 만한 주요 내용은 다음과 같다.

· 대출금리: 당사자 간 정할 수 있지만 최대 대출금액의 연 20% [구 민법상 베트남 중앙은행 고시 기준 금리의 150% 이내]
· 상속 기간의 제한: 부동산은 상속 개시일로부터 30년, 동산은 상속 개시일로부터 10년[구 민법상에서는 부동산과 동산을 구분 하지 않았음]
· 민사소송 제소기간(提訴期間): 민사소송을 법원에 청구할 수 있는 권리가 있는 자가 법적 권리나 이익이 침해당한 사실을 알았거나 알았어야 하는 날로부터 3년[구 민법상 2년]
· 출생과 사망 신고: 신생아가 출생한 지 24시간 또는 그 이후 사망하는 경우, 반드시 출생과 사망 신고를 해야 함. 신생아가 24시간 이전 사망하는 경우, 출생과 사망 신고는 안 해도 됨(생물학적 부모의 요구에 따라 할 수는 있음) [구 민법상에서는 시간 언급이 없었음]
· 재산권: 재산권은 지적재산권[14], 토지사용권, 기타 재산권과 관

14 산업재산권과 문학·음악·미술 작품 등에 관한 저작권의 총칭

련해 가치가 돈으로 매겨질 수 있는 권리다. 신 민법에서는 그 범위를 확대해 가상화폐나 인터넷상 게임 아이템 등도 재산권으로 인정될 가능성을 열었다고 봄.

기타

2015년 1월 1일 새 혼인가족법(52/2014/QH13)이 발효되어 대리모가 합법화되었다. 전시회나 재수출용으로 임시 수입한 물품에 대한 특별소비세 공제 및 환급 업무자들은 특별소비세법과 개정법 안내에 대한 시행령(decree 108/2015/N -CP)이 2016년 1월 1일 발효된 사실도 알아두어야 할 것이다. 또한 외화자금 대출을 제공할 수 있는 경우에 관해 규정한 금융기관과 외국은행 지점의 거주자 외화대출 규정에 관한 시행규칙(circular 24/2015/TT-NHNN; 베트남 중앙은행(SBV) 발행)이 2016년 1월 1일 발효된 것도 알아두면 좋을 것이다.

2016년, 한국은 대통령 탄핵 정국, 세계적으로는 IS 관련 테러와 전쟁, 트럼프 미국 대통령의 당선 등 많은 사건이 있었다. 특히 2015년 10월 환태평양 경제동반자 협정(TPP)이 타결되어 미국과 일본 등 12개 회원국 중 하나인 베트남이 매력적인 투자처로 다시 주목받았었다. 그런데, 트럼프 대통령은 후보자 시절부터 TPP 탈퇴 의사를 밝혔었고, 결국 2017년 1월에 미국은 탈퇴를 감행했다. 미국의 탈퇴로 무산될 위기에 처했던 TPP는 남은 11개 회원국이 포괄적·

점진적 환태평양 경제 동반자 협정(CPTPP)에 합의하면서 재탄생했다. CPTPP는 궁극의 목표인 TPP를 포괄적·점진적으로 이루겠다는 의미로 보면 될 것이다. CPTPP의 협정문에 미국의 주장으로 포함했었던 기존 TPP 협정문의 투자자 보호와 지식재산권 등에 대한 22개 항목을 삭제하지 않고 유예한 것은 향후 미국의 재가입 가능성을 염두에 둔 것으로 보인다. CPTPP는 2018년 12월 30일부터 발효되었다.

베트남에 대한 CPTPP의 영향은 사법 제도 개혁과 투자 환경 개선 등 한국 투자자 입장에서는 대부분 긍정적이다. CPTPP로 인해 베트남의 섬유, 어업, 목재 가공, 물류, 유통 분야에 대한 교역이 증가할 것으로 기대하고 있다. 특히, 한국 정부의 신남방정책에 따라 베트남과의 협력 강화를 약속한 산업 분야는 소재부품, 자동차, 식품 가공, 섬유 신발, 유통물류 분야인데, CPTPP로 베트남이 혜택을 받

을 것으로 기대되는 분야와 겹치는 분야가 많아 한국 투자자들의 기대를 높이고 있다.

비록 동성 간 결혼이 아직 법적으로 인정받지는 못하지만 새 가족법에서는 동성 간 결혼을 금지했던 조항을 폐기했고 새 민법에서는 성 전환을 허용했다. 그리고 2018년 1월 1일 발효된 종교신앙법[15](Law on Faith and Religion, 02/2016/QH14)에서는 종교시설에서 예배, 기도, 설교 등의 종교활동 보장과 종교관련 출판물 소지의 허용 등을 명시하는 등 법 개정 동향을 살펴보면 베트남 사회가 조금씩 개방적으로 변화되는 것을 감지할 수 있다.

15 종교와 신앙의 자유, 종교 시설의 설립과 운영 등에 대해 규정한 법

해외투자 Tip

철저한 법률 검토 없이 체결한 엉터리 계약서나 바뀐 법령을 알지 못한 채 이전 법을 적용해 업무를 수행하다가 나중에 큰 손해를 보는 경우가 많다. 또 혜택을 받기 위해 필요한 사전 신고를 안 해 안타깝게도 혜택을 못 받은 사례도 적지 않다.

'법에 대한 무지는 용서받지 못 한다.'라는 법언이 있다. 베트남에서는 많은 법령들이 새로 만들어지고 계속 수정되고 있어 이미 알고 있는 법이더라도 그 법을 적용할 때는 그 법이 아직 유효한지, 바뀐 것은 없는지 한 번 확인해야 한다.

LAW

PART 02

사무실 임대, 토지 취득 부동산 사업, 주택 구입

!KEYPOINT

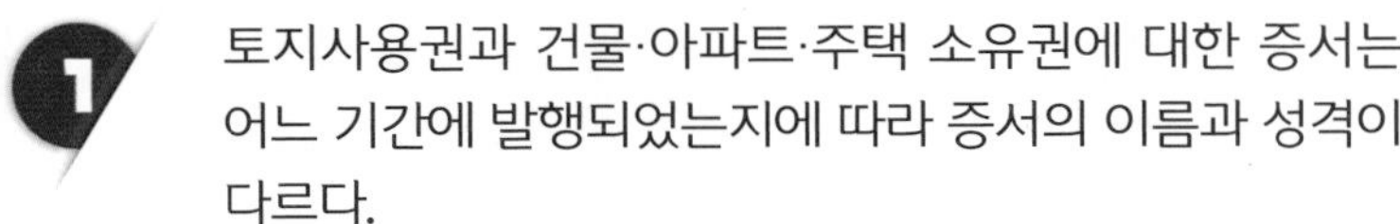

1. 토지사용권과 건물·아파트·주택 소유권에 대한 증서는 어느 기간에 발행되었는지에 따라 증서의 이름과 성격이 다르다.

2. 현재는 모든 경우에 일명 (5)핑크북이 발급된다.

3. 과거에 적법하게 발급받은 (1)~(4) 증서는 현재도 여전히 유효하지만 과거에 발급받은 (1)~(4) 증서를 변경할 경우, (5)핑크북이 발급된다.

토지 사용권과 건물, 아파트, 주택 소유권

토지사용권 증서와 건물·아파트·주택 소유권 증서는 증서 겉표지 색상 때문에 일반적으로 레드북과 핑크북으로 알려져 있다. 지금까지 관련법이 여러 번 변경되어 어느 기간에 발행된 증서인지에 따라 증서의 성격이 달라 많은 혼동을 일으키는 것 같다.

정리하면 다음과 같다.

증서의 한국어 (번역) 이름	토지 사용권 증서	주택 소유권과 주거용 토지 사용권 증서
증서의 베트남어 (원어) 이름	Giấy chứng nhận quyền sử dụng đất	Giấy chứng nhận quyền sở hữu nhà ở và quyền sử dụng đất ở
증서의 영어 (번역) 이름	Certificate of Land use right (LURC)	Certificate of House ownership and Residential land use right
증서의 별칭	① 레드북	② 구(舊)핑크북
증서 발행 기간* 과 기재 대상	1차 버전: 1989년 7월 14일 ~ 2004년 11월 30일 [토지] 2차 버전: 2004년 12월 1일 ~ 2009년 12월 9일 [토지, 단독주택, 아파트]	1차 버전: 1994년 7월 5일 ~2005년 8월 9일 [단독주택, 아파트, 도시지역의 주거용 토지] 2차 버전: 2006년 10월 8일 ~2009년 12월 9일 [단독주택, 아파트, 주거용 토지]
증서 발급 기관	증서의 버전 (즉, 증서의 발급시점), 토지의 용도, 사용자의 종류에 따라 다름	증서의 버전 (즉, 증서의 발급시점), 토지의 용도, 사용자의 종류에 따라 다름

주택 소유권 증서	건축물 소유권 증서	토지 사용권과 주택 소유권 및 부지에 부착되는 자산 소유권 증서
Giấy chứng nhận quyền sở hữu nhà ở	Giấy chứng nhận quyền sở hữu công trình xây dựng	Giấy chứng nhận quyền sử dụng đất, quyền sở hữu nhà ở và tài sản khác gắn liền với đất
Certificate of House ownership	Certificate of Constructional work ownership	Certificate of Land use right, House ownership and Other properties attached to the land
③ 구(舊) 핑크북	④ 건축물 소유권 증서	⑤ 현(現) 핑크북**
1차 버전: 2005년 8월 10일 ~ 2006년 10월 7일 [단독주택, 아파트] 2차 버전: 2006년 10월 8일 ~ 2009년 12월 9일 [단독주택 (아파트는 포함 안 됨)]	2005년 8월 10일 ~ 2009년 12월 9일	2009년 12월 10일 ~ 현재 [all - in - one (토지, 단독주택, 아파트, 공장, 나무 등)]
증서의 버전 (즉, 증서의 발급시점), 토지의 용도, 사용자의 종류에 따라 다름	기관은 지방의 인민위원회 또는 권한을 위임받은 지방의 건설부 (Department of construction/Sở Xây Dựng); 개인은 관할 지역의 인민위원회	기관과 외국 투자법인은 지방의 인민위원회 또는 권한을 위임받은 지방의 자원환경부 (Department of natural resources and environment (DONRE) / Sở Tài nguyên và Môi trường); 개인은 관할 지역의 인민위원회

* 관련 여러 서식이 있어, 효력 발생일을 어떤 관련 법을 기준으로 하여 보느냐에 따라 일부 다른 의견이 있음

** 일부는 현(現) 핑크북을 '레드북' 이라고도 부름

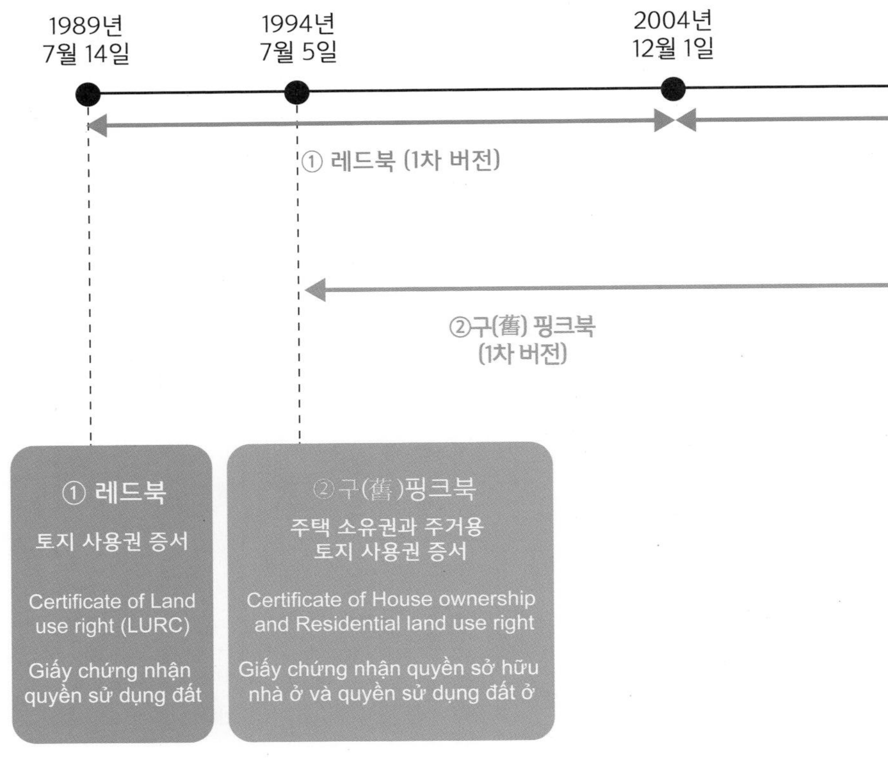
1989년
7월 14일
1994년
7월 5일
2004년
12월 1일
① 레드북 (1차 버전)
②구(舊) 핑크북
(1차 버전)
① 레드북
토지 사용권 증서
Certificate of Land use right (LURC)
Giấy chứng nhận quyền sử dụng đất
②구(舊)핑크북
주택 소유권과 주거용 토지 사용권 증서
Certificate of House ownership and Residential land use right
Giấy chứng nhận quyền sở hữu nhà ở và quyền sử dụng đất ở

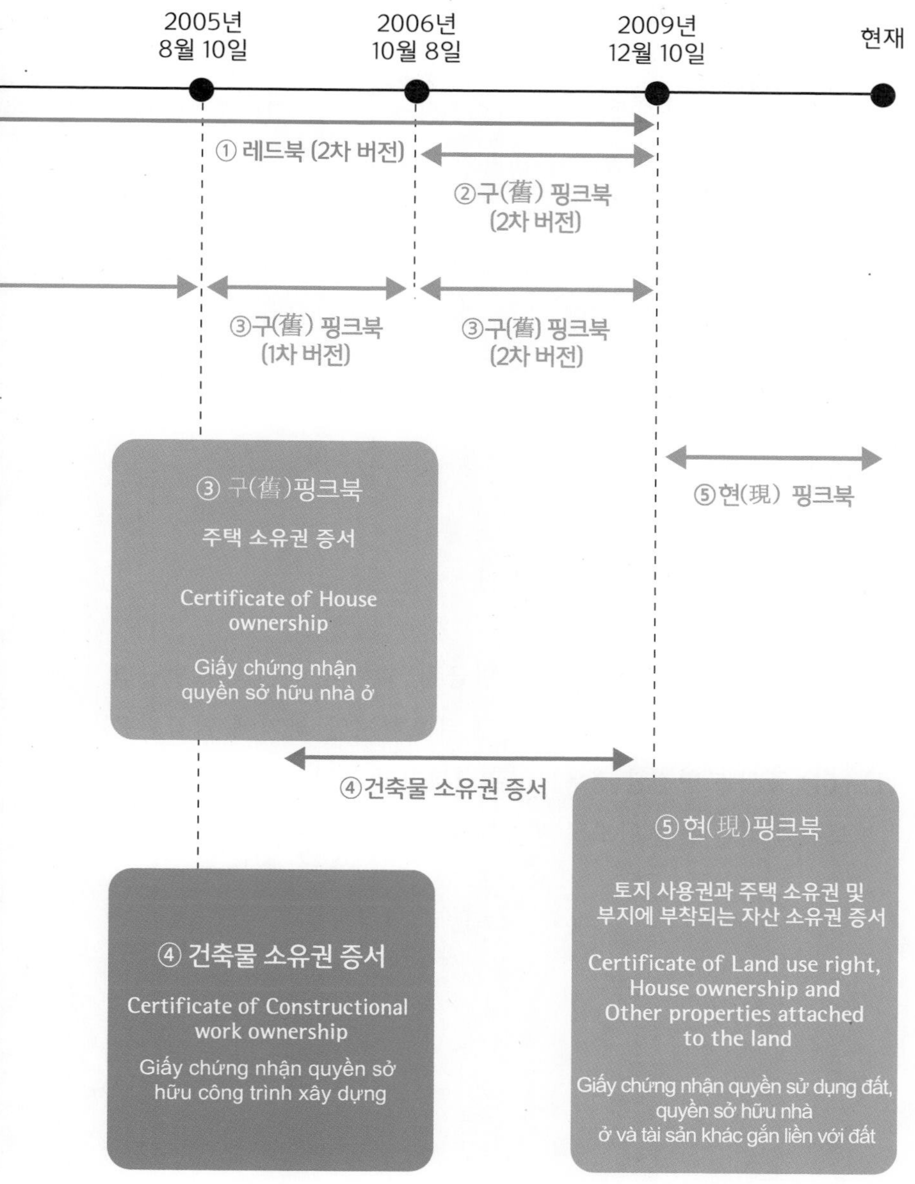
2005년
8월 10일
2006년
10월 8일
2009년
12월 10일
현재
① 레드북 (2차 버전)
②구(舊) 핑크북
(2차 버전)
③구(舊) 핑크북
(1차 버전)
③구(舊) 핑크북
(2차 버전)
⑤현(現) 핑크북
③ 구(舊)핑크북
주택 소유권 증서
Certificate of House ownership
Giấy chứng nhận quyền sở hữu nhà ở
④건축물 소유권 증서
⑤ 현(現)핑크북
토지 사용권과 주택 소유권 및 부지에 부착되는 자산 소유권 증서
Certificate of Land use right, House ownership and Other properties attached to the land
Giấy chứng nhận quyền sử dụng đất, quyền sở hữu nhà ở và tài sản khác gắn liền với đất
④ 건축물 소유권 증서
Certificate of Constructional work ownership
Giấy chứng nhận quyền sở hữu công trình xây dựng

2009년 12월 10일 이전

· 단독주택 소유자에게는 (2)구(舊) 핑크북 또는 (3)구(舊) 핑크북이 발급되었음. 토지 사용권도 있다면 (1)레드북도 발급되었음

· 아파트 소유자에게는 (2)구(舊) 핑크북 또는 (3)구(舊) 핑크북(1차 버전)이 발급되었음. (1)레드북은 발급되지 않았음

· 토지와 건물 등을 담보로 제공할 때 기록은 증서 발행 시기와 버전에 따라 기재되거나 기재되지 않았음

2009년 12월 10일 ~ 현재

위의 모든 경우에 (5)핑크북이 발급됨. 과거에 적법하게 발급받은 (1)~(4) 증서는 현재도 여전히 유효하지만 과거에 발급받은 (1)~(4) 증서를 변경할 경우, (5)핑크북이 발급됨

· 토지와 건물 등을 담보로 제공할 때 (5)핑크북에 기재됨

토지 사용권 증서 [도표의 (1) 레드북]

[Chart 1] 참조 p.368 [Chart 2] 참조 p.369

겉장 속장

토지사용권과 주택소유권 및 부지에 부착되는 자산소유권 증서

[도표의 (5) 현재 핑크북]

[Chart 3] 참조 p.370 [Chart 4] 참조 p.371

겉장 속장

!KEYPOINT

1 베트남의 모든 토지는 국가 소유이므로 토지 취득의 의미도 사실 토지사용권 취득이라는 의미다.

2 토지임대료는 토지관리비나 사회기반시설 사용료와 구별되는 개념이다.

3 공단에 공장을 신축하려는 외국인·외국 투자기업은 국가로부터 직접 토지를 임차하거나 공단개발업자로부터만 토지를 임차할 수 있다.

4 토지를 임차하기 전에 토지 정리가 필요한지, 보상 절차가 복잡한지 여부를 먼저 확인하고 토지 임차 여부를 결정해야 한다.

공장용 토지 취득 및 임대 시 유의사항

베트남의 한국 투자 1위 분야는 제조업이다. 제조업종의 베트남 투자 진출 시 현지에서 적절한 부지를 물색하고 공장을 신축하거나 이미 있는 공장을 임차하는 경우가 있을 것이다.

베트남의 모든 토지는 국가 소유이므로 토지 취득의 의미도 사실 토지사용권 취득이다. 외국인·외국 투자기업은 베트남 개인과 공단 개발 업체가 아닌 베트남 현지 회사로부터는 토지를 임차할 수 없고, 베트남 정부나 공단개발업자로부터 토지를 임차하는 방법으로 토지사용권을 취득하고 임대받은 토지를 사용할 수 있다. 외국인·외국 투자기업은 사업부지의 위치에 따라 토지를 임차(賃借)하는 방법이 약간 다르다. 우선 공단에 공장을 신축하려는 외국인·외국 투자기업은 국가로부터 토지를 임차하거나 공단개발업자로부터만 토지를 임차할 수 있다. 마찬가지로 하이테크단지나 경제구역에 공장을 신축하려는 외국 투자기업은 하이테크단지 관리위원회나 경제구역관리위원회로부터 토지를 임차하거나 하이테크단지 개발업자 또는 경제구역개발업자로부터 토지를 임차할 수 있다. 공단, 하이테크단지, 경제구역이 아닌 곳에 공장이나 상업건물 건설용 토지가 필요한 외국 투자기업은 기본적으로 국가로부터 토지를 임차받아야 한다. 만약 임차한 토지에 건물이나 부속자산을 철거하는 토지 정리가 필요한 경우, 토지사용권 발급을 위해서는 토지 정리와 관련보상이 선행되어야 한다. 베트남 토지법에 따르면 인민위원회가 승인한 외국인 투자용 토지 정리와 보상은 당해(當該) 인민위원회가 해야 하지만 실무적으로는 외국인 투자자가 토지 정리 업무를 처리해야 하고 그에 대한 보상 관련 협의도 직접 해야 하는 경우가 많다. 따라서 토지를 임차하기 전에 토지 정리가 필요한지, 보상 절차가 복잡한지 여부를 먼저 확인하고 토지 임차 여부를 결정하고 적절한 법적 안전장치를 포함한 임대차 계약을 체결하는 것이 좋다.

외국 투자자의 토지 취득과 공장 임대차 방법

1. 베트남 정부(지방 인민위원회)에서 직접 임차
2. 공단관리위원회로부터 임차. 법적으로는 베트남 정부로부터 업무를 위임받은 공단관리위원회로부터 임차하는 것이다.
3. 공단기반시설 개발업자로부터 임차. 법적으로는 베트남 정부로부터 공단개발업자가 토지를 임차하고 개발한 후 공단 입주기업에 재임대하는 것이다.
4. 임대업이 등록된 법인으로부터 공장이나 사무실을 임차
5. 토지사용료를 일시납으로 완납하고 토지사용권을 자본금으로 출자하는 베트남 현지 법인이나 외국 투자법인과의 합작투자회사(JVC) 설립을 통한 토지(사용권) 취득

실무적인 절차로 투자등록증(IRC)을 신청할 때 토지임대차 계약

서[1]가 요구된다. 베트남에 법인을 설립하기 전에는 베트남 법인 명의로 계약을 체결할 수 없으므로 우선 베트남에 설립할 법인의 투자자(예: 한국의 회사) 명의로 토지임대차 가계약(假契約)을 체결한다. 이때 IRC 상의 프로젝트 허가 기간은 가임대차 계약서[2]에 명시된 기간까지로 기재되어 발급되는 경우도 종종 있다. 베트남에서 투자등록증(IRC)과 법인등록증(ERC)을 발급받아 법인 설립 완료 후, 토지임대차 가계약서를 베트남에 설립한 신설 법인 명의로 변경한다. 임차 토지의 소재지 관할 인민위원회로부터 토지사용권 증서를 발급받는다.

토지임대료는 토지관리비나 사회기반시설 사용료와 구별되는 개념으로 통상 지급하는 임대료의 매우 적은 부분을 차지한다.(예: 공장임대료 20달러/sqm는 베트남 정부에 지급하는 토지임대료 0.5달러, 사회기반시설 사용료 13.5달러 관리비 6달러로 구성) 토지임대료는 임대차 전체 기간에 대해 일시불로 완납하거나 매년 분납할 수 있다. 베트남 기업과 외국인 투자기업 모두 토지임대료를 일시불로 완납한 경우에만 공장 등 그 토지 위의 부속자산의 임대나 토지를 자본금으로 출자할 수 있다. 또한 외국인 투자기업이 베트남의 은행에서 대출받는 경우에도 토지임차료를 매년 분납하는 경우, 토지에 부속된 자산만 담보로 제공할 수 있고 일시불로 지급한 경우에만 토지사용권 증서와 그 토지에 부속된 자산을 담보로 제공할 수 있다는 점도 염두에 두기 바란다.

---

1 토지 임대차계약이란 토지의 소유자가 임대계약에 표시된 토지를 이용자에게 임대하고, 임차인은 이를 사용한 대가인 임대료를 업체에 지급할 것을 약정하는 내용의 계약을 말한다.

2 가임대차 계약이란 정식 임대차계약서 체결 전에 임시로 체결하는 임대차 계약서를 말한다. 베트남에서 법인을 설립하기 전에는 베트남에 법인이 존재하지 않으므로 계약 체결 당사자가 될 수 없다. 따라서 투자자인 (한국) 본사 명의로 임시로 계약을 체결한다.

구 토지법(13/2003/QH11) 하에서는 베트남 공단개발업자는 매년 토지사용료 분납만 가능했고 일시납은 할 수 없었지만 현재의 토지관련법(Law on Land 45/2013/QH13, Law on Real Estate Business 66/2014/QH13)에서는 베트남과 외국 공단개발업자 모두 국가로부터의 토지 임대 기간 전체에 대해 일시불로 완납하거나 매년 분납할 수 있다.

해외투자 Tip

토지를 임차할 때 현재 토지사용권 보유자의 토지사용권 증서가 적법한 절차를 밟아 발행된 합법적인 증서인지, 토지사용권에 임대 권리도 포함되는지 여부를 반드시 확인해야 한다. 그와 더불어 임차하려는 토지가 투자자의 사업 용도로 사용될 수 있는지 여부와 담보로 제공되었는지 여부 등도 확인해야 한다. 또한 임대차 계약서에 투자자의 사업 용도나 토지 임차 목적이 소멸할 경우에 대비한 법적 안전장치를 하고 현재의 토지사용권을 이중으로 양도하지 못하도록 적절한 법적조치를 취해야 한다.

!KEYPOINT

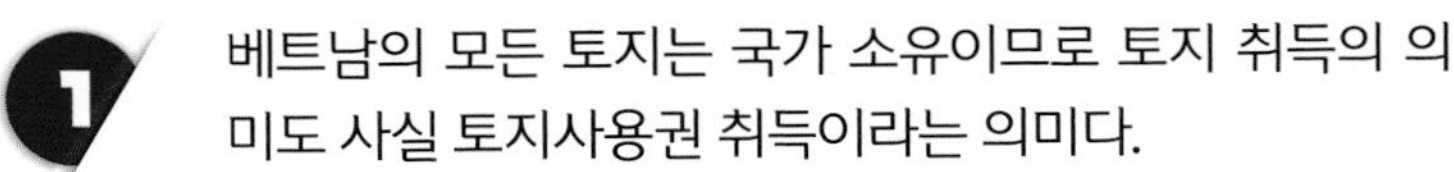

1. 베트남의 모든 토지는 국가 소유이므로 토지 취득의 의미도 사실 토지사용권 취득이라는 의미다.

2. 신(新) 부동산사업법(66/2014/QH13)에서는 외국인에게도 허용되는 사업 분야가 예전보다 많아졌다.

3. 부동산 사업 법인 설립을 위한 최소 자본금은 200억 베트남 동(약 10억 원)이다.

외국인의 부동산 사업

베트남의 토지는 베트남 전체 인민의 소유로서 국유재산이며 토지 소유자인 국가가 사용권을 개인이나 법인에게 부여한다. 가끔 국가 유공자나 특수한 경우, 개인이 토지를 소유할 수 있다고 말하는데 베트남은 예외가 없다. 이것은 실무적으로 토지사용권을 계속 갱신하면서 대를 이어가는 것을 토지를 법적으로 소유하는 것으로 오해하는 것이다. 그와 관련된 사기 사건도 종종 발생하고 있으니 주의해야 한다. 토지와 달리 토지 위의 건물과 부속물은 소유할 수 있다. 정리하면 토지는 국가 소유이지만 개인과 법인에게 토지사용권이 부여되며 토지 위의 자산(예: 건물, 아파트, 주택, 나무 등)은 소유할 수 있다.

구(舊) 부동산사업법(63/2006/QH11)에서는 외국인의 기존 프로젝트 인수는 전체 프로젝트에 대해서만 허가되었고 건물 임차 후 재임대사업은 명시되어 있지 않았다. 하지만 신(新) 부동산사업법(66/2014/QH13)에서는 외국인에게도 기존 프로젝트의 일부 또는 전부 인수와 건물 임차 후 재임대사업이 명시적으로 허용되는 등 사업 분야가 좀 더 열렸다.

반면, 부동산 관련 사업을 하려는 외국인은 구 부동산사업법과 관련 시행령(153/2007/ND-CP) 하에서는 실제로 출자해야 하는 정관 자본금 기준으로 60억 동이던 법정 자본금이 신 부동산사업법 하에서는 3배 이상 증가해 최소 200억 동의 법정 자본금을 가진 법인을 설립해야 한다(소규모 부동산의 판매, 거래, 임대사업 분야는 제외). 특히 기존 부동산 사업체를 인수하거나 부동산을 임차하는 경우, 피인수 기업이나 임대인이 신 부동산사업법에 맞게 법정 자본금 기준을 충족하고 있는지 반드시 확인하기 바란다.

법정 자본금 증가와 더불어 신 부동산사업법은 주택 피분양자 보호장치도 강화했다. 예를 들어 선(先)분양 후(後)시공하는 경우, 분

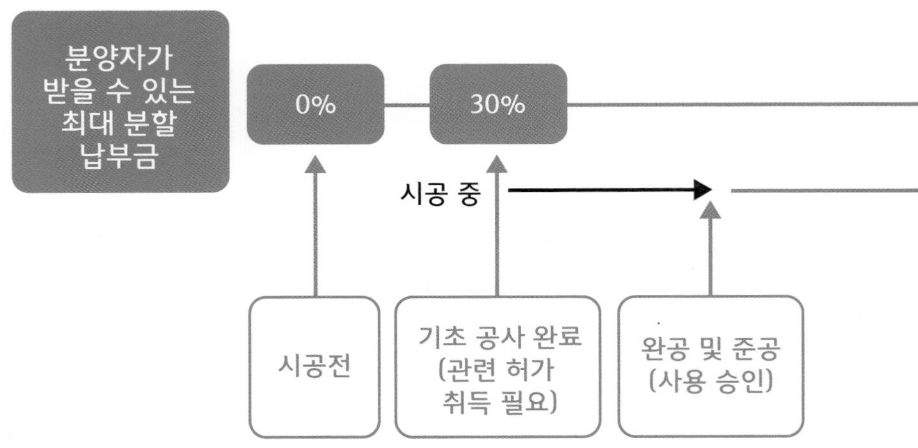

양자는 피분양자에게 분양 계약을 체결할 때 분양자·투자자의 주택 인도 의무 불이행으로 인한 기 납부금 환불 등의 보증을 위해 은행이 발행한 보증서를 함께 제공해야 한다. 그뿐만 아니라 분양자가 피분양자로부터 받을 수 있는 분할납부금과 관련해서도 주택 완공 전에 집을 분양하는 경우, 받을 수 있는 최초 분할납부금(보증금)을 최대 30%로 제한했다. 실제로 주택 피분양자에게 인도하기 전까지 받을 수 있는 납부금(보증금+중도금)은 분양자가 베트남 법인인 경우는 70%, 외국 투자법인인 경우는 50%로 제한했다. 또 피분양자 명의로 주택소유권 증서가 발급되기 전까지의 최대 납부금(보증금+중도금+잔금)은 95%로 제한해 분양자가 더 적극적으로 소유권 증서 발행업무를 하도록 유도했다.

부동산사업과 관련해 특히 공단개발에 관심 있는 한국인 투자자들을 위해 최근 MPI가 추진 중인 프로젝트의 일부를 소개한다.

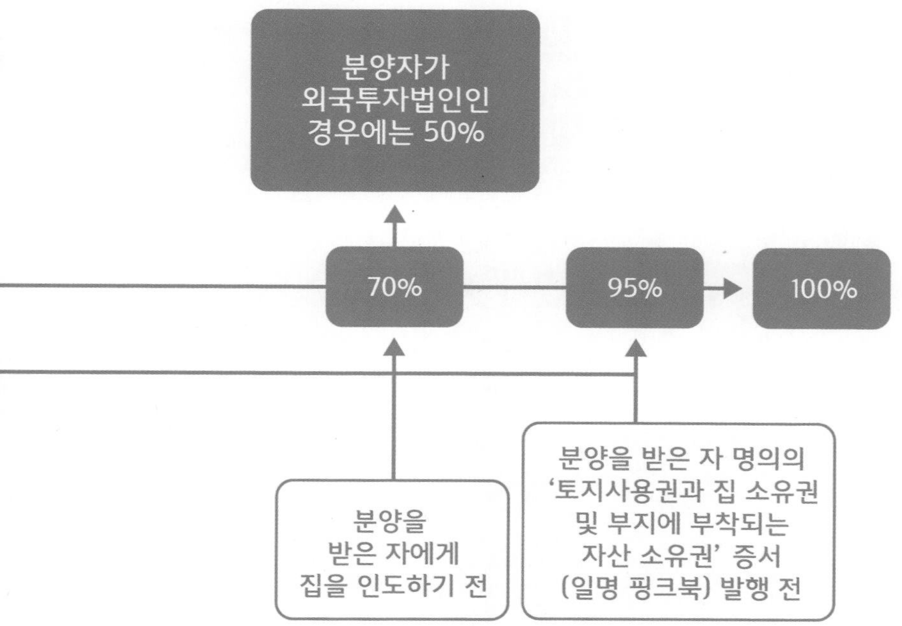

총리 결정서(1107/QD-TTg)에 의거해 2020년까지 허가된 공단개발 프로젝트

공단 개발 프로젝트	지역	총 면적(ha)
KCN Quyết Thắng	Thái Nguyên	105
KCN Nam Lương Sơn	Hòa Bình	200
KCN Hạ Hòa	Phú Thọ	400
KCN Việt Hàn	Bắc Giang	50
KCN Quán Triều	Quảng Ninh	150
KCN Phú Cát	Hà Nội (Hà Tây cũ)	500
KCN Đông Anh	Hà Nội	300
KCN Sóc Sơn	Hà Nội	340
KCN Kim Sơn	Ninh Bình	200
KCN Liêm Phong	Hà Nam	143
KCN Lương Điền - Ngọc Liên	Hải Dương	150
KCN Gia Bình II	Bắc Ninh	250
KCN Tân Dân	Hưng Yên	200
KCN Lập Thạch I	Vĩnh Phúc	150
Phúc Khánh	Thái Bình	200
KCN Việt Hải	Nam Định	100
KCN Thạch Quảng	Thanh Hóa	100
KCN Sông Dinh	Nghệ An	300
KCN Tây Bắc Quán Hàu	Quảng Bình	300
KCN Quảng Vinh	TT Huế	150
KCN Hạ Vàng	Hà Tĩnh	100

공단 개발 프로젝트	지역	총 면적(ha)
KCN Hòa Cầm 2	Đà Nẵng	150
KCN Lê Minh Xuân (mở rộng)	TP Hồ Chí Minh	120

!KEYPOINT

1. 현재의 주택법(65/2014/QH13)은 집 구입을 할 수 있는 외국인 자격 조건도 완화했고, 구입한 집의 임대도 허용한다.

2. 베트남 출입국관리사무소 입국 도장이 있는 유효한 여권을 소지한 외국인 개인과 베트남에서 적법한 투자등록증이나 해당 인·허가를 취득한 외국 투자법인은 집을 구매할 수 있다.

3. 현재의 주택법(65/2014/QH13) 발효 이전에 지어진 집을 구입하는 경우 주택건설사업에 의해 건설되었는지 상업주택건설 지역에 건설되었는지가 불분명한 경우가 있다. 이 경우 구입한 외국인에게 소유권 증서 발행이 안되거나 소유권 증서 발행까지 매우 오랜기간이 소요되니 주의해야 한다.

외국인의 주택 구입

♦
♦
♦

2015년 7월 신 주택법이 발효되고 그 후로 관련시행령도 발효되면서 특히 주택을 구입해 임대수익을 올리려는 외국인들의 관심이 높아지고 있는 것 같다.

구 주택법(56/2005/QH11)상에서는 외국인의 주택 구입에 대한 언급이 없어 실무적으로 외국인의 주택 구입이 허용되지 않았다. 그러다가 2009년 외국인 주택 구입과 소유에 대한 결의문(19/2008/QH12)을 통해 시험적으로 5년 동안만 외국인의 주택 구입을 허용했다. 하지만 외국인에게는 거주 목적의 아파트(단독주택은 안 됨) 한 채 구입만 허용되었고 구입 자격도 외국인 직접투자자나 회사 관리책임자로 한정하는 등 제한이 있어 5년 동안 단 126건의 거래만 이루어졌다고 한다.

신 주택법(65/2014/QH13)은 주택 구입을 할 수 있는 외국인 자격 조건도 완화했고 구입한 주택의 임대도 허용하는 등 신 주택법 발효 후 지금까지 결의문으로 한시적으로 외국인의 주택 구입과 소유를 허용했던 지난 5년 동안보다 2배 이상의 외국인 주택소유권 증서(Giấy chứng nhận quyền sử dụng đất, quyền sở hữu nhà ở và tài sản gắn liền với đất, 일명 '핑크북') 발급이 이루어졌다고 한다.

그럼 신 주택법상 외국인의 베트남 주택 구입에 대해 알아보자.
(아래 4W1H에서는 외국인 개인과 외국 투자법인을 통칭해 '외국인'으로 하고 아파트와 단독주택을 통칭해 '집'으로 했다.)

Who - 누가 집을 구입할 수 있나?

· 베트남 출입국관리사무소 입국 도장이 있는 유효한 여권을 소지한 외국인 개인(예: 유효한 여행비자, 유학비자 등으로 적법하게 입국한 외국인)
· 베트남에서 적법한 투자등록증이나 해당 인·허가를 취득한 외국 투자법인, 외국 법인의 지사 및 대표사무소, 외국은행의 지사 등
· 외교적 특권이나 면책특권 등 특별대우 대상인 개인(예: 외교관)은 제외
· 법령에 따른 우선권 또는 면책특권이 적용되는 재외공관(在外公館)과 외국기구의 대표사무소는 제외

Where - 어디에 있는 집을 구입할 수 있나?

· 외국인은 주택건설사업에 의해 건설된 집의 구입만 허용됨

· 상업주택건설 지역에 위치하지 않은 집(예: 일반 주거단지에 있는 아파트, 시골마을에 있는 단독주택)과 군사지역 등 특수지역에 있는 집은 구입할 수 없음

What - 제한사항은 무엇이고 구입한 집으로 무엇을 할 수 있나?

· 지방 건설국의 웹 사이트에 외국인이 구입할 수 있는 집의 수와 외국인이 소유할 수 없는 주택건설사업 명단 등을 공고함
· 외국인에게 구입이 허용된 집의 수를 초과한 경우, 그 매매계약은 법적효력이 없으며 소유권 증서 발행도 안 됨. 매도인은 매수인에게 관련손해를 배상해야 함

- 외국인에게 구매가 허용되는 아파트 수는 아파트 한 동의 총 30% 이내
- 구 단위와 같은 수준의 인구수를 가진 지역에서 다수의 아파트 건물을 외국인이 구매하는 경우, 각 아파트 당 30% 이내 그리고 총 아파트 건물의 30% 이내만 구입이 허용됨
- 2천 5백 개 이하의 단독주택 프로젝트가 한 개만 있는 경우, 외국인은 그 프로젝트의 전체 개인주택 중 10% 이하만 구입이 허용됨
- 2천 5백 개의 단독주택 프로젝트가 한 개만 있는 경우, 외국인은 250개 이하만 구입이 허용됨
- 2천 5백 개 이하의 단독주택 프로젝트가 2개 이상 있는 경우, 외국인은 각 프로젝트 당 10% 이하의 주택만 구입이 허용됨

· 외국인 개인은 소유한 집을 제3자에게 임대할 수 있음. 사전에 군·현 급 주택관리기관에 신고하고 임대수익에 대한 세금을 내야 함
· 외국 투자법인은 소유한 집을 제3자에게 임대하는 것이 금지되고 직원 숙소 용도로만 사용 가능
· 외국인은 영리 목적의 재판매를 위해 집을 구입하는 것이 금지(이것은 부동산사업 허가 없이 영위하는 부동산업으로 볼수 있기 때문으로 보인다)

When - 소유권 증서 발행 전까지의 집 소유권 증명, 외국인의 집 소유 기간, 재매각 시점

· 선분양 후시공의 경우 등 집 소유권 증서가 발행되기 전까지는 집 계약서로 소유권을 증명함
· 주택의 영구 소유가 가능한 베트남인과 달리 외국인 개인의 집 소유권 기간은 최대 50년, 외국 투자법인은 법인 존속기간까지라는 제한이 있음
· 외국인 집 소유자는 소유기간 만료 전에 연장, 매각 또는 증여를 할 수 있음. 연장, 매각 또는 증여 없이 집 소유기간이 만료되는 경우, 소유기간이 만료된 집은 베트남 정부의 소유가 됨
· 베트남인과 결혼한 외국인은 베트남인과 동일하게 집의 영구 소유가 허용됨
· 외국인이 소유한 집의 구입자가 베트남인이면 구입한 베트남인의 집 소유기간은 영구적이지만 구입자가 외국인이라면 외국인 판매자의 나머지 소유기간만 외국인 구입자의 집 소유기간이 됨

- 예제 1 : 외국인 김대한 씨(50년 집 소유권) → 20년 후 외국인 박한국 씨에게 매각 → 외국인 박한국 씨의 집 소유기간은 김대한 씨의 원래 집 소유기간인 50년 중 남은 30년
- 예제 2 : 외국인 김대한 씨(50년 집 소유권) → 20년 후 베트남인 Ms. Lien 씨에게 매각 → 베트남인 Ms. Lien 씨의 집 소유 기간은 영구적임

How - 어떻게 집을 구입하나?

· 외국인도 금융기관에서 집 담보대출을 받을 수 있음
· 집 매매대금은 베트남 신용기관(예: 은행)을 통해서만 지급되어야 함. 즉, 집 매매대금을 현금으로 지급하는 것은 금지됨
· 일반적인 경우, 베트남 내의 집 매매대금 지급은 베트남 동화로 해야 함

- 예제 1 : 외국인과 베트남인(거주자), 외국인과 외국인 간은 베트남 동화로 집 매매대금을 지급해야 함
- 예제 2 : 베트남 재외동포(비거주자)와 베트남 재외동포(비거주자)간은 미국 달러 등 외국 통화로도 집 매매대금을 지급할 수 있음

LAW

Vietnam law

PART 03

회사 설립

!KEYPOINT

1. 베트남의 투자등록증(IRC) 상에는 총투자(자본)금, 프로젝트 이행을 위한 출자(납입)자본금, 차입 자본금과 기타 자본금의 개념이 있고 기업등록증(ERC) 상에는 정관 자본금과 법정 자본금 등 여러 가지 '자본금'의 개념이 있다.

2. 베트남에서는 금융업, 항공운송업, 부동산업 등 일부 업종만 최소 자본금·법정 자본금이 요구되고 대부분의 일반사업 분야는 최소 자본금 규정이 없다.

3. 동일 업종이더라도 각 회사의 규모와 향후 계획에 따라 필요한 출자 자본금이 다를 수 있다.

(1)회사 설립

베트남 자본금의 종류와 개념

한국 국세청의 용어사전에서는 자본(출자) 납입을 "자본 또는 출자의 납입이란 회사의 설립 운영의 기본 금액으로서 자본금 또는 출자금을 회사에 내는 것을 말한다. 주식회사의 경우, 자본을 주식으로 분할하고 발기 설립의 경우, 발기인이 회사 설립 시 발행하는 주식의 총수를 인수한 때에는 지체 없이 각 주식에 대해 그 인수가액의 전액을 납입해야 한다. 그리고 조합기업[1]·합명회사[2]·합자회사[3] 및 유한회사[4]의 경우, 조합원 또는 사원이 그 사업 경영을 위한 자본으로서 금전, 기타 재산, 노무 또는 신용을 제공하게 되는데 이것을 출자금이라고 한다. 이와 같은 자본금이나 출자금을 기업에 납부하는

1 협동조합. 재화 또는 용역의 구매·생산·판매·제공 등을 협동으로 영위함으로써 조합원의 권익을 향상하고 지역 사회에 공헌하고자 하는 사업조직

2 회사의 사원이 회사 채권자에 대해 직접, 연대, 무한의 책임을 지는 무한책임사원으로만 구성된 회사

3 무한책임사원이 사업의 경영을 하고, 유한책임사원은 자본을 제공하여 사업에서 생기는 이익의 분배에 참여하는 형태의 회사. 회사채권자에 대해 출자액의 한도 내에서만 연대하여 책임을 지는 유한책임사원이 있다는 점에서 합명회사와 차이가 있다.

4 회사에 대하여 그 출자금액을 한도로 하는 간접의 유한책임을 지는 사원만으로 구성된 회사

것을 자본 또는 출자의 납입이라고 한다."라고 설명하고 있다. 기본적인 개념은 베트남도 비슷하다고 보면 된다.

하지만 한국 상법상 하나의 의미인 '자본금'의 개념과 달리 베트남의 투자등록증(IRC) 상에는 총투자(자본)금, 프로젝트 이행을 위한 출자(납입)자본금, 차입 자본금과 기타 자본금의 개념이 있고 기업등록증(ERC) 상에는 정관 자본금과 법정 자본금 등 여러 가지 '자본금'의 개념이 있다. 한국 상법상의 '자본금'과 가장 비슷한 개념은 그 금액에 대한 납입 의무가 발생한다는 점에서 ERC에 기재된 정관 자본금이라고 할 것이다.

기업법과 투자법 등에서의 '자본금'의 정의

· 투자 자본금(investment capital): 사업투자 활동용의 금전과 기타 자산[LOI 3.18조]

· 프로젝트의 투자 자본금(investment capital of a project): 투자 의향 결정문과 투자등록증에 기재된 투자 프로젝트 시행을 위해 투자자가 출자한 자본과 조달한 자본[Decree 118, 2.15조]

· 자본(금) 출자(capital contribution): 회사의 정관 자본금 조성을 위해 자산을 출자하는 것. 자본 출자는 기업 설립을 위한 출자나 이미 설립된 기업의 정관 자본금을 증자하는 것을 포함한다.[LOE 4.13조]

· 출자 자본의 지분(share of capital contribution): 사원 1인이

유한책임회사나 합자회사에 출자하거나 출자하기로 한 자산의 총 가치. 출자 지분 비율이란 사원 1인의 출자 자본금의 지분과 유한책임회사 또는 합자회사의 정관 자본금 사이의 비율 (즉, 1인 출자 자본금 : 전체 정관 자본금) [LOE 4.21조]

· 정관 자본금(charter capital): 유한책임회사나 합자회사 설립 시 출자하기로 한 각 사원 자산의 총 가치. 주식회사의 경우, 기업 설립 시 이미 매각했거나 매수 청약 등록된 주식 액면가의 총 가치[LOE 4.29조]

총 투자금은 프로젝트 이행을 위한 출자 자본금, 차입 자본금, 기타 자본금이다

2015년 7월 1일 발효된 신(新) 투자법(Law on Investment, 67/2014/QH13)과 기업법(Law on Enterprise, 68/2014/QH13) 이전까지 총 투자금은 출자 자본금과 차입 자본금이었다. 즉, 해당 프로젝트에 대해 납입 의무가 인정되는 납입 자본금과 회사 명의로 차용할 수 있는 대여금의 한도를 합산한 금액이었다. 총 투자금은 출자 자본금, 차입 자본금, 기타 자본금을 합산한 금액이다.

출자 자본금은 회사의 주주 또는 사원이 출자했거나 출자하기로 한 총 자산 가치로, 투자자가 현금 출자와 현물 출자를 통해 실제로 납입했거나 납입하기로 약속한 자본금이다. 출자 자본금은 납입 의무가 있는 자본금이므로 납입 자본금이라고도 부른다.

베트남에서 회사 설립 시 차입 자본금 등록이 법적으로 요구되는 것은 아니지만 법적으로는 IRC에 등록한 차입금액에 대해서만 중·장기 차입을 할 수 있으므로 추후 베트남에서 설립할 회사가 차입금을 이용할 계획이 있다면 필요한 차입 자본금액을 IRC에 등록해두는 것이 좋다.

기타 자본금은 BOT 프로젝트에서 정부의 재정보조 등 출자 자본금도 차입 자본금도 아닌 자본금 정도로 이해하면 될 것 같다.

예를 들어 회사가 총 투자금 60만 달러, 출자 자본금 40만 달러로 설정했다면 납입 의무가 있는 금액은 40만 달러이고 추가로 20만달러(= 60만 달러 - 40만 달러)를 외부에서 차용할 수 있다. 즉, 회계상 '자산 = 부채 + 자본' 이라고 정의할 때 위의 총 투자금은 자산의 의미와 비슷하다. 위의 사례에서 회사가 20만 달러 이상을 차용하려

고 한다면 총 투자금을 증가시키는 절차가 필요하다. 즉, 외국인 투자법인은 설립 시부터 총 투자금의 개념으로 차용한도가 정해져 있다는 점에 유의해야 한다. 만약 BOT 프로젝트 수행을 위한 신규 법인을 설립하는데 총 투자금 60만 달러, 납입 자본금 40만 달러, 정부 재정보조금이 5만 달러라면 총 투자금(60만 달러)은 납입 자본금(40만 달러) + 차입 자본금(15만 달러) + 기타 자본금(5만 달러)이 된다.

IRC에 기재된 "자본금"
[Chart 5] 참조 p.372

< 호찌민 야경 >

기업등록증 상 정관 자본금, 법정 자본금

정관 자본금은 해당 금액에 대한 납입 의무가 발생한다는 점에서 한국 상법상의 '자본금'과 가장 비슷한 개념이다. 정관 자본금은 회사의 기본적인 규칙을 정한 '정관[5](定款; charter)'에 기재되는 자본금으로 유한책임회사 설립 시 사원이 출자했거나 출자하기로 한 총 자산 가치, 주식회사 설립 시 등록한 주식 액면가의 총액을 의미한다. 정관 자본금은 베트남에 법인을 설립할 때 투자자가 현금 또는 현물로 출자해 베트남 법인에 실제로 납입해야 한다.

정관 자본금은 법적으로 요구하는, 설립 시 최소 자본금인 법정 자본금(Vốn pháp định; legal capital)과 구별해 이해해야 한다. 한국 상법상 주식회사 설립에 필요한 최소 자본금은 베트남에서는 금융업, 항공운송업, 부동산업 등 일부 업종 외에는 요구되지 않는다.(증권사, 자산운용회사 등 일부 특수회사 설립의 경우, 설립 단계에서 법정 자본금을 납입하도록 규정함)

ERC에 기재된 "자본금" [Chart 6] 참조 **p.373**
정관에 기재된 "자본금" [Chart 7] 참조 **p.374**

적절한 납입(출자) 자본금액은?

베트남에서는 금융업, 항공운송업, 부동산업 등 일부 업종만 최소 자본금·법정 자본금이 요구되고 대부분의 일반사업 분야는 최

5 회사 또는 법인의 자주적 법규. 실질적으로는 단체 또는 법인의 조직·활동을 정한 근본규칙을 뜻하고, 형식적으로는 그 근본규칙을 기재한 서면을 의미한다. 정관은 사회질서에 반하지 않는 한 회사 또는 법인의 구성원 내지 기관을 구속한다.

소 자본금 규정이 없다. 실무적으로 회사 설립 과정에서 투자등록증(IRC) 신청 시 잔액증명서나 재무제표 등을 통해 투자자의 재정 능력을 증명해야 한다. 따라서 동일 업종이더라도 각 회사의 규모와 향후 계획에 따라 필요한 출자 자본금이 다를 수 있다. 특히 IRC에 기재된 출자 자본금액만큼만 한국에서 베트남으로 송금이 허용되는데 출자 자본금을 너무 적게 잡으면 회사 설립 후 임차료와 사무실 인테리어 공사비용만 지급해도 자금이 부족해 설립 후 얼마 안 되어 출자 자본금 증자를 해야 할 수도 있다. 일반적으로 사무실 임차료, 급여, 원자재 구매비 등 약 1년 동안 회사 운영에 필요한 최소 금액을 출자 자본금으로 정해두는 것이 좋다.

출자 자본금은 현금 출자와 현물 출자 둘 다 가능하다. 예를 들어 제조업의 경우, 출자 자본금을 전액 현금으로 출자해 공장의 기계 설비를 구매할 수도 있지만 회사 설립과 동시에 곧바로 기계를 돌려 생산하기 위해 기계나 설비 등 회사 고정자산으로 인정될 수 있는 현물로 출자해도 된다(즉, 투자자가 기계 설비를 한국에서 구매하고 베트남으로 수입해 베트남에 설립될 법인에 출자).

베트남 법상 '출자'는 회사를 소유하기 위해 자산을 회사에 이전하는 것인데 베트남 통화, 자유롭게 환전할 수 있는 외국 통화, 금, 토지사용권, 지적재산권, 노하우 또는 기타 정관에 기록되는 자산으로 출자할 수 있다고 되어 있다. 즉, 법에서는 출자되는 무형자산도 사용기간이 최소 1년 이상, 자산 가치가 3천만 동(한화 약 150만 원) 이상 등 일정 요건을 충족하면 무형 고정자산으로 인정되어 출자로 간주될 수 있다. 하지만 실무적으로는 무형자산에 대한 가치 평가가 쉽지 않다는 점도 염두에 두어야 한다.

정관 자본금 납입 시기

한국에서는 회사 설립에 필요한 서류로 자본금 납입증명서가 요구되므로 회사 설립 전에 자본금 납입이 이루어져야 한다. 하지만 베트남에서 정관 자본금 납입은 설립 전이나 설립 과정 도중에 하지 않고 회사 설립 후, 법인등록증(ERC)의 발급일로부터 최대 90일 이내에 정관 자본금 납입 의무를 이행하면 된다. 즉, 유한책임회사(LLC)는 ERC 발급일로부터 90일 이내에 정관 자본금 납입을 완료해야 하고 주식회사(JSC)는 창립주주(創立株主)가 정관(定款)에 따라 회사 설립 시 발행할 수 있는 보통주 총수의 최소 20%를 인수하고 ERC 발급일로부터 90일 이내에 그것을 전액 납입해야 한다.

이렇게 실제 정관 자본금을 납입하지 않고 회사를 설립할 수 있다 보니 베트남 법인 중에 정관 자본금이 미납된 상태로 장기간 운영되는 경우가 적지 않다. 참고로 자본금 미납에 따른 과태료는 약 1천 5백만~2천만 동(한화 약 75~100만 원)이다. 또한 정관 자본금이 완납되지 않으면 미납된 지분에 대한 양도·양수가 불가능하다는 점도 염두에 두기 바란다.

출자 자본금 납입 절차(외국 투자법인의 경우)

한국 기업 또는 개인이 베트남 신설 법인 지분을 보유하게 되어 출자 자본금을 납입하는 경우, 한국에서는 주거래은행에 문의해 해외직접투자 신고를 해야 한다. 베트남에서는 신설 법인 설립 전 필요한 자금은 베트남의 은행에서 투자자 명의의 역외(임시)계좌[6](offshore account)를 개설해 사용해야 한다. 가끔 한국 법인이 베트남 신설 법인의 투자자인데 법인투자자의 대표이사 개인 명의로 베트남에서 계좌를 개설하는 경우가 있다. 이때 투자자는 개인이 아닌 법인이므로 한국 법인 명의로 역외계좌를 개설해야 한다는 점에 유의하기 바란다. 참고로 출자 자본금으로 인정받을 수 있는 비용항목에 대해서는 논란이 있어 회계처리 실무상 제한적으로만 인정받고 있다.

베트남 법인이 설립되지 않은 경우, 역외계좌에 이미 입금한 자금은 한국 투자자에게 다시 송금할 수 있다. 또한 법인 설립 과정에서 사용하지 않은 역외계좌의 남은 자금도 한국 투자자에게 재송금하거나 출자 자본금으로 사용할 수 있다. 법인 설립 후에는 신설 법인 명의로 자본금 계좌(direct investment capital account; 직접투자 계좌로서 간접투자 계좌와 구별됨)를 별도로 개설해 해당 자본금 계좌로 출자 자본금을 송금해야 한다.

자본금 계좌 [Chart 8] 참조 p.375

6 비거주자가 개설하는 계좌로 일반적으로 법인 설립 전에 계약금 송금과 기타 비용 등으로 사용하기 위한 임시 계좌로 사용됨

!KEYPOINT

1 구(舊) 투자법 하에서 베트남인이 법인을 설립하면 사업자등록증이나 기업등록증이 발급되었고, 외국인은 투자허가서가 발급되었다.

2 신(新) 투자법 하에서 베트남에 처음 법인을 설립하는 외국인은 먼저 투자등록증(IRC)을 발급받고, 베트남인처럼 기업등록증(ERC)을 발급받는다.

3 예전에는 세금 코드도 별도로 신청해 받아야 했지만 신 투자법과 기업법 하에서는 ERC 발급번호 자체가 세금 코드이므로 세금 코드를 별도로 발급받지 않아도 된다.

회사 설립

♦
♦
♦

약어(略語)

· IRC: 투자등록증(Investment Registration Certificate; Giấy chứng nhận đăng ký đầu tư)

· ERC: 법인등록증(Enterprise Registration Certificate; Giấy chứng nhận đăng ký doanh nghiệp)

· BL: 영업허가서(Business License; Giấy phép kinh doanh)

· DPI: 계획투자국(Department of Planning and Investment; Sở Kế hoạch và Đầu tư)

· PC: 인민위원회(People's Committee; Ủy ban nhân dân)

· BOM: 공단, 수출가공구역, 첨단기술, 경제구역의 관리위원회(Board of Management at Industrial zone, export processing zone, high-tech zone or economic zone; Ban quản lý các khu công nghiệp, khu chế xuất, khu công nghệ cao hoặc khu kinh tế)

· BRO: DPI 산하 사업자등록사무소(Business Registration Office under the DPI; Phòng đăng ký kinh doanh thuộc Sở Kế hoạch và Đầu tư)

2015년 7월 1일 발효된 신(新) 투자법(Law on Investment, 67/2014/QH13)과 기업법(Law on Enterprise, 68/2014/QH13), 그리고 그와 관련된 새로운 규정 등에 의해 자본금 납입 기간, 법적 대표자 수, 법인 인감(印鑑)의 내용과 개수, 의사정족수[1](議事定足數), 의결정족수[2](議決定足數) 등 많은 부분이 변경되었다.

베트남의 고질적인 문제점 중 하나는 법을 개정하거나 신(新)법이 발효될 때 하부 규정들이 만들어지지 않아 실무처리에 많은 혼란을 일으키는 것이다. 신 투자법과 기업법의 경우도 예외는 아니다. 신법은 7월 1일 발효되었지만 그와 관련된 하부 규정이나 업무처리 방침이 나중에 발표되어 약 1개월 동안 신규 법인 설립 업무가 중단되다시피 했다. 이런 예상되는 혼란을 피하기 위해 2015년 6월말 많은 신규 외국 투자법인 설립신청서가 접수되었는데 처리 방침이 없어 처리를 못하는 일부 공무원들이 미처리 건수를 줄이기 위해 처리 규정이 나올 때까지 신청서 회수를 부탁하는 웃지 못 할 경우도 있었다.

법인 설립과 관련해 구(舊) 투자법 하에서 베트남인은 사업자등록증·기업등록증(Decree 43/2010/ND-CP에 따라 2010년 6월 1일 이전에는 **Giấy chứng nhận đăng ký kinh doanh**; Business Registration Certificate; BRC) / 2010년 6월 1일 이후에는 **Giấy chứng nhận đăng ký doanh nghiệp**; Enterprise Registration Certificate; ERC)을 통해 법인을 설립하고 외국인은 투자허가서

1 구성원의 합의에 따라 의사를 결정하는 조직체에서, 의사 결정을 위한 회의가 성립하는 데 필요한 최소한의 구성원 수

2 구성원의 합의에 의해 의사를 결정하는 조직체에서, 의사결정의 효력을 발휘하는 데 필요한 구성원의 출석 수

(Giấy chứng nhận đầut; Investment Certificate; IC)를 통해 법인을 설립했다.

이미 설립된 외국 투자법인이 투자자가 되어 베트남에 법인을 다시 설립하는 경우 등 특수한 경우에는 기업등록증(Giấy chứng nhận đăng ký doanh nghiệp; Enterprise Registration Certificate; ERC)만으로 법인 설립이 가능하지만 신법 하에서 베트남에 처음 법인을 설립하는 외국인은 먼저 투자등록증(Giấy chứng nhận đăng ký đầu tư; Investment Registration Certificate; IRC)을 발급받고 베트남인처럼 기업등록증(ERC)을 통해 법인을 설립한다.

베트남에서 외국인이 회사 설립을 하기 위한 일반적인 절차는 투자자의 법적 서류 번역과 공증, 신청서 작성 등을 완료하고 투자등록증(IRC)을 취득한 후, 기업등록증(ERC)을 발급받는다. 그 후 법인 설립 공고, 법인 인감 제작과 통보, 자본금 납입용 통장을 개설하면 법인 설립이 완료된다. 인감의 경우, 구(舊)법에서는 담당 공안(công an)에게 신청하고 영업일 5일 후에 발급받는 방식이었는데 신법에서는 각 기업에서 자유롭게(일반적으로 인감 제작업체를 통해) 제작하고 투자국에 통보하는 방식으로 변경되어 1~2일 정도로 처리기간이 단축되었다. 인감 개수도 구법 하에서는 1개만 제작할 수 있었지만 신법 하에서는 여러 개를 만들어도 된다. 또한 구법 하에서는 세금 코드도 별도로 신청해 받아야 했지만 신법 하에서는 ERC 발급번호 자체가 세금 코드이므로 세금 코드를 별도로 발급받지 않아도 된다.

구 투자법상의 사업자등록증/기업등록증(BRC/ERC)
[Chart 9] 참조 p.376

구 투자법상의 투자허가서(IC)
[Chart 10] 참조 p.377

신 투자법상의 투자등록증(IRC)
[Chart 11] 참조 p.378

신 투자법상의 기업등록증(ERC)
[Chart 12] 참조 p.379

법인 설립기간과 관련해 구 투자법에 명시된(IC 신청부터 발급까지) 처리기간은 영업일 15일 이내였다. 신 투자법에서는 국회, 총리와 지방 인민위원회 투자 승인 대상인 프로젝트와 그렇지 않은 일반 프로젝트로 구분했는데 일반 프로젝트·업종 기준으로 IRC는 15일(신 투자법 제37조), ERC는 영업일 3일 이내(신 기업법 제27조)에 처리한다고 명시되어 있다. 하지만 베트남의 행정관례상 법에 명시된 기간이 준수되지 않는 경우가 빈번하므로 시간적인 여유를 두고 진행하길 권한다. 실무적인 관점에서는 인감관련 절차 간소화와 세금 코드 발행 생략 등으로 법인 설립 이후의 절차는 조금 빨라졌지만 법인 설립은 구법에서는 IC 하나만 발급받으면 되던 것이 이제는 IRC와 ERC 두 단계로 나뉘어 준비해야 할 서류도 늘고 시간도 더 소요되는 것 같다.

실무적으로 법인 설립에 필요한 서류는 다음과 같다.(법상 명시되지 않은 서류를 요구하는 경우도 있고 업종, 지역, 회사 형태 등에 따

라 차이가 있을 수 있음)

투자등록증(IRC) 신청 시 필요한 서류

IRC 신청서, 투자자의 사업자등록증 사본, 사무실·공장·토지 임대차 (가)계약서, 최근 2년간 투자자의 감사받은 재무제표 등 투자자의 재무 상태를 증명할 수 있는 자료, 현물 출자인 경우, 정관 자본금으로 출자할 자산목록 및 관련서류, 투자 프로젝트에 대한 투자자의 회의록 및 결정문, 투자 프로젝트 제안서

법인등록증(ERC) 신청 시 필요한 서류

ERC 신청서, 투자등록증(IRC) 공증 사본, 베트남 내 신설 법인의 법적 대표자 여권 사본, 베트남 내 신설 법인의 정관 등 조건부 사업

분야의 법인 설립과 관련되어 구 투자법에서는 IC 발급 절차 중 조건부 사업 분야를 등록하기 위한 유관부처의 심사 과정 규정이 있었는데 신 투자법에는 이 부분이 삭제되었다. 따라서 이전과 달리 유

관부처의 심사 의견을 반드시 받아야 할 필요는 없을 것 같다. 그런데도 아직 조건부 프로젝트에 대한 하부처리 규정이 제정되지 않아 실무적으로는 담당기관(각 지방 투자계획국)은 여전히 이전과 같이 상당한 시간이 소요되는 심사 절차를 진행하고 있는실정이다. 수출가공기업[3] (Export Processing Enterprises; EPE)의 경우도 이전에는 IC에 명시되었지만 이제는 IRC와 ERC 아무 데도 명시되지 않아 많은 기업들이 제3자에게 EPE임을 증명하는 데 어려움을 겪고 있다. 빠른 시일 내에 신법의 하부처리 규정이 나와 혼란이 해소되길 기대한다.

구 투자법과 기업법에서는 투자허가서(IC)가 영업허가서(Business License; BL)의 역할도 했는데 신법 발효 후, 투자등록증(IRC)이 과연 BL의 역할도 하느냐에 대한 혼란이 있었다. 현재는 IRC와 BL을 별개 증서로 간주하고 신규 및 기존 유통업(도·소매) 법인도 BL을 별도로 취득하도록 하고 있다. 참고로 BL은 외국 투자법인에게만 요구되며 수출입허가는 외국 투자법인과 베트남인이 투자자인 현지법인 모두에게 요구된다.

수정 투자법(Law 03/2016/QH14) 부록에 243개 조건부 사업 분야가 명시되어 있지만 모두 서브 라이선스[4] (증명서나 허가서 등)를 취득해야 하는 건 아니다. 예를 들어 건설·시공업과 부동산업은 별도의 서브 라이선스가 요구되지 않는다. 하지만 법인 설립(즉, IRC와 ERC 발급) 이후, 요식업은 별도로 베트남 보건부(Ministry of

---

3 수출가공구 내에서 설립되고 활동하는 기업 또는 공업구, 경제구 내에서 활동하는 생산품 전부를 수출하는 기업

4 법인설립 후 추가로 요구되는 각종 허가서와 증서

Health; MOH)가 발행하는 식품안전조건 적합증명서, 학원은 운영 허가서(Operating License; OL), 유통업은 BL을 취득해야 하는 등 일부 조건부 사업들은 별도로 관련 서브 라이선스를 취득해야 한다.

사실 현재도 법인 설립 이후 별도로 취득해야 하는 관련 서브 라이선스의 실무적인 발급 절차가 지역과 기관에 따라 달라 아직도 혼란이 계속되고 있다. 다음은 현재까지 업데이트된 규정을 바탕으로 법상 그리고 아직도 법과 다소 차이가 있는 실무상 법인 설립과 BL 취득을 신규 유통법인 설립 절차를 통해 살펴보겠다.

일반 사업법인 설립

조건부가 아닌 일반 사업 분야(예: 제조, 컨설팅 등)는 BL 발급이 필요없다.

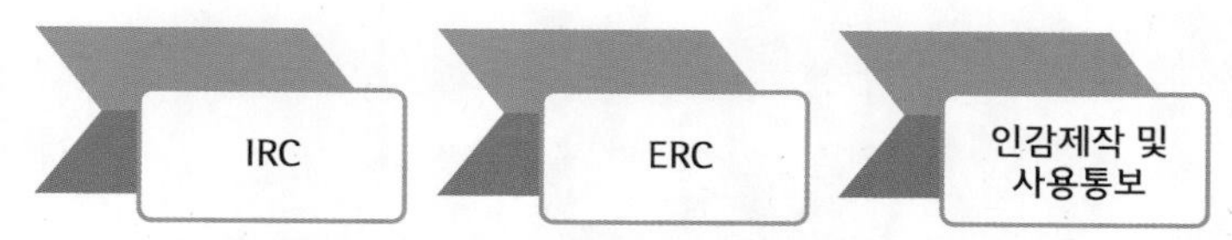

No	절차	담당 기관	소요 시간
1	IRC 발급	DPI 또는 BOM	15일
2	ERC 발급	BRO	영업일 3일
3	법인 인감 제작 및 사용통보		
3.1	법인 인감 제작	인감 제작회사	영업일 1일
3.2	법인 인감 사용 통보	BRO	보통 1~3일

2015년 7월 1일 이전에는 법인 설립을 위한 투자허가서가 발급된 후, 신규 법인 스스로 법인 설립 공고를 해야 했지만 현재는 ERC 발급 후 BRO에서 내부적으로 국가 포털(national portal)에 회사 설립 등록에 대해 통보한다. 인감도 신규 법인이 제작하고 BRO에 사용 통보를 하면 BRO에서 내부적으로 인감 샘플을 국가 포털에 등록한다. 투자자 입장에서는 조금 편리해졌다.

2. 유통사업 법인 설립

유통사업 법인은 일반 법인처럼 IRC와 ERC를 발급받고 추가로 BL도 취득해야 한다. 하노이의 경우, 2016년 9월 중순 하노이 DPI 공문(918/TB-KH&DT)을 통해 유통법인 설립 시 DPI에서는 HS 코드가 기재되지 않은 IRC를 발급하고 IRC와 ERC를 모두 발급받은 후, HS 코드가 기재된 BL을 인민위원회에서 별도로 발급받는 것으로 정리되었다. 현재 대부분의 공단 외 지역들은 하노이처럼 처리하는 추세로 보인다.

(1) 법상 유통사업 법인 설립 절차

No	절차	담당 기관	소요 시간
1	IRC 발급	DPI 또는 BOM	15일
2	ERC 발급	BRO	영업일 3일
3	법인 인감 제작 및 사용 통보		
3.1	법인 인감 제작	인감 제작회사	영업일 1일
3.2	법인 인감 사용 통보	BRO	통상 1~3일
4	영업허가서(BL)		사업 분야에 따라 요구되는 BL의 종류가 다름
4.1	산업무역부의 서면 심사 의견이 필요 없는 BL (예: 수출입 BL)	지방 인민위원회	법상 명시되어 있지 않음. 실무적으로 보통 1~2개월
4.2	산업무역부의 서면 심사 의견이 필요한 BL (예: 유통업 BL)	지방 인민위원회	법상으로는 영업일 33일, 실무적으로는 보통 2~4개월
5	구체적인 사업 분야와 유통 품목에 따라 추가 허가 취득 및 제품 적격 신고 등이 필요할 수 있음	사업 분야와 유통 품목에 따라 다름	사업 분야와 유통 품목에 따라 다름

(2) 실무상 유통사업 법인 설립 절차

법적으로 일반 법인과 조건부 사업법인 설립(IRC+ERC) 절차는 같지만 조건부 사업을 위한 법인의 경우, 실무적으로 각 지역 담당 기관과 사안에 따라 설립 절차가 다른 것이 현실이다. 한국 기업들이 많이 진출한 북부지역 공단과 공단 외 지역에서의 유통법인 설립과 BL 취득 절차는 다음과 같다.

· 하노이 계획투자국(Hanoi Department of Planning and Investment, Hanoi DPI), 공단이 아닌 지역의 경우

· 하노이 공단 및 수출가공구 관리위원회(Hanoi Industrial and Export Processing Zones Authority, HIZA)

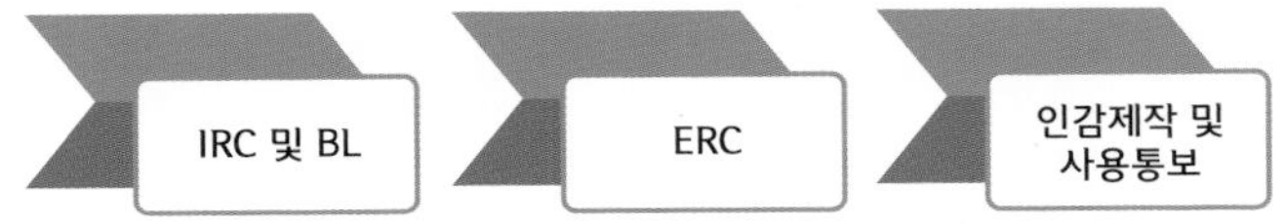

※ HIZA는 IRC 신청서와 함께 영업허가서 신청서도 함께 제출하기를 요구한다. 하노이 인민위원회에서 BL 발급을 허가하고 이것을 HIZA에 통보하면 그때서야 IRC를 발급해준다.

· 박닌 계획투자국(Bac Ninh Department of Planning and Investment; Bac Ninh DPI), 공단이 아닌 지역의 경우

· 박닌 공단관리위원회(Bac Ninh Industrial Zones Authority, BIZA)

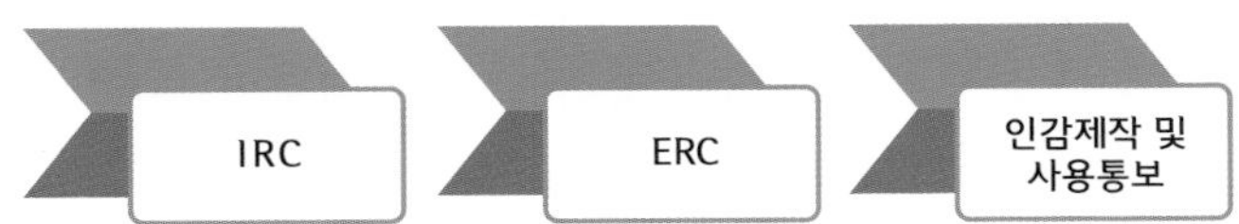

BIZA는 신규법인에 대해 일반적으로 BL을 별도로 발급하지 않고 HS코드가 기재되어 있는 IRC만 발급한다. 단, 사안에 따라 IRC 발급 심사 때 내부적으로 산업무역부(Ministry of Industry and Trade; MOIT), 계획투자부(Ministry of Planning and Investment; MPI) 등 관련부서의 서면 의견을 요청한다. 구 투자법에서는 IC 발급 절차 중 조건부 사업 분야를 등록하기 위한 유관부처의 심사 과정 규정이 있었는데 신 투자법에서는 이 부분이 삭제되었다. 그런데도 아직도 유관부처의 심사 과정을 거치고 있다는 점을 실무처리 시 염두에 두기 바란다.

!KEYPOINT

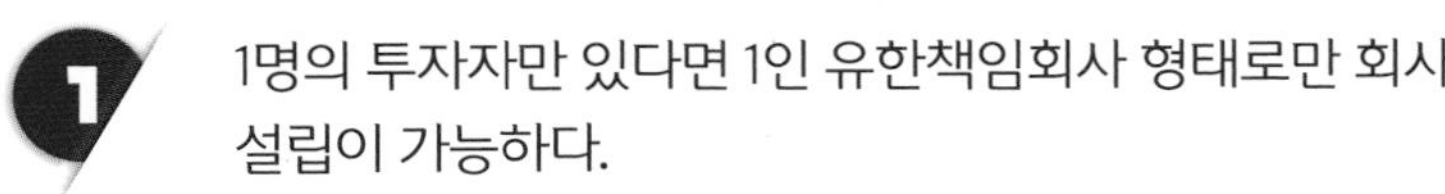

1명의 투자자만 있다면 1인 유한책임회사 형태로만 회사 설립이 가능하다.

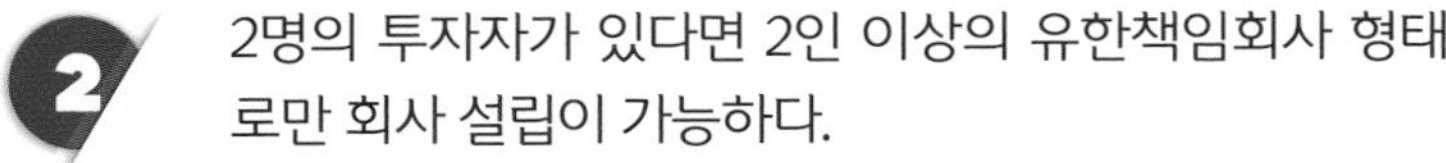

2명의 투자자가 있다면 2인 이상의 유한책임회사 형태로만 회사 설립이 가능하다.

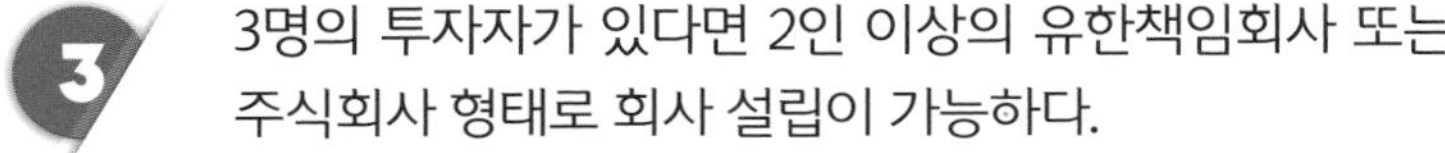

3명의 투자자가 있다면 2인 이상의 유한책임회사 또는 주식회사 형태로 회사 설립이 가능하다.

유한책임회사와 주식회사의 특징

◆
◆
◆

베트남에 투자 진출 시 가장 먼저 해야 하는 것 중 하나가 회사 설립일 것이다. 단순히 '회사'라고 생각했던 것이 법적으로는 여러 가지 종류가 있고 특징도 달라 당황하는 투자자들을 많이 보았다. 그런 분들을 위해 베트남의 회사 종류, 유한책임회사와 주식회사의 특징에 대해 살펴보기로 한다.

한국 상법상 회사는 합명회사(合名會社), 합자회사(合資會社), 유한책임회사(有限責任會社; Limited Liability Company), 주식회사(株式會社; Joint Stock Company)와 유한회사(有限會社) 5가지가 있다. 베트남 기업법상에도 여러 종류의 회사가 있지만 실제 외국인 투자자들이 베트남에 설립하는 회사의 종류는 유한책임회사와 주식회사이므로 이 두 종류의 회사에 초점을 맞추어 설명하겠다.

가끔 단독(투자)법인과 구분해 다른 투자자와 합작투자(合作投資)를 통해 설립한다는 의미의 '합작회사(合作會社)'를 '합자회사(合資會社)'와 혼동하는 사람들이 있다. 전자는 투자 방식에 따른 구분이고 후자는 상법(商法)상 존재하는 회사의 한 종류다. 합자회사는 무한책임 사원과 유한책임 사원으로 구성되는 회사로 회사 채권자에 대해 직접·연대·무한책임을 지는 무한책임 사원으로 구성되는 합명회사와 구별된다.

합자회사의 유한·무한책임 사원, 합명회사의 무한책임 사원, 유한책임회사의 사원 등 여기서 '사원(社員; member)'은 일반적으로 회사에 고용된 종업원을 지칭하는 의미의 사원이 아니라 주식회사의 주주(株主)와 같은 개념이다.

대부분의 외국인 투자자들이 베트남에 설립하는 회사 형태는 유한책임회사(有限責任會社; Limited Liability Company/LLC) 또는 주식회사(株式會社; Joint Stock Company/JSC)인데 유한책임회사와 주식회사 둘 다 투자자들의 책임이 투자한 지분만큼 한정된다는 점 때문에 선호하는 것 같다. 즉, 유한회사의 사원(社員; member)과 주식회사의 주주(株主; shareholder/stockholder) 둘 다 회사의 채무에 대해 개인적으로 직접 책임지지 않고 회사 명의의 재산으로 책임을 부담하는 것이 원칙이다. 하지만 업무 집행과 관련해 개인적인 불법행위로 인해 타인에게 손해를 끼쳤다면 개인적으로 책임질 수도 있다.

유한책임회사와 주식회사 둘 다 같다면 굳이 유한책임회사로 설립할지 주식회사로 설립할지 고민할 필요가 없을 것이다. 이번에는 유한책임회사와 주식회사의 차이점을 간략히 정리해보겠다. 투자자(投資者; investor) 수에서 주식회사는 최소 3명의 발기인(發起人; founder)이 필요하므로 1명 또는 2명의 투자자만 있다면 주식회사 설립은 불가능하고 1인 또는 2인 이상의 유한책임회사 형태를 선택해야 한다. 3명의 투자자가 있다면 2인 이상의 유한책임회사나 주식회사 형태로 회사 설립이 가능하다. 이때 개인과 법인 모두 1명의 투자자로 간주한다.

회사의 조직 면에서 주식회사는 이사회가 있지만 유한책임회사는 이사회가 없고 유한책임회사는 주식회사의 주주총회 대신 주식회사의 이사회와 주주총회를 혼합한 것과 같은 사원총회로 대신한다. 또한 주식회사는 주식이라는 증권을 발행하지만 유한책임회사는 지분을 증권화하지 않는다.

1인 유한책임회사는 단독투자이므로 회사 설립 및 운영이 간단하고 의사결정 기관과 절차, 운영 규정을 비교적 자유롭게 정관에 기재할 수 있다. 2인 이상 유한책임회사는 지인들이나 베트남 파트너와 회사를 설립할 때 적합한 형태라고 할 수 있다. 정관에 포함되는 내용은 1인 유한책임회사와 비슷하지만 지분 양도가 사원들 상호간에 먼저 이루어져야 한다는 규제가 있다. 주식회사는 일반 대중으로부터 빠르고 쉽게 자금을 조달할 수 있도록 만든 회사 형태이므로 추후 상장에 대비하며 운영 관련 공시 규정이 있다.

간략히 살펴보면 주식회사는 일반 대중으로부터 대규모 자금을 조달받아 회사 규모를 키워 상장을 계획하는 투자자들에게 적합하고 유한책임회사는 소규모의 인적관계를 바탕으로 신속한 의사결정이 필요할 때 적합하다고 할 수 있다. 일반적으로 베트남에 진출하는 한국 기업들은 관리가 쉽다는 이유로 주식회사보다 유한책임회사로 법인을 설립하는 경우가 많다. 다소 번거롭지만 유한책임회사를 주식회사로, 반대로 주식회사를 유한책임회사로 전환할 수 있으므로 우선 유한책임회사를 설립해 운영하다가 시장에서 대규모 자금 조달이 필요할 경우, 주식회사로 전환하는 방법도 고려해볼 수 있다.

<베트남 유한책임회사(LLC)와 주식회사(JSC)의 특징 비교>

	1인 유한책임회사	2인 이상의 유한책임회사	주식회사
최소 투자자 수	1명	2명	3명
의사 결정권	소유자	사원총회	주주총회, 이사회
정관 자본금 납입	법인등록증(ERC) 발급일로부터 90일 이내 완납	법인등록증(ERC) 발급일로부터 90일 이내 완납	보통주 총수의 최소 20%를 인수하고 법인등록증(ERC) 발급일로부터 90일 이내에 납입(즉, 정관 자본금의 20%를 ERC 발급일로부터 90일 이내에 납입)
투자자의 지분 양도	지분의 일부 또는 전부 양도 가능	지분의 일부 또는 전부 양도 가능 (단, 지분의 양도는 사원들 상호 간에 먼저 이루어져야 함)	법인등록증 발급일로부터 3년 후, 창립주주의 주식 양도 자유(3년 이내의 경우, 창립주주는 타 창립주주에게 본인의 주식을 자유롭게 양도할 수 있지만 창립주주가 아닌 자에 대한 양도는 주주총회의 승인이 필요함)
정관 자본금액 감소	법상 가능 (실무적으로 어려움)	법상 가능 (실무적으로 어려움)	법상 가능 (실무적으로 어려움)
공시 규정	없음	없음	있음
개인 투자자 또는 법인투자자 직원의 법적 대표자(LR) 또는 법인장(GD) 겸직	O (LR은 베트남 상주 규정 있음)	O (LR은 베트남 상주 규정 있음)	O (LR은 베트남 상주 규정 있음)
법적대표자(LR)의 법인장(GD) 겸직	O	O	O
증권 발행	X	X	O

	1인 유한책임회사	2인 이상의 유한책임회사	주식회사
특징	단독투자자이므로 회사 설립 및 운영이 비교적 간단하고 의사결정 기관과 절차, 운영 규정을 자유롭게 정관에 기재 가능	지인들이나 베트남 파트너와 소규모로 회사를 설립할 때 적합한 형태의 회사	일반 대중으로부터 신속하고 쉬운 자금 조달을 위한 회사 형태이므로 추후 상장에 대비하며 운영관련 공시 규정이 있음

!KEYPOINT

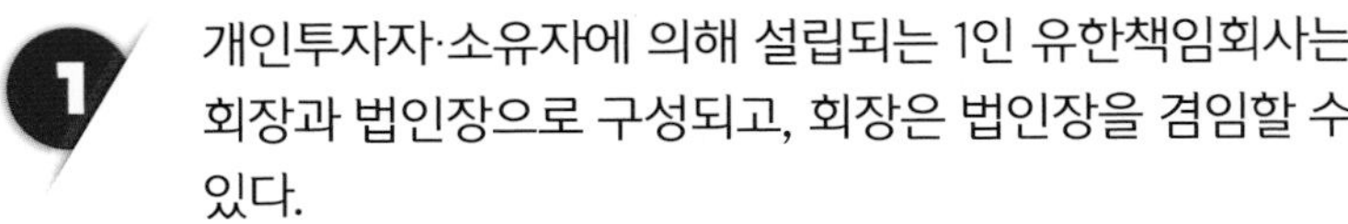

1 개인투자자·소유자에 의해 설립되는 1인 유한책임회사는 회장과 법인장으로 구성되고, 회장은 법인장을 겸임할 수 있다.

2 법인이 투자자·소유주인 1인 유한책임회사는 (1) 회장, 법인장, 감사 또는 (2) 사원총회, 법인장, 감사 중 한 가지로 회사가 구성된다.

1인 유한책임회사

◆
◆
◆

1인 유한책임회사의 조직 구성은 다음과 같다.

<1인 유한책임회사 - 개인 투자자인 경우>

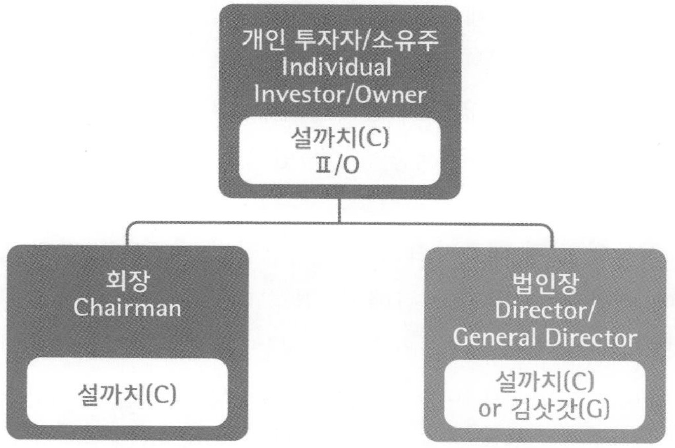

※ 참고 1: Director와 General Director를 각각 이사와 총지배인으로 번역하기도 함.

※ 참고 2: 투자법(LOI)상 용어는 투자자(Investor), 기업법(LOE)상 용어는 소유자(owner)

개인투자자·소유자에 의해 설립되는 1인 유한책임회사는 회장(Chairman)과 법인장(Director/General Director)으로 구성된다. 회장은 법인장을 겸임할 수 있다. 설까치가 회장과 법인장을 동시에 겸임할 수 있고 외부인사인 김삿갓을 법인장으로 고용해도 된다. 김삿갓 법인장의 권리와 의무는 회사 정관에 명시하고 김삿갓이 설까치 회장과 체결한 근로계약서에 명시한다. 외국인 개인투자자인 설까치의 경우, 당연직 회장이 되고 회사 정관에서 달리 규정하지 않는다면 회장이 회사의 법적 대표자(Legal Representative)가 된다. 법적 대표자의 이름은 ERC와 회사 정관에 명시된다.

2015년 7월 1일부터 시행되고 있는 현재의 기업법(68/2014/QH13)에서는 1명 이상의 법적 대표자를 허용하고 있다(구 기업법 60/2005/QH11 상에서는 1명의 법적 대표자만 허용했음). 최소한 1명의 법적 대표자는 베트남에 상주해야 하는데 1인의 법적 대표자만 있는 경우, 단 하루라도 베트남 출국으로 인한 부재중에는 다른 사람에게 서면으로 위임해야 한다는 점에 유의하기 바란다(구 기업법상에서는 30일 이상 부재중에만 서면으로 위임했음).

2인 이상의 법적 대표자가 있는 경우, 법적 대표자들 간의 업무 범위 등에 대한 분쟁 방지를 위해 각 법적 대표자의 권리와 의무를 정관에 명시하는 것이 좋다. 실무적으로는 은행 등에서 대출받을 때 법적 대표와 법인장이 다른 사람인 경우, 모두 직접 은행을 방문해 서명할 것을 요구하는 경우가 있어 실무처리에 어려움을 겪는 경우도 있다.

<1인 유한책임회사 - 법인/회사 투자자인 경우>

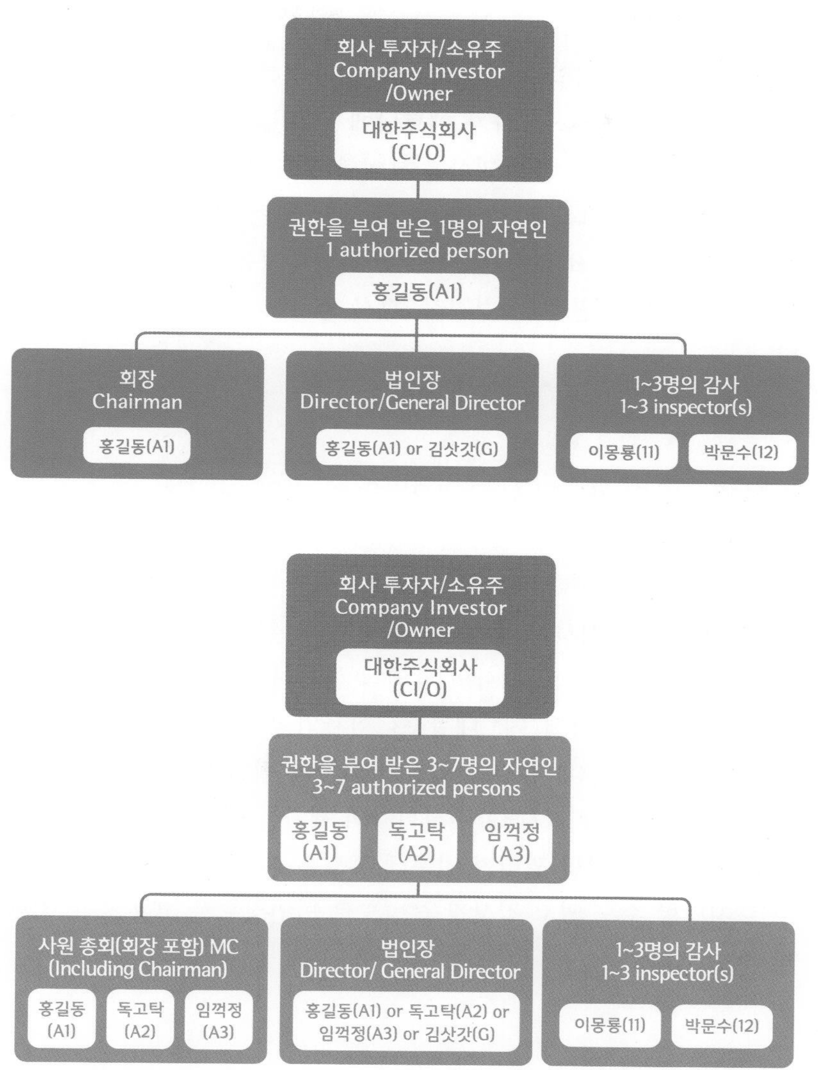

개인(個人)은 자연인(自然人)으로서 권리와 의무의 주체가 될 수 있지만 법인(法人)은 법이 단체에 그 권리와 의무를 부여해 만들어진 것이다. 따라서 법인·회사(會社)가 투자자·소유자인 경우에는 자연인에게 위임해 권리와 의무를 수행해야 한다. 한국에서 설립된 회사인 대한주식회사가 베트남에서 1인 유한책임회사를 설립할 경우, 1명에게 이 법적 권한을 부여할 수도 있고 3~7명에게 권한을 부여할 수도 있다(구 기업법에서는 1명 또는 2명 이상). 즉, 법인(法人)이 투자자·소유주인 1인 유한책임회사는 (1) 회장, 법인장, 감사 또는 (2) 사원총회, 법인장, 감사 중 한 가지로 회사가 구성된다.

회장, 법인장, 감사로 1인 유한책임회사가 구성되는 경우

먼저 대한주식회사가 홍길동 1명에게만 권한을 부여한 경우에는 홍길동이 1인 유한책임회사의 당연직 회장이 된다. 즉, 정관에서 달리 규정하지 않는다면(예: 대한주식회사의 직원인 고바우를 정관에 법적 대표자로 규정) 홍길동 회장이 회사의 법적 대표자가 된다. 대한주식회사 또는 회장(대한주식회사의 재가를 받아야 함)은 법인장을 고용 또는 지명할 권리가 있는데 홍길동을 회장과 겸임해 법인장으로 지명할 수도 있고 김삿갓을 별도로 법인장으로 고용 또는 지명할 수도 있다.

사원총회, 법인장, 감사로 1인 유한책임회사가 구성되는 경우

대한주식회사가 홍길동, 독고탁, 임꺽정 3명에게 권한을 부여한 경우, 1인 유한책임회사는 사원총회, 법인장과 감사로 구성된다. 이때 홍길동, 독고탁, 임꺽정은 사원총회의 구성원이 되며 사원총회의 의장은 소유주가 지명하거나 정관 절차에 따라 사원총회에서 선출한다. 사원총회 의장의 임기는 최대 5년이며 횟수 제한 없이 재선출될 수 있다. 사원총회의 의장이나 사원은 회사의 법인장도 겸임할 수 있다. 즉, 대한주식회사는 홍길동, 독고탁, 임꺽정 중에서 1인을 법인장으로 지명하거나 별도로 김삿갓을 1인 유한책임회사의 법인장으로 새로 고용할 수도 있다. 정관에서 달리 규정하지 않는다면 사원총회 의장이 회사의 법적 대표자가 된다.

대한주식회사가 1명 또는 3~7명에게 권한을 부여한 경우 모두 1인 유한책임회사의 소유주인 대한주식회사는 회사의 상태를 점검하는 회사의 감사를 선임해야 한다. 이때 감사의 임기는 5년을 넘지 못하며 감사는 그 권리 및 의무의 이행에 대해 회사 소유주인 대한주식회사에게 책임진다.

!KEYPOINT

2명의 투자자가 있다면 2인 이상의 유한책임회사 형태로만 회사 설립이 가능하다.

2인 이상의 유한책임회사

2명의 투자자가 있다면 2인 이상의 유한책임회사 형태로 설립하고 3명의 투자자가 있다면 2인 이상의 유한책임회사뿐만 아니라 주식회사 형태로도 회사 설립이 가능하다.

회사는 투자자(投資者)가 출자(出資)해 설립되는데 이런 출자자(出資者)를 회사 형태에 따라 주식회사는 주주(株主; shareholder/stockholder)라고 부르고 유한책임회사는 사원(社員; member)이라고 부른다. 이때 개인(個人)과 법인(法人) 모두 1명의 투자자로 간주한다. 즉, 2명의 투자자라면 대한주식회사(M1)와 한국주식회사(M2)처럼 법인·회사(會社)만으로 투자자가 될 수도 있고 대한주식회사(M1)와 설까치(P2)와 같이 법인과 개인으로 투자자를 구성하거나 마동탁(P1)과 설까치(P2)의 경우처럼 개인만으로 투자자가 될 수도 있다.

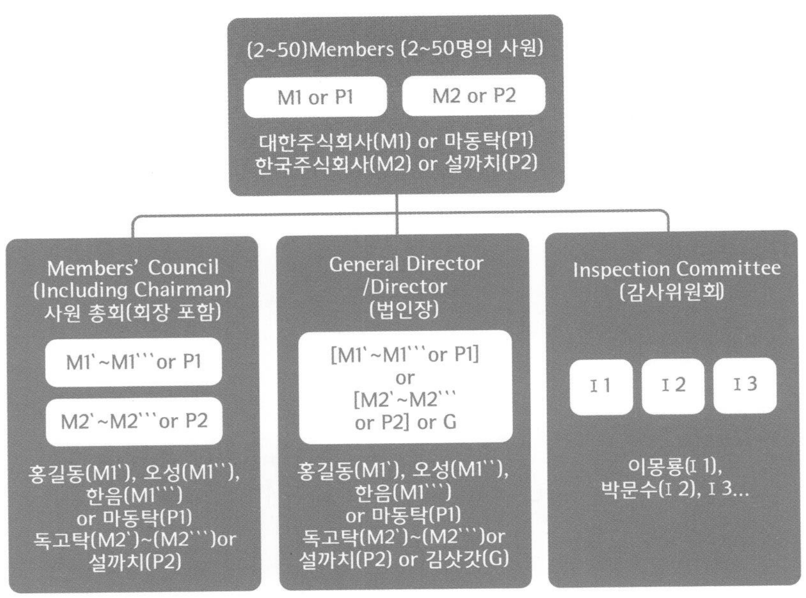

수권자·수권대리인(authorized representative)

개인은 자연인(自然人)으로서 권리와 의무의 주체가 될 수 있지만 법인은 법이 단체에 그 권리와 의무를 부여해 만들어진 것이다. 따라서 법인·회사가 투자자인 경우, 자연인에게 수권자(授權者)·수권대리인으로서 위임해 회사를 대신해 권리와 의무를 수행해야 한다. 만약 대한주식회사(M1)와 한국주식회사(M2)가 투자자가 된다면 대한주식회사(M1)가 권한을 부여한 홍길동(M1')과 한국주식회사(M2)가 권한을 부여한 독고탁(M2')이 각 법인투자자인 대한주식회사(M1)와 한국주식회사(M2)를 대신해 베트남의 유한책임회사 사원으로서의 역할을 수행하게 된다. 즉, 유한책임회사는 주식회사의 이사회와 주주총회를 혼합한 것 같은 사원총회가 있는데 홍길동(M1')과 독고탁(M2')은 투자자인 대한주식회사(M1)와 한국

주식회사(M2)를 대신해 사원총회에서 권한을 행사하게 된다. 사원총회는 최소한 1년에 한 번은 개최해야 한다.

베트남 법상 정관에 달리 규정되어 있지 않다면 유한책임회사 정관 자본의 35% 이상을 보유한 법인 소유주는 최대 3명까지 수권자를 지명할 수 있다. 예를 들어 정관 자본금의 40%를 보유한 대한주식회사(M1)는 홍길동(M1')뿐만 아니라 오성(M1'')과 한음(M1''')도 수권자로 지명할 수 있다. 다수의 수권자를 지정하는 경우에는 각 수권자에 대한 출자 지분을 구체적으로 확정해야 한다. 이것을 확정하지 않은 경우에는 출자 지분은 수권자들 사이에 동일하게 분배된다.

회장(Chairman)

사원총회를 통해 사원총회의 사원 중에서 선출된다. 회장은 법인장(Director/General Director)도 겸직할 수 있다. 회장의 임기는 최대 5년이며 횟수에 제한 없이 재선출될 수 있다.

법인장(Director/General Director)

사원총회에서 수권자·수권대리인을 법인장으로 임명하거나 외부인사를 새로 채용해도 된다. 법인장은 회사의 일상적인 업무를 관리하고 사원총회에서 그에 대한 책임을 진다. 베트남 법에서는 법인장의 임기와 재임명 여부에 대해 명시된 규정이 없으므로 회사 정관에 이것을 명시해 규정하는 것이 좋다(보통 1~5년으로 규정함).

대한주식회사(M1)와 설까치(P2)가 베트남에 2인 유한책임회사를 설립하면서 대한주식회사(M1)가 홍길동(M1')을 수권자(授權者)로 지명했다면 홍길동(M1')과 설까치(P2)는 사원총회의 구성원이 된다. 만약 홍길동(M1')이 사원총회에서 회장으로 선출된다면 법인장은 설까치(P2)가 맡거나 홍길동(M1')이 회장직과 함께 회사의 법인장도 겸직할 수 있다. 또한 김삿갓(G)을 법인장으로 새로 채용할 수도 있다.

법적 대표자(Legal Representative)

기업을 대표해 회사의 거래에서 발생한 권리와 의무를 행사하고 중재나 법원에서 원고, 피고 또는 관련 권리와 의무를 진 자이며 회사를 대표한다. 법적 대표자는 기업등록증(ERC)에 등록되고 회사 정관에서도 법적 대표자에 대해 명시해야 한다. 베트남 기업법상 누가 법적 대표자가 될 수 있는지에 대한 언급은 없지만 일반적으로 사원총회의 회장이나 법인장을 법적 대표자로 하는 경우가 많다. 실무상의 여러 행위에서 계약 상대방은 법적 대표자의 승인을 증명할 것을 요구할 수 있는데 법적 대표자와 법인장이 다른 경우, 실무처리에 어려움이 있을 수도 있다. 예를 들어 법적 대표자는 설까치(P2)인데 대출계약서의 서명인은 기업등록증(ERC)에 명시되지 않은 법인장 홍길동(M1')이라면 실제 대출을 받는 과정에서 일부 은행에서는 대출계약서상에 홍길동(M1')뿐만 아니라 기업등록증(ERC)에 명시된 법적대표자 설까치(P2)의 서명까지 대출 승인을 위해 요구하는 경우가 있다. 2인 이상의 유한책임회사는 1명 이상의 법적 대표자를 가질 수 있는데 다수의 법적 대표자가 있다면 그 중 최소한 1명은 베트남에 상주해야 한다. 만약 오직 1명의 법적 대표자만 있다면 이 법적 대표자는 베트남에 반드시 상주해야 한다. 상주하는 법적 대표자가 베트남에 부재중일 경우에는 다른 사람에게 서면으로 위임해야 한다. 이때 위임장을 관할기관에 제출해야 하는 것은 아니고 사무실에서 보관하면 된다. 부재중일 때 위임받은 자의 권리와 의무의 행사에 대해서도 법적 대표자가 책임을 진다.

감사위원회(Inspection committee)

2인 이상의 유한책임회사 사원수는 2~50명인데 11인 미만의 사원이 있는 경우에는 감사위원회가 선택사항이지만 11인 이상의 사원이 있는 경우에는 필수적으로 감사위원회가 있어야 한다. 베트남 법상 명시된 규정이 없는 감사위원회를 구성하는 감사의 수와 임기 등에 대해서는 회사 정관에 명시하는 것이 좋다.

!KEYPOINT

주식회사는 (1) 주주총회, 이사회, 법인장과 감사위원회 또는 (2) 주주총회, 이사회, 법인장의 구도 중 하나로 회사가 구성된다.

주식회사

3명 또는 그 이상의 투자자가 있다면 2인 이상의 유한책임회사 또는 최소 3명의 발기인(發起人; founding shareholders)이 필요한 주식회사(株式會社; Joint Stock Company; JSC) 형태로 회사 설립이 가능하다. 개인(個人)과 법인(法人) 모두 1명의 투자자로 간주하므로 3명의 투자자라면 대한주식회사(S1), 한국주식회사(S2), 삼한주식회사(S3)처럼 모두 법인·회사(會社) 투자자가 될 수도 있고 대한주식회사(S1), 한국주식회사(S2), 오혜성(P3)과 같이 법인과 개인이 함께 투자자가 될 수도 있다. 또한 마동탁(P1), 설까치(P2), 오혜성(P3)의 경우처럼 개인만으로도 투자자가 구성될 수도 있다.

개인은 자연인(自然人)으로서 권리와 의무의 주체가 될 수 있지만 법인은 법이 단체에 그 권리와 의무를 부여해 만들어진 것이다. 따라서 법인·회사가 투자자인 경우에는 자연인에게 위임해 회사를

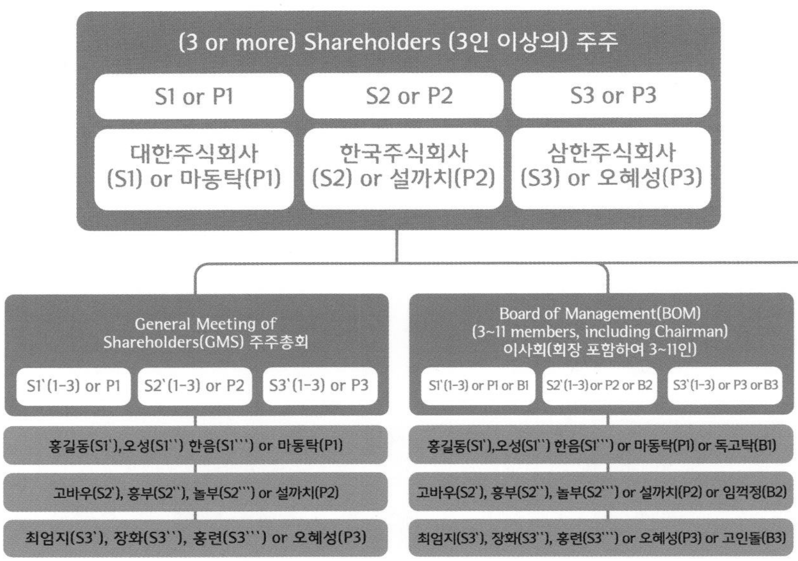

대신해 권리와 의무를 수행해야 한다. 만약 대한주식회사(S1)가 투자자가 될 때는 대한주식회사(S1)가 권한을 부여한 홍길동(S1')이 법인투자자인 대한주식회사(S1)를 대신해 베트남의 주식회사의 주주(株主; shareholder/stockholder)로서의 역할을 수행하게 된다. 베트남 법상 정관에 달리 규정되어 있지 않다면 주식회사 정관 자본의 10% 이상을 보유한 법인 주주는 수권자[1](授權者)를 3명까지 지명할 수 있다. 예를 들어 정관 자본금의 11%를 보유한 대한주식회사(S1)는 홍길동(S1')뿐만 아니라 오성(S1'')과 한음(S1''')도 수권자로 지명할 수 있다.

주식회사는 일반적으로 (1) 주주총회(General Meeting of Shareholders; GMS), 이사회(Board of Management; BOM), 법

1 권한을 부여받은 사람

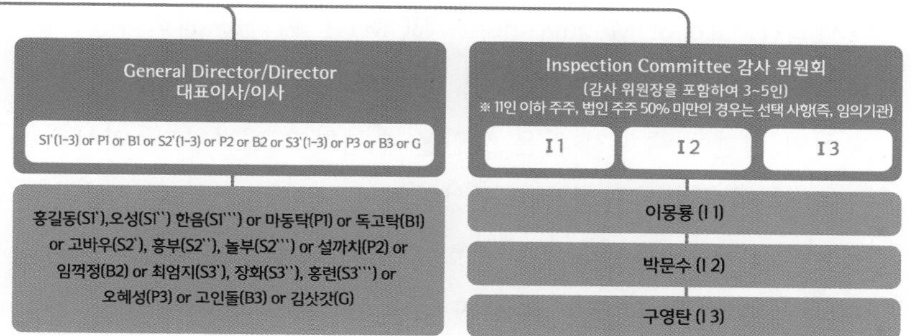

인장(General Director or Director; GD)과 감사위원회(Inspection committee) 또는 (2) 주주총회, 이사회, 법인장의 구도 중 하나로 회사가 구성된다.

(1) 주주총회, 이사회, 법인장, 감사위원회로 구성되는 경우

주식회사의 주주가 11인 미만이면서 법인 주주들을 합쳐 전체 주식의 50% 미만을 소유하고 있는 경우에는 감사위원회를 반드시 구성해야 하는 것은 아니다(즉, 임의기관).

(2) 주주총회, 이사회, 법인장으로 구성되는 경우

이사회 구성원의 최소 20%는 독립이사[2](independent members of BOM)로 구성되어야 하며 이사회 산하에 내부 감사위원회를 두어야 한다. 독립이사 구성원은 회사 운영에 대한 관리·감독을 한다.

2 회사의 경영을 직접 담당하는 이사 이외에 독립된 외부 구성원으로 선임한 이사

주주총회(General Meeting of Shareholders; GMS)는 의결권[3](議決權)을 가진 모든 주주(최소 3명~무제한)를 포함해 법인 주주의 경우, 법인의 수권자가 참석해 법인의 입장을 대변하고 권한을 행사하게 된다.

이사회(Board of Management; BOM)는 회사를 관리하는 기관으로서 회사의 중·장기 발전전략, 채권 매각가격 및 투자방안 등 주주총회의 권한에 속하지 않은 사안을 수행하고 결정한다. 이사회는 3~11인의 이사와 독립이사로 구성되며 구체적인 이사회 구성원 수는 회사 정관에서 규정한다. 이사회 구성원은 회사의 사업관리에 대한 전문성과 경험이 있는 자로 반드시 회사의 주주여야 하는 것은 아니다. 이사회 구성원은 다른 회사의 이사회 구성원으로 겸직할 수 있다. 이사회 구성원의 임기는 최대 5년이며 재선임될 수 있는데 구체적인 임기 횟수, 기한, 베트남에 상주해야 할 이사회 구성원의 수는 회사 정관에서 규정한다.

이사회 구성원 중에서 이사회 회장을 선출한다. 이사회 회장은 법인장을 겸직할 수 있다. 단, 국가가 주식회사의 총 의결권의 50% 이상을 소유하거나 정관이나 증권법에서 금지하고 있는 경우라면 겸직할 수 없다.

법인장(General Director or Director; GD)은 이사회 구성원 중에서 임명하거나 외부 인사를 고용할 수 있다. 2015년 7월 1일부터

3 어떤 집단의 결의에 참가하여 의사를 표명할 수 있는 권리. 표결권(表決權) 또는 결의권이라고도 한다.

시행된 현행 기업법에서는 법인장의 다른 회사 법인장 겸직 제한을 폐지했다.

법적 대표자(Legal Representative; LR)는 기업을 대표해 회사의 거래에서 발생한 권리와 의무를 행사하고 중재나 법원에서 원고, 피고 또는 관련 권리와 의무를 진 자로 회사를 대표한다. 회사 정관상 규정되어 있다면 회사는 2명 이상의 법적 대표자를 가질 수 있고 법적 대표자의 성명은 기업등록증(ERC)에 기재된다. 회사는 반드시 베트남에 상주하는 법적 대표자가 최소 1명은 있도록 해야 한다. 만약 회사에 오직 1명의 법적 대표자만 있다면 이 법적 대표자는 반드시 베트남에 상주해야 하고 베트남에 부재중일 경우에는 다른 사람에게 서면으로 위임해야 한다. 또한 주식회사에 1명의 법적 대표자만 있는 경우, 이사회 회장이나 법인장이 법적 대표자가 될 수 있는데 회사 정관에서 달리 규정하지 않는다면 이사회 회장이 법적 대표자가 된다. 만약 주식회사에 2명 이상의 법적 대표자가 있다면 이사회 회장과 법인장은 당연직으로 회사의 법적 대표자가 된다.

감사위원회(Inspection committee)는 3~5명으로 구성되며 최대 임기는 5년이나 횟수 제한 없이 재선임될 수 있다. 감사위원회는 구성원의 반수 이상이 베트남에 상주해야 한다. 감사위원장은 다수결 원칙에 따라 감사위원회의 감사 중에서 선출한다. 감사위원장은 회계 전문가·감사역이어야 하며 회사에서 전임으로 근무해야 한다. 감사위원장의 구체적인 권한과 직무는 회사 정관에서 규정한다.

!KEYPOINT

1. 외국인이 베트남에 법인을 설립하지 않고 건설공사 프로젝트를 수행하기 위해서는 당해 프로젝트만 위한 별도의 라이선스를 발급받고 프로젝트 오피스(PO)를 설치해야 한다.

2. 건설공사 프로젝트 수행을 허가하는 라이선스는 수주한 건설 프로젝트에 한해 외국회사가 베트남에서 건설공사를 할 수 있도록 '허가' 해주는 것이다.

3. 건설활동 라이선스와 프로젝트 오피스는 단건의 계약된 건설공사만 수행하기 위한 것이며 해당 건설공사 프로젝트가 종료될 때 청산되어야 한다.

4. 프로젝트 오피스를 법인으로 전환하거나 반대로 법인을 프로젝트 오피스로 전환할 수 없다.

프로젝트 오피스

일반적으로 외국인(외국에 설립된 법인 포함)이 베트남에서 건설공사 프로젝트를 수행하기 위해서는 베트남에 시공 법인을 설립해야 한다. 하지만 외국인이 베트남 관련법에 따라 입찰 또는 수의계약을 통해 베트남 내의 건설공사 프로젝트를 수주한 경우에는 베트남에 법인을 설립하지 않고 당해 프로젝트만 위한 별도의 라이선스를 발급받고 프로젝트 오피스(PO)를 설치한 후 수행할 수 있다.

건설공사 프로젝트 수행을 허가하는 라이선스는 수주한 건설 프로젝트에 한해 외국회사가 베트남에서 건설공사를 할 수 있도록 '허가' 해주는 것이다. 라이선스를 보면 '대한민국에서 설립된 ○○주식회사가 도급받은 베트남 ○○지역의 ○○공사를 수행하는 것을 허가한다.' 라고 명시되어 있다. 이 라이선스는 구 결정문(Decision 87/2004/QD-TTg)에서는 (외국) 계약자 허가증 또는 외국 도급자 허가증(Foreign Contractor Permit)으로 불렸지만 외국인이 베트남에서 건설공사를 할 경우에만 적용되는 당해 허가증의 목적을 좀 더 잘 표현하기 위해 현 시행령(Decree 59/2015/ND-CP)에서 건설활동을 위한 라이선스(License on construction activities)로 명칭이 변경되었다.

<건설활동 라이선스 신청 및 프로젝트 오피스 설치 신고 절차>

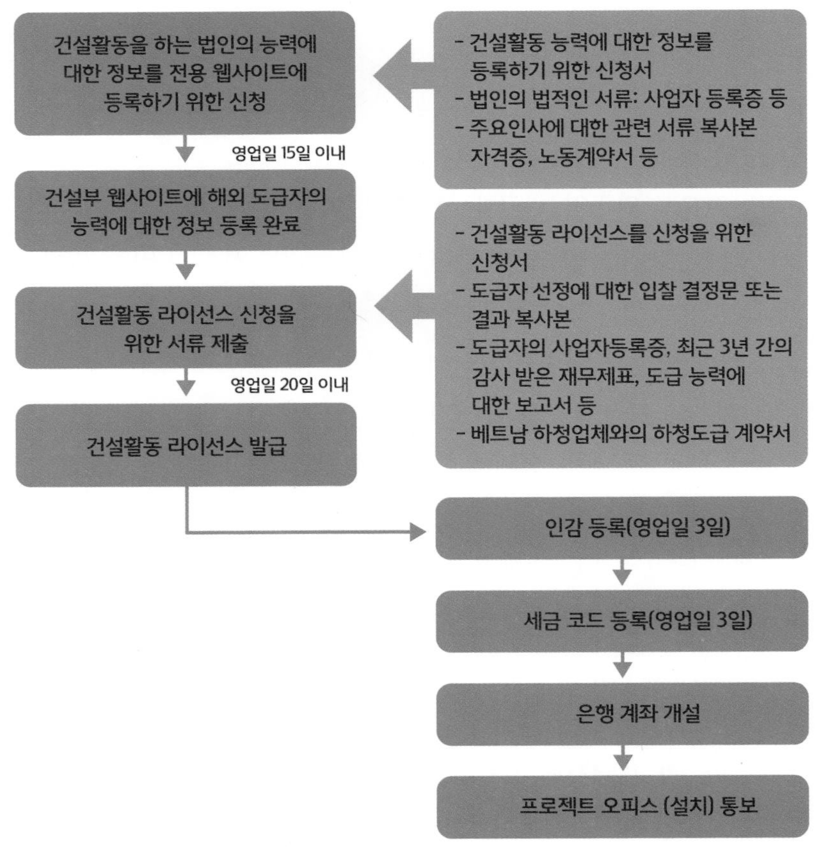

프로젝트를 관리하는 사무실을 일반적으로 프로젝트 오피스(Project Office)라고 부르는데 PO, Project Management Office, PMO, Operational Office 등으로 부르기도 한다. 비정부기구(NGO)에서 특정 프로젝트나 프로그램을 수행하기 위해 베트남에 진출하고 그것을 관리하는 사무실을 프로젝트 오피스 또는 프로그램 오피스라고 부르는 것과 비슷한 개념으로 이해하면 될 것 같다.

최초 건설활동 라이선스 발급과 PO 설치 신고의 간략한 절차는 다음과 같다. 먼저 시행령(Decree 59/2015/ND-CP)에 따라 건설활동을 하는 외국회사의 건설능력에 대한 정보를 건설부 웹 사이트(http://nangluchdxd.xaydung.gov.vn)에 등록하는 절차를 완료한다. 그 후 건설활동 라이선스는 신청서류 접수 후 영업일 20일 이내에 발급되며 라이선스 발급 후 후속 절차로서 인감과 세금 코드(원천징수 방식이 아닌 경우) 발급, 은행통장 개설, PO 설치 신고를 한다.

베트남에서는 법률 간 또는 시행령과 시행규칙 간에 상충하는 내용도 있어 같은 법을 적용해 처리하는 문제도 담당 베트남 공무원이나 관련기관의 유권해석에 따라 달라질 수 있다.

PO 설치와 관련된 이 예로는 건설활동 라이선스를 발급받은 후에는 건설업 도급자[1]가 PO 설치를 신고해야 하는데 PO 설치 가능 지역에 대해 시행령과 시행규칙은 약간 다른 관점에서 보고 있어 실무처

1 원청업자나 하도급자를 의미한다.

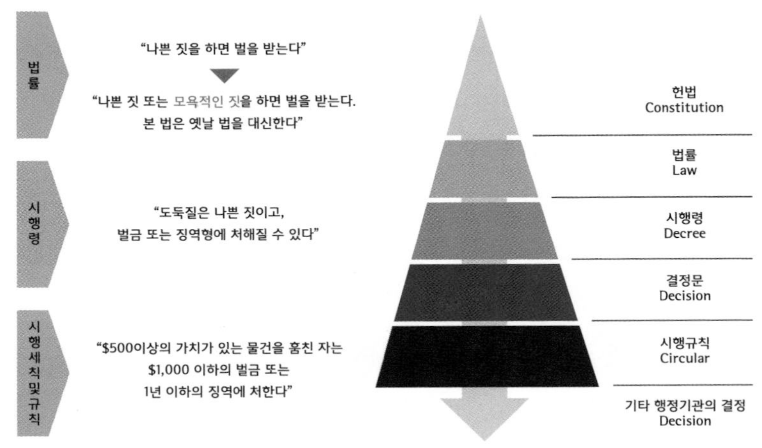

<베트남 법령체계>

리 시 혼동이 발생하고 있다(일반적으로 담당 정부기관은 실무적으로는 시행령이 아닌 시행규칙을 적용해 업무를 수행한다).

즉, 현 시행령(decree 59/2015/ND-CP)에서는 시공이나 감리 등과 같이 반드시 프로젝트 현장에서 수행해야 하는 것이 아닌 건설 계획, 건설 조사, 설계 용역 등을 수주하는 도급자는 프로젝트 오피스를 '프로젝트가 수행되는 지방이 아닌 다른 지방'에도 설치할 수 있다고 규정하고 있다. 그런데 현 시행규칙(circular 14/2016/TT-BXD)에서는 프로젝트의 투자자가 등록한 '본점 소재지가 위치하는 지방'에 설치할 수 있다고 규정하고 있다. 시행령과 시행규칙의 상충까지는 아니지만 이로 인해 건설 계획, 건설 조사, 설계 용역 등을 수주한 도급자가 시행령에서 규정한 것처럼 프로젝트를 수행하는 지방이 아닌 다른 지방에 프로젝트 오피스를 설치하기 위해서는 프로젝트 오피스를 설치하려는 그 지방의 담당기관과 사전에 확인해보는 것이 좋다.

그와 함께 프로젝트 규모에 따라 건설활동 라이선스 발급 담당기관이 달라질 수 있다는 점도 염두에 두기 바란다. A급 프로젝트나 두 지역 이상에 속한 프로젝트는 중앙정부 건설부에서 건설활동 라이선스를 발급하며 B급 또는 C급 프로젝트는 지방정부 건설국에서 건설활동 라이선스를 발급한다. 또한 프로젝트 수행에 필요할 경우, 베트남으로 기계와 설비 등을 수입할 수는 있지만 모두 등록해야 한다. 각 기계와 설비가 구체적으로 무엇이냐에 따라 수입 통관 절차가 쉬울 수도 있고 어렵거나 불가능할 수도 있다는 점에 유의해야 한다.

건설활동 라이선스와 프로젝트 오피스는 단건의 계약된 건설공사만 수행하기 위한 것이며 해당 건설공사 프로젝트가 종료될 때 청산되어야 한다. 즉, X 프로젝트 수행을 위해 발급받은 X 건설활동 라이선스로 Y 프로젝트는 수행할 수 없으며 Y 프로젝트 수행을 위해서는 별도로 Y 건설활동 라이선스를 발급받아야 한다. 또한 X 프로젝트와 Y 프로젝트에 대한 서비스가 종료되면 설치된 X 프로젝트 오피스와 Y 프로젝트 오피스를 각각 청산해야 한다. 가끔 프로젝트 오피스를 법인으로 전환하거나 반대로 법인을 프로젝트 오피스로 전환할 수 없느냐는 질문을 받는데 이 둘은 서로 다른 종류이므로 전환할 수 없고 별도로 법인을 설립하거나 건설활동 라이선스를 발급받고 PO 설치를 신고해야 한다.

법인과 비교해 프로젝트 오피스는 자본금 납입을 안 해도 되는 등 장점도 있지만 외국회사가 베트남에서 여러 개의 건설공사 프로젝트를 수행할 가능성이 높다면 개별 건설활동 허가를 받는 방법보다 법인을 설립해 여러 공사를 수행하는 것이 유리할 수 있다. 단, 베트남의 신규 법인이 입찰에 참여하는 주체가 될 때는 신규 법인의 투자자(일반적으로 외국의 모회사인 경우가 많음)의 경력을 신규 법인의 경력으로 이용하는 것이 불가능한 경우도 있다. 이 경우, 공사수행 경력이 많은 외국의 모회사로서 입찰에 참여하는 것보다 베트남의 신규 법인이 프로젝트를 수주하는 데 불리할 수도 있을 것이다.

구(舊) (외국) 도급자 허가증과 프로젝트 오피스 등록증 예제 (2004년~2012년)

[Chart 13] 참조 p.380

[Chart 14] 참조 p.381

구(舊) (외국) 도급자 허가증 예제(2012년~2016년 8월 14일)

[Chart 15] 참조 p.382

현(現) 건설활동 라이선스 예제(2016년 8월 15일~현재)

[Chart 16] 참조 p.383

!KEYPOINT

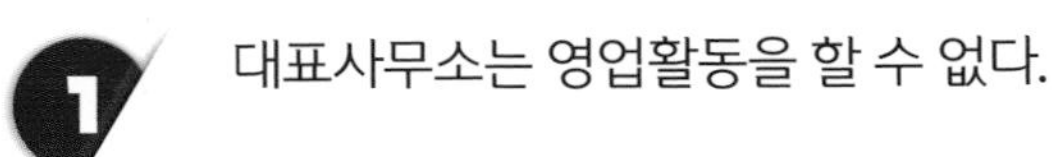

1. 대표사무소는 영업활동을 할 수 없다.

2. 대표사무소의 은행계좌를 통해서는 대표사무소 운영경비만 운용되어야 한다.

3. 대표사무소는 일반적으로 계약의 당사자가 될 수 없다. 단, 대표사무소가 위임을 받아 계약의 당사자가 아니라 계약 당사자인 본사의 위임인으로 단순히 대신 계약을 체결하는 것은 가능하다.

대표 사무소

향후 베트남 진출을 계획하고 있지만 현 시점에서는 사전 시장조사와 한국 본사에 대한 현지 홍보와 같이 영업활동이 아닌 활동만 목적으로 베트남에 현지 사무소를 두고자 한다면 법인 설립 방식과 함께 대표사무소(Representative Office; RO)도 고려해볼 수 있다. 대표사무소는 영업활동을 할 수 없지만 시장조사를 하거나 현지 직원을 고용해 모회사와 베트남 현지 간의 연락을 담당할 수 있다. 이 '연락' 역할 때문에 대표사무소를 연락사무소(liaison office)라고도 부른다.

계약 주체와 관련해 법인은 독자적으로 계약 당사자가 될 수 있는 반면, 대표사무소는 사무실 임대차계약서와 근로계약서 등 운영에 필요한 계약서를 제외하면 일반적으로 계약의 당사자가 될 수 없다. 따라서 베트남 현지회사나 기관과 계약을 체결할 필요가 있을 때는 (외국의) 모회사·본사가 당사자가 되어 직접 계약을 체결해야 한다.

단, 대표사무소가 위임을 받아 계약의 당사자가 아니라 계약 당사자인 본사의 위임인으로 단순히 대신 계약을 체결하는 것은 가능하다.

영업활동이 없으니 당연히 매출도 없고 따라서 대표사무소에는 법인세와 영업세가 부과되지 않는다. 또한 대표사무소는 영업활동을 하지 않기 때문에 대표사무소의 은행계좌를 통해서는 대표사무소 운영경비만 운용되어야 한다. 영업활동을 하지 않기 때문에 대표사무소는 세금 코드 자체를 신청하지 않아도 된다고 생각하는 분들이 적지 않은데 그렇지 않다. 대표사무소는 대표사무소장과 직원을 대신해 개인소득세를 낼 의무가 있으므로 근로자의 개인소득세 납부용 세금 코드를 신청해야 한다[※ 법인에게는 세금(코드)등록증(Giấy chứng nhận đăng ký thuế)이 발급되고 대표사무소에게는 관련 통보증(Thông báo mã số thuế)이 발급된다].

대표사무소에 법인세가 부과되지 않는다고 대표사무소는 부가세를 내지 않아도 된다고 생각하는 분들이 계시는데 대표사무소는 직접 부가세 영수증(Hoá đơn Giá trị gia tăng)을 발행할 수는 없지만 베트남에서 물건을 사거나 서비스를 이용할 때 부가세를 내야 할 의무는 있다. 대표사무소는 직접 부가세 영수증을 발행할 수 없어 일반적으로 회계와 세금관련 부담도 법인보다 유리한 편이다. 이것은 적은 비용으로 베트남에 진출할 수 있는 형태로 대표사무소를 선택하는 이유 중 하나이기도 하다. 실무적으로 세무조사나 청산에 대비해 대표사무소의 지출 명세를 증명하기 위해 부가세 영수증을 받아 보관하는 것이 좋다.

대표사무소가 채용할 수 있는 현지 직원과 외국인 명수에는 법적 제한이 없지만 대표사무소를 상당 기간 유지하면서(보통 3~5년) 직원 수가 좀 많은 경우에는 대표사무소를 실제로 영업활동을 하는 고정 사업장으로 간주해 세무당국에서 심층 세무조사가 나올 수 있다는 점도 유의하기 바란다.

<대표사무소 세금 코드 통보증(THÔNG BÁO - Mã số thuế nộp hộ của Người nộp thuế) 예제>

[Chart 17] 참조 p.384

[Chart 18] 참조 p.385

<베트남 부가세 영수증(Hoá đơn Giá trị gia tăng) 예제>

[Chart 19] 참조 p.386

일반적으로 대표사무소 설립 절차는 법인 설립 절차보다 간단하지만 대표사무소와 본사의 사업 분야에 따라 대표사무소 설립이 상당히 복잡해지고 오랜 기간이 소요될 수도 있다. 대표사무소 설립을 위해서는 우선 외국의 모회사·본사가 운영한 지 최소 1년 이상이어야 하고 영업허가 기간이 정해진 경우에는 이 기간이 최소 1년 이상 남아 있어야 한다. 일반적으로 지방정부 산하 산업무역국(Department of Industry and Trade)에서 대표사무소 설립 업무를 담당하지만 본사 사업자등록증에 무역관련 업종·업태가 포함되지 않은 경우에는 산업무역국에서 설립을 거부하는 경우가 있다. 이런 경우에는 그 업종·업태에 맞는 유관부처를 파악해 설립해야 한다. 즉, 본사가 위원회, 조합, 준정부기관, 공단, 연구소, 공공기관 등 특수기관인 경우에는 대표사무소 라이선스의 발급기관이 달라질 수 있다(예: 과학기술부, 문화부, 교육부, 중앙은행 등).

특수기관이 아닌 일반적인 경우, 대표사무소 신청에 필요한 서류를 요건에 맞게 번역, 공증, 영사를 확인해 신청하면 영업일 7일 내에 대표사무소 설립 라이선스가 발급된다. 대표사무소 설립 라이선스를 받은 후, 대표사무소 인감과 세금 코드를 신청하고 수령해야 (보통 영업일 3~8일 소요) 설립이 완료된다.

대표사무소 설립 신청 시 실무적으로는 등록주소지 확인 때문에 사무실 가임대차계약서[1](假賃貸借契約書)가 제출되어야 하므로 설립 신청 전까지 주소지 확보가 이루어져야 한다는 점도 염두에 두기 바란다. 대표사무소 라이선스 기간은 최대 5년이며 연장이 가능하다.

RO 대표는 (외국) 본사에서 임명하거나 새로 채용할 수도 있는데 베트남인과 외국인 모두 RO 대표직을 맡을 수 있다. RO 대표는 동시에 외국법인 베트남 지사의 대표, 외국법인의 법적 대표, 베트남에서 설립된 법인의 법적 대표 등의 다른 직책을 맡을 수 없다는 점도 염두에 두기 바란다.

앞에서 말했듯이 대표사무소가 채용할 수 있는 현지 직원과 외국인 명수에 대한 법적 제한은 없지만 노동허가서 면제 대상이 아닌

1 정식 임대차계약서 체결 전에 임시로 체결하는 임대차 계약서. 일반적으로 베트남에서 대표사무소 설립 전에는 베트남에 법인이 존재하지 않으므로 계약 체결 당사자가 될 수 없어 투자자인 (한국) 본사 명의로 임시로 계약을 체결한다.

외국인 직원은 노동허가서를 취득해야 하고 대표사무소는 대표사무소장을 포함한 모든 직원의 개인소득세를 신고하고 납부할 의무가 있다.

<대표사무소 설립 절차>

No	절차	수행 주체	필요 서류	담당 기관	소요 시간
1	RO 설립 라이선스 신청	외국 법인	· 외국법인의 사업자등록증 · 사무소 임대계약서	성급 무역산업국 (Sở Công Thương)	영업일 7일
2	인감 신청	RO 대표	· RO 설립 라이선스 사본 · RO 사무소장 여권 사본	성급 공안국 (Công an tỉnh)	영업일 3일
3	RO 세금 코드 등록	RO 대표	· 세금 코드 신청서 · RO 설립 라이선스	성급 세무당국 (Cục thuế tỉnh)	영업일 3~5일
4	은행계좌 개설	RO 대표	· RO 설립 라이선스 등 은행에서 요청하는 서류	베트남의 은행	즉시

<대표사무소의 구성>

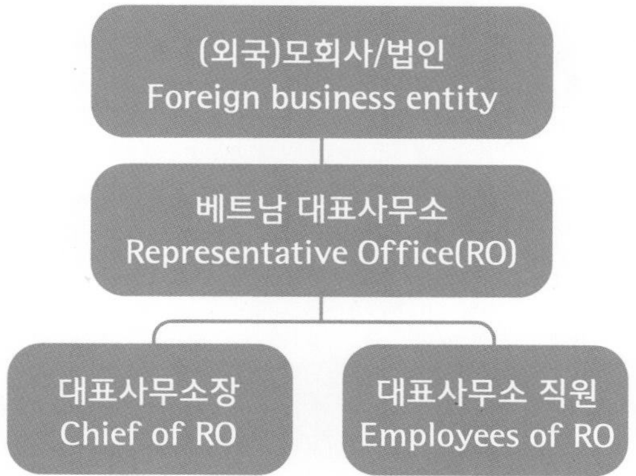

<대표사무소 라이선스 예제>

[Chart 20] 참조 p.387

!KEYPOINT

IC, IRC, ERC 상에 기재된 내용이 변경되었을 때만 IC, IRC, ERC를 수정하면 된다.

(2)회사 설립 후 변경 사항이 생겼을 때

투자허가서, 투자등록증, 기업등록증은 언제 수정해야 하는가

◆
◆
◆

약어(略語)

· IC: 투자허가증(Investment Certificate; Giấy chứng nhận đầu tư)
· IRC: 투자등록증(Investment Registration Certificate; Giấy chứng nhận đăng ký đầu tư)
· ERC: 법인등록증(Enterprise Registration Certificate; Giấy chứng nhận đăng ký doanh nghiệp)

구(舊) 투자법 하의 IC는 투자 등록과 기업 등록에 관한 두 부분으로 구성되어 있다. 신 투자법과 기업법은 구 투자법 하의 IC의 투자 등록 부분을 IRC로, 기업 등록 부분을 ERC로 각각 별도의 증서로 분리했다. IC에 명시된 투자 프로젝트가 변경되거나 기업 등록 정보가 변경되는 경우, 변경되는 부분에 해당하는 새로운 ERC나 IRC가 발급된다. 또한 변경 사항이 전혀 없어도 구 법상 발급받은

IC를 신 법상의 IRC와 ERC로 새로 발급받을 수 있다.

투자허가서(IC), 법인등록증(ERC)과 투자등록증(IRC)
[Chart 21] 참조 p.388

프로젝트 이름과 기간, 총 투자 자본금 증자 등 투자관련 사항만 변경된 경우

- IC를 발급받은 경우: IC에 명시된 기업 등록 부분의 변경 없이 투자 등록 부분만 변경된 경우에는 IC 상 명시된 투자 등록 부분의 변경된 내용이 반영된 IRC를 발급받는다. 이때 변경사항이 없는 IC의 기업 등록 부분은 유효하다. [IC + IRC]
- IRC + ERC를 발급받은 경우: 투자등록기관에 IRC 변경을 신청해 변경된 내용이 반영된 수정 IRC를 발급받는다.
  [수정 IRC + ERC]

프로젝트 이행지가 아닌 본점 소재지나 법적 대표자의 변경 등 기업정보 부분만 변경된 경우

- IC를 발급받은 경우: IC에 명시된 투자 등록 부분의 변경 없이 기업 등록 내용만 변경된 경우에는 IC 상 명시된 기업 등록 부분의 변경된 내용이 반영된 ERC를 발급받는다. 이때 변경사항이

없는 IC의 투자 등록 부분은 유효하다. [IC + 수정 ERC]

· IRC + ERC를 발급받은 경우: 기업등록사무소(BRO)에 수정 ERC 발급을 신청하고 변경된 내용이 반영된 수정 ERC를 발급받는다. [IRC + 수정 ERC]

투자 등록 부분과 기업 등록 부분 모두 변경된 경우

· IC를 발급받은 경우: 변경된 내용이 반영된 IRC와 ERC를 새로 발급받는다. [IRC + ERC]

· IRC + ERC를 발급받은 경우: 변경된 내용이 반영된 수정 IRC와 수정 ERC를 발급받는다. [수정 IRC + 수정 ERC]

※ 위의 모든 경우, IC, IRC, ERC 상에 기재된 내용이 변경되었을 때만 IC, IRC, ERC를 수정하면 된다.

구 투자법 상의 투자허가서(IC)

[Chart 10] 참조 p.377

신 투자법 상의 투자등록증(IRC)

[Chart 11] 참조 p.378

신 투자법 상의 기업등록증(ERC)

[Chart 12] 참조 p.379

실무 팁

법인 인감에는 법인 이름과 ERC 발급번호(또는 IC 발급 때 받은 법인 세금 코드)가 반드시 포함되어야 하고 다른 정보(예: 주소) 등도 포함할 수 있다. 만약 법인 이름이 변경되는 경우에는 법인 인감도 변경해야 하고 인감에 다른 정보 (예: 주소)도 포함되어 있다면 그 정보가 변경될 때마다 인감을 변경해야 한다. 이런 번거로움을 피하기 위해 필수적으로 포함되어야 하는 법인명과 ERC 발급번호만 인감에 포함하는 것이 좋다.

법인인감

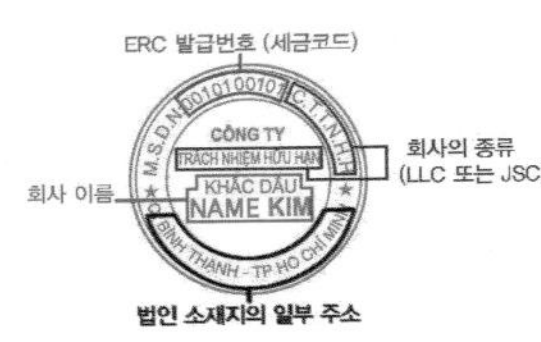

인감 예제 1

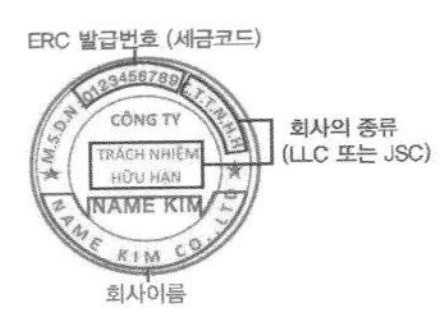

인감 예제 2

아래 표는 2015년 7월 1일 전에 발급받은 IC나 2015년 7월 1일 후에 발급받은 IRC와 ERC를 어떤 사항이 변경되었을 때 수정해야 하는지 정리한 것이다. 더불어, 여러 종류의 서브 라이선스 (요식업-식품안전조건 적합증명서, 학원-운영허가서 등) 중에서 최근 한국 투자자의 관심이 급증한 유통업에 필요한 BL을 수정해야 하는 경우도 포함하였다.

투자허가서, 투자등록증, 기업등록증, 영업 허가서의 수정이 필요한 변경사항

[O: 수정 필요 | X: 수정 필요하지 않음 | -: 해당 없음]

No	변경 사항	IC	ERC	IRC	BL
1	법인 이름	O	O	O*	O
2	프로젝트 이행지, 베트남 법인 본사 주소	O	O*	O*	O*
3	도·소매 매장의 주소	O	X*	X	O
4	법적 대표자	O	O	-	-
5	유한책임회사의 투자자 정보(이름, 주소, 법인등록번호, 여권번호 등)	O	O	O	-
6	주식회사의 발기인과 비상장 주식회사의 외국 주주 투자자 정보(이름, 주소, 법인등록번호, 여권번호 등)	O	X*	O	-
7	프로젝트 이름, 규모, 토지/수면 면적, 기간, 이행 스케줄	O	-	O	-
8	프로젝트 목적	O	X*	O	O
9	무역 관련 사업 분야 추가 (예: 수입+도매 →수입+수출+도매+소매)	O	X*	O	O
10	현재 등록된 무역업종의 수정(예: 다른 제품 수입을 위한 HS 코드 추가)	O	X*	X	O
11	정관 자본금, 출자 자본금	O	O*	O*	-
12	총 투자 자본금, 차입 자본금	O	-	O	-

* 1-IRC: 처음 발행되는 IRC에는 법인명이 기재되어 있지 않아 수정할 필요가 없다. 그러나 수정 IRC에는 법인명이 기재되고, 법인명 변경시 수정해야 한다. 또한, 프로젝트 이름에 법인명이 포함된 경우(예: ABC vina의 XYZ 프로젝트)에는 혼동을 방지하기 위해 수정하는 것이 좋다.

* 2: 베트남 법인 본사 주소(즉, 본점 소재지)는 ERC와 BL에는 기재되어 있으나 IRC에는 기재되어 있지 않다. 프로젝트 이행지(즉, 프로젝트 주소)는 IRC에는 기재되어 있으나 ERC와 BL에는 기재되어 있지 않다. 그런데, 프로젝트 이행지와 베트남 법인 본사 주소는 같을 수도 있고 다를 수도 있다. 변경되는 부분이 있는 증서는 모두 수정해야 한다.

* 3-ERC: 베트남 법인 본사 주소(즉, 본점 소재지)는 ERC에 기재되어 있다. 도·소매 매장의 주소와 베트남 법인 본사 주소는 같을 수도 있고 다를 수도 있다. 다를 경우, ERC 수정은 필요 없지만 ERC 내용 변경에 대해 BRO에 통보는 해야 한다. 같을 경우, ERC수정을 해야 한다.

* 6-ERC, 8-ERC, 9-ERC, 10-ERC: ERC 수정은 필요 없지만 ERC 내용 변경에 대해 통보는 해야 한다.

* 11: 정관 자본금은 ERC에 기재되어 있다. 따라서, 정관 자본금이 변경되면 ERC를 수정해야 한다. 반면, (프로젝트) 출자 자본금은 IRC에 기재되어 있다. 따라서, 출자 자본금이 변경되면 IRC를 수정해야 한다. 그런데, 정관 자본금과 출자 자본금은 같을 수도 있고 다를 수도 있다. 변경되는 부분이 있는 증서를 수정해야 한다.

IC에는 업종/업태가 기재되어 있다. 그러나 ERC에는 업종/업태가 기재되어 있지 않고, 기업의 세부 업종/업태는 국가 포털(https://dangkykinhdoanh.gov.vn)에서 검색할 수 있다. 본사 주소나 법인명 등 ERC에 기재된 내용이 변경된 경우에는 변경된 내용이 기재된 수정 ERC를 발급받으면 되는데, 유통업 추가와 같이 ERC에 기재되지는 않은 기업정보 부분을 변경하는 경우에는 수정 ERC를 발급받을 수가 없다. 문제는 은행 업무, 수·출입 시 등 기업이 등록한 업종/업태에 대한 증빙 서류를 제출해야 하는 경우가 있는데 IC와 달리 IRC와 ERC에는 업종/업태가 기재되어 있지 않다는 것이다. 이런 경우를 대비하여 ERC 내용 변경 신고 시에 사업 코드와 다른 변경된 기업정보가 기재된 '기업 등록 내용 변경에 대한 확인서(Giấy xác nhận về việc thay đổi nội dung đăng ký doanh nghiệp)'를 신청하고 발급받을 수 있다. 기업 등록 내용 변경에 대한 확인서는 수정 ERC를 발급받을 수 없는 경우에만 발급받을 수 있다. 또한, 조건부 사업 분야인 유통업은 BL 발급도 필요하고, 품목에 따라 추가 허가 취득 및 제품 적격 신고 등이 필요할 수도 있다는 점도 염두에 두기 바란다.

영업 허가서(BL) 예제

[Chart 22] 참조 p.389

기업 등록 내용 변경에 대한 확인서 예제

[Chart 23] 참조 p.390

!KEYPOINT

IC에 명시된 투자 프로젝트가 변경되거나 기업 등록 정보가 변경되는 경우, 변경되는 부분에 해당하는 새로운 ERC나 IRC가 발급된다. 또한 변경 사항이 전혀 없어도 구 법상 발급받은 IC를 신 법상의 IRC와 ERC로 새로 발급받을 수 있다.

투자허가서 수정 절차

구(舊) 투자법 하의 투자허가서(Investment Certificate(IC); Giấy chứng nhận đầu tư)는 투자 등록과 기업 등록에 관한 두 부분으로 구성되어 있다. 2015년 7월 1일 발효된 신(新) 투자법(Law on Investment, 67/2014/QH13)과 기업법(Law on Enterprise, 68/2014/QH13)은 구 투자법 하의 IC의 투자 등록 부분을 투자등록증(IRC; Investment Registration Certificate; Giấy chứng nhận đăng ký đầu tư)으로, 기업 등록 부분을 기업등록증(ERC; Enterprise Registration Certificate; Giấy chứng nhận đăng ký doanh nghiệp)으로 각각 별도의 증서로 분리했다.

구 투자법·기업법 하에서 발급받은 투자허가서의 수정

신 투자법 제67조와 2015년 7월 24일 발행된 기획투자국(MPI)의 공문(Official Letter 5122/BKH T-PC)에 따라 IC에 명시된 투자 프로젝트가 변경되거나 기업 등록정보가 변경되는 경우에는 IC를 수정해야 한다. 또한 변경사항이 전혀 없더라도 구 법상 발급받은 IC를 신 법상의 IRC와 ERC로 다시 발급받을 수 있다.

(1) IC에 명시된 기업 등록 부분의 변경 없이 투자 등록 부분만 변경된 경우(예: 사업 목적 추가, 총 투자 자본금 증자 등): 성급 투자계획국이나 공단관리위원회 등의 투자등록기관에 IRC 발급을 신청해 IC상 명시된 투자 등록 부분의 변경된 내용이 반영된 IRC를 발

급받는다. 이때 변경사항이 없는 IC의 기업 등록 부분은 유효하다.

(1-1) 투자방침 결정서(Decision on investment policy; Quyết định chủ trương đầu tư) 발급이 필요 없는 일반적인 경우

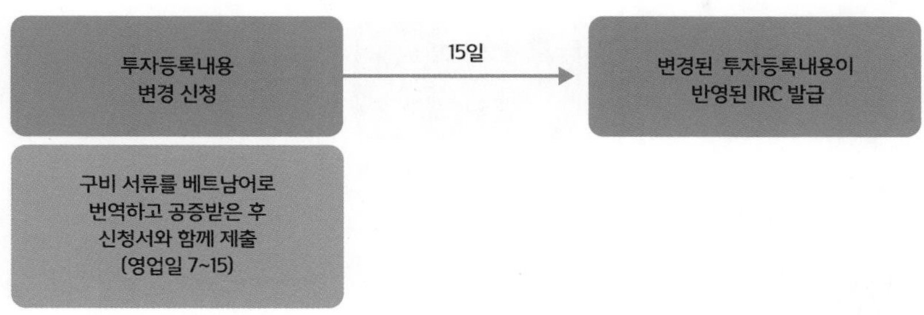

(1-2) 투자방침 결정서 발급이 필요한 경우(투자 프로젝트가 특별투자구역에 위치하는 등 특수한 경우. 단, 신법 발효 전에 투자 프로젝트가 이미 수행된 경우는 예외)

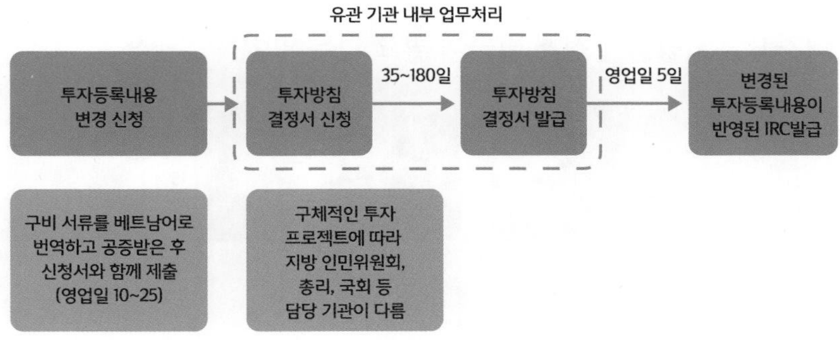

(2) IC에 명시된 투자 등록 부분의 변경 없이 기업 등록 내용만 변경된 경우(예: 프로젝트 이행지가 아닌 본점 소재지나 법적 대표자의 변경 등)

기업등록사무소(BRO; Business Registration Office; **Phòng đăng ký kinh doanh**)에 ERC 발급을 신청하고 IC상 명시된 기업 등록 부분의 변경된 내용이 반영된 ERC를 발급받는다. 이때 변경사항이 없는 IC의 투자 등록 부분은 유효하다.

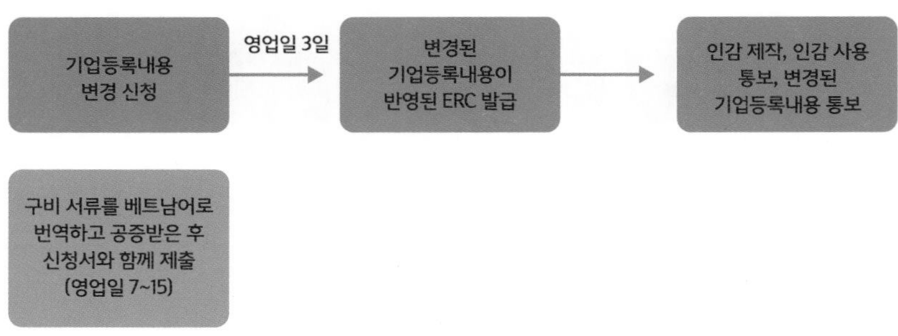

(3) IC에 명시된 투자 등록 부분과 기업 등록 부분 모두 변경된 경우: 변경된 내용이 반영된 IRC와 ERC를 발급받는다.

(3-1) 투자방침 결정서 발급이 필요 없는 일반적인 경우

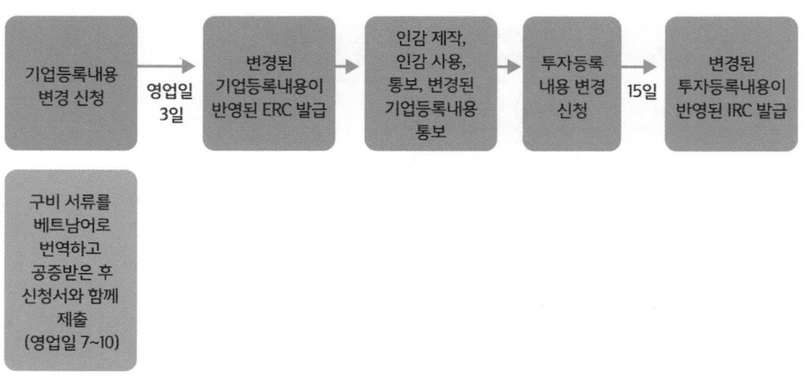

(3-2) 투자방침 결정서 발급이 필요한 경우(투자 프로젝트가 특별투자구역에 위치하는 등 특수한 경우. 단, 신법 발효 전에 투자 프로젝트가 이미 수행된 경우는 예외)

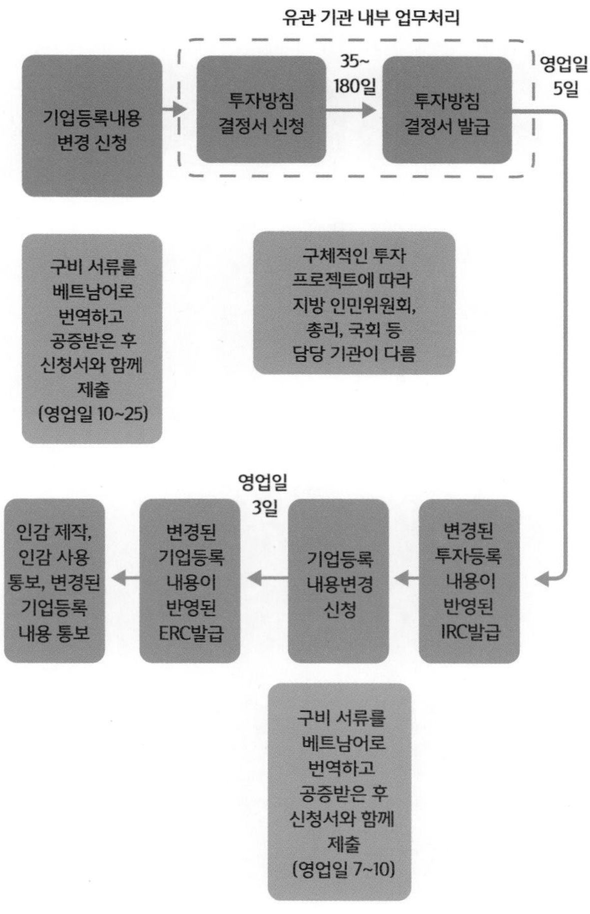

!KEYPOINT

IRC나 ERC 상에 기재된 내용이 변경되었을 때만 IRC나 ERC를 수정하면 된다.

투자등록증과 기업등록증의 수정 절차

(1) 기업등록증(ERC)에 명시된 내용의 변경 없이 투자등록증(IRC) 상의 내용만 변경된 경우(예: 사업 목적 추가, 총 투자 자본금 증가 등): 성급 투자계획국이나 공단관리위원회 등의 투자등록 기관에 IRC 변경을 신청해 변경된 내용이 반영된 수정 IRC를 발급받는다.

(1-1) 투자방침 결정서(Decision on investment policy; DIP; Quyết định chủ trương đầu tư) 발급이나 신규 법인 설립 때 발행된 투자방침 결정서의 수정이 필요 없는 일반적인 경우

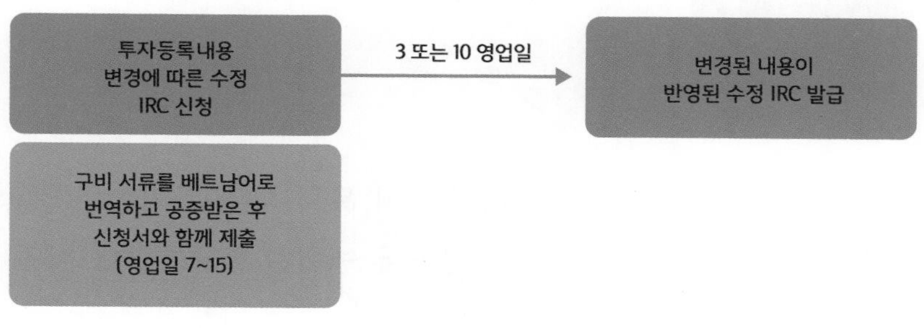

(1-2) (수정) **투자방침 결정서 발급이 필요한 경우**(투자액의 증가나 감소가 총 투자 자본금의 10%를 초과하는 등 특수한 경우)

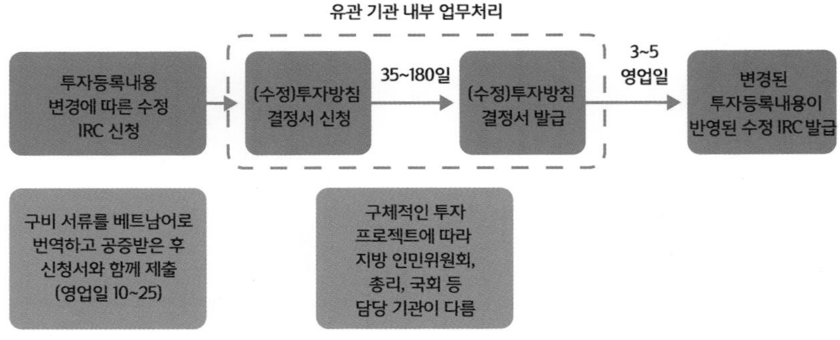

(2) 투자등록증(IRC)에 명시된 내용의 변경 없이 기업등록증(ERC) 상의 내용만 변경된 경우(예: 회사명, 법적 대표자의 변경 등): 기업등록사무소(BRO; Business Registration Office; Phòng đăng ký kinh doanh)에 수정 ERC 발급을 신청하고 변경된 내용이 반영된 수정 ERC를 발급받는다.

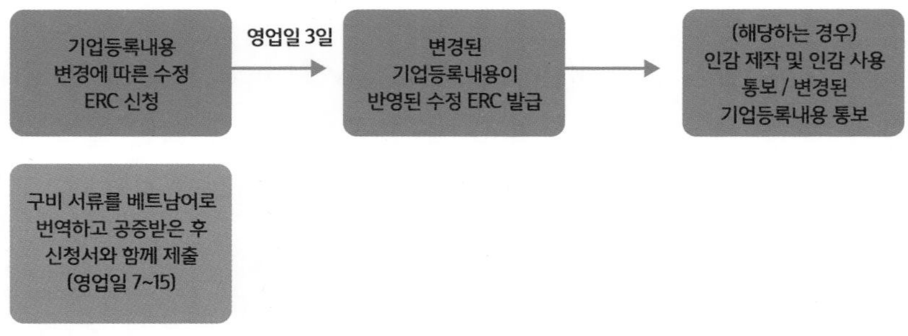

(3) 투자등록증(IRC)에 명시된 투자 등록 부분과 기업등록증(ERC) 상에 명시된 기업 등록 부분 모두 변경된 경우: 변경된 내용

이 반영된 수정 IRC와 수정 ERC를 발급받는다.

위의 수정 IRC와 수정 ERC 발급 절차를 모두 거친다. 단, 현 시점에서는 IRC와 ERC 모두 수정하는 경우, IRC를 먼저 수정해야 하는지, ERC를 먼저 수정해야 하는지, 동시에 수정해야 하는지에 대한 명확한 법규가 제정되지 않아 그에 대한 논란이 있다. 따라서 사안별로 담당 공무원과 협의해 실무를 처리하는 실정이다.

※ 위의 절차는 향후 발효되는 관련 하부 규정에 따라 변경될 수 있다.

!KEYPOINT

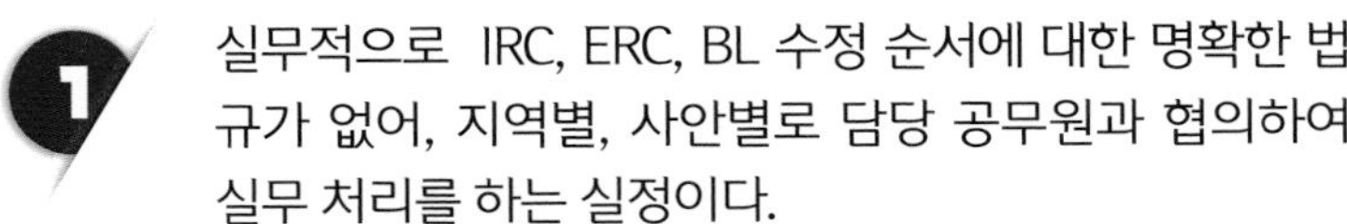

1. 실무적으로 IRC, ERC, BL 수정 순서에 대한 명확한 법규가 없어, 지역별, 사안별로 담당 공무원과 협의하여 실무 처리를 하는 실정이다.

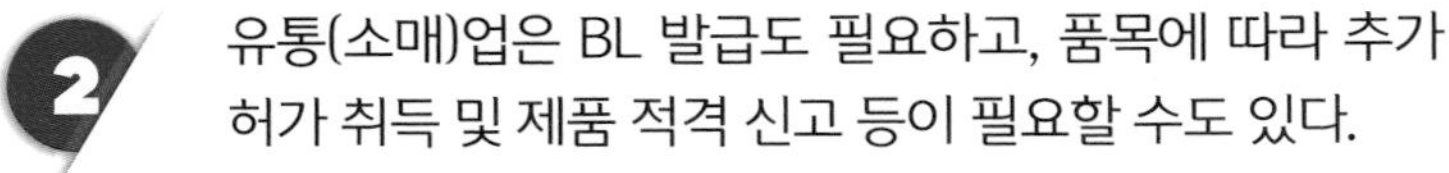

2. 유통(소매)업은 BL 발급도 필요하고, 품목에 따라 추가 허가 취득 및 제품 적격 신고 등이 필요할 수도 있다.

투자허가서, 투자등록증과 기업등록증의 수정

약어(略語)

· IC: 투자 허가증 (Investment Certificate; Giấy chứng nhận đầu tư)
· IRC: 투자 등록증 (Investment Registration Certificate; Giấy chứng nhận đăng ký đầu tư)
· ERC: 법인 등록증 (Enterprise Registration Certificate; Giấy chứng nhận đăng ký doanh nghiệp)
· BL: 영업 허가서 (Business License; Giấy phép kinh doanh)
· DPI: 계획투자국(Department of Planning and Investment; Sở Kế hoạch và Đầu tư)
· PC: 인민위원회(People's Committee; Ủy ban nhân dân)
· BOM: 공단, 수출가공구역, 첨단기술, 경제구역의 관리위원회 (Board of Management at Industrial zone, export processing zone, high-tech zone or economic zone; Ban quản lý các khu công nghiệp, khu chế xuất, khu công nghệ cao hoặc khu kinh tế)
· BRO: DPI 산하의 사업자 등록 사무소 (Business Registration Office under the DPI; Phòng đăng ký kinh doanh thuộc Sở Kế hoạch và Đầu tư)

제조 법인이 컨설팅 사업(일반 사업 분야) 또는 유통 사업(조건부 사업 분야)을 추가하는 경우를 예로 들어 그동안 업데이트된 법 규정과 실무상의 IC, IRC, ERC 수정 절차에 대해 살펴본다.

업종/업태/사업분야(business lines)는 기업정보와 관련된 부분이고, 투자 목적은 투자와 관련된 것이다. 새 사업 분야는 외국 투자 법인의 투자 목적과 일치해야 한다. 사업 분야를 추가하는 경우, 기업은 계획투자국(DPI)에 등록된 ERC 내용변경 신고를 해야 하는데, 실무적으로는 DPI에서 추가하려는 투자 사업과 일치하는 투자 목적이 기재된 IRC의 제출을 요구할 수 있다. 따라서 제조업만 등록한 회사에서 유통업을 추가할 경우, ERC 내용변경 신고 전에 먼저 IRC를 수정해야 할 수도 있다.

2015년 7월 1일 전에 설립되어 IC를 발급받은 법인이, IC에 기재된 투자 프로젝트가 변경되거나 기업 등록 정보가 변경될 때는 IC를 수정해야 한다. 명시된 투자 프로젝트가 변경되는 경우에는 새로 IRC를 발급받고, 기업 등록 정보가 변경되는 경우에는 ERC를 새로 발급받는다. 또 변경 사항이 전혀 없어도 구 법상 발급받은 IC를 현재 법상의 IRC와 ERC로 다시 발급받을 수 있다. 2015년 7월 1일 이후에 설립되어 IRC와 ERC를 발급받은 법인은, IRC 또는 ERC 상의 내용이 변경되는 경우, 수정된 IRC/ ERC를 발급받아야 한다.

일반 사업 분야를 추가하는 경우

일반 사업 분야인 제조업만 사업 분야로 등록한 회사가 다른 일반 사업 분야인 컨설팅업을 추가하는 경우가 여기에 해당한다.

	절차	담당기관	소요시간
1	수정 IRC 발급	DPI 또는 BOM	3일(주소나 이름 변경)~10일
2	수정 ERC 발급	BRO	영업일 3일
3	변경된 법인 인감 제작 및 사용통보 (예: 법인명이 변경되었을 때)		
4	변경된 법인 인감 제작	인감제작회사	영업일 1일
5	변경된 법인 인감 사용 통보	BRO	통상 1~3일

IRC와 ERC 모두 수정하는 경우, IRC를 먼저 수정해야 하는지, ERC를 먼저 수정해야 하는지, 동시에 수정해야 하는지에 대한 명확한 법규가 없다. 따라서 지역별, 사안별로 담당 공무원과 협의하여 실무 처리를 하는 실정이다.

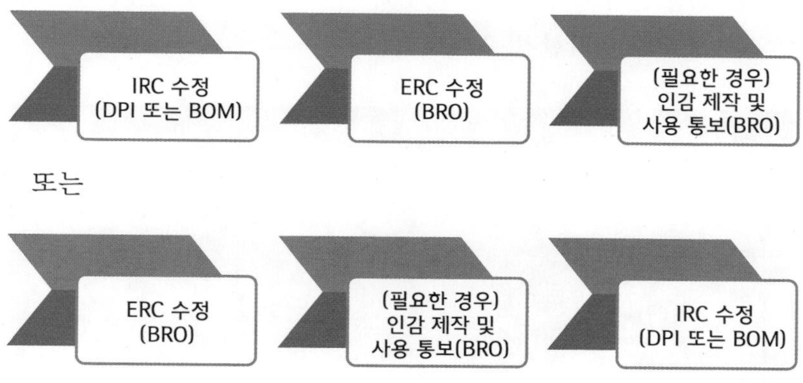

조건부 사업인 유통업(도·소매/수출입)을 추가하는 경우

투자법 상의 조건부 사업 일부 개정 목록(Law 03/2016/QH14) 부록에 243개의 조건부 사업 분야가 명시되어 있다. 어떤 조건부 사업이냐에 따라 IC, IRC, ERC 수정 절차는 조금씩 차이가 있을 수 있다.

여기에서는 여러 조건부 사업 중 유통업을 추가하는 절차를 예로 들도록 한다.

제조업만 사업 분야로 등록한 회사가 그 회사에서 제조한 제품에 대한 도·소매를 하고자 할 때는 유통업을 별도로 등록하지 않아도 된다. 그러나 이 회사가 베트남으로 완제품을 수입하여 팔기 위해서는 수입권과 도·소매업을 등록해야 한다. 유통업은 BL 발급도 필요하고, 품목에 따라 추가 허가 취득 및 제품 적격 신고 등이 필요할 수도 있다.

일반 사업 분야를 추가하는 경우와 마찬가지로 IRC, ERC, BL 수정 순서에 대한 명확한 법규가 없다.

	절차	담당기관	소요시간
1	수정 IRC 발급	DPI 또는 BOM	3일(주소나 이름 변경)~10일
2	수정 ERC 발급	BRO	영업일 3일
3	변경된 법인 인감 제작 및 사용통보 (예: 법인명이 변경되었을 때)		
3.1	변경된 법인 인감 제작	인감제작회사	영업일 1일
3.2	변경된 법인 인감 사용 통보	BRO	통상 1~3일
4	영업 허가서(BL) 발급	BRO	사업 분야에 따라 요구되는 BL의 종류가 다름
4.1	산업무역부의 서면 심사 의견이 필요 없는 BL	지방 인민위원회	법상 명시되어 있지 않음 통상 실무적으로는 1~2개월

4.2	산업무역부의 서면 심사 의견이 필요한 BL (예: 유통업 BL)	지방 인민위원회	법상으로는 영업일 33일 통상 실무적으로는 2~4개월
5	구체적인 사업 분야와 유통 품목에 따라 추가 허가 취득 및 제품 적격 신고 등이 필요할 수 있음	사업 분야와 유통 품목에 따라 다름	사업 분야와 유통 품목에 따라 다름

실무적으로 각 지역 담당 기관에 따라, 사안에 따라 설립 절차가 좀 달라서 지역별, 사안별로 담당 공무원과 협의하여 처리한다.

· **하노이 계획투자국(Hanoi Department of Planning and Investment, Hanoi DPI), 공단이 아닌 지역의 경우**

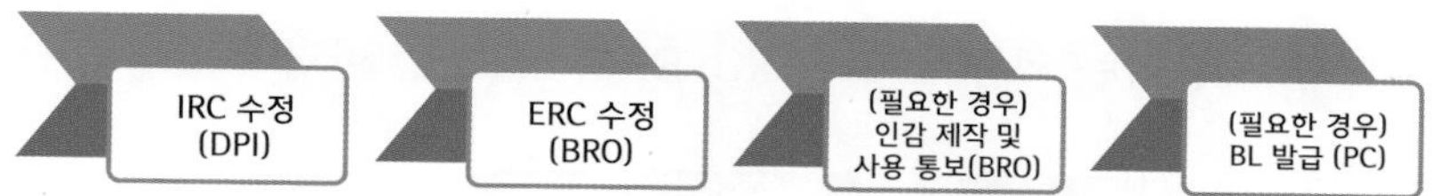

· **하노이 공단 및 수출 가공구 관리 위원회(Hanoi Industrial and Export Processing Zones Authority, HIZA)**

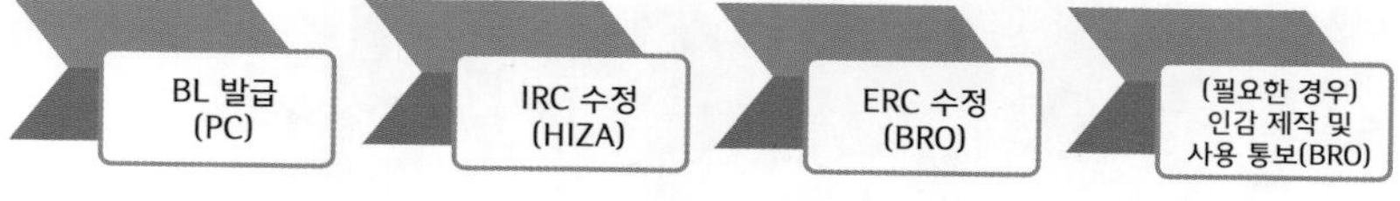

· **기타 (지역과 사안별로 다름)**

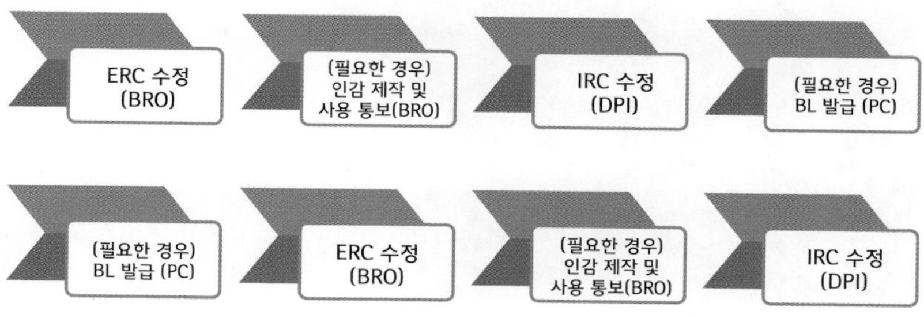

* 실무적으로는 BL이 발급될 때까지 수정 IRC 발급을 하지 않는 경우도 있고, 일부 절차가 동시에 진행되는 경우도 있음.

수입 물품 구매와 관련한 시행령(Decree 187/2013/ND-CP)상 명시된, 수출입 허가를 받아야 하는 목록에 포함된 화학 물질, 담배 등의 제품을 베트남으로 수입하여 유통하는 사업이나 베트남에서 제품을 구매하여 수출하는 경우에는 수출입허가도 받아야 한다. 이때, BL은 유통업이나 상업중개업 등을 하는 외국투자법인에만 요구되는 것이며, 수출입허가는 외국투자법인과 베트남인이 투자자인 현지 법인 모두에게 요구되는 것이다.

또한, 유통하는 제품에 따라 IRC, ERC, BL 뿐만 아니라 별도의 관

련 허가를 취득하거나 제품 적격 신고를 해야 할 수도 있다.

예를 들어 의료기기 유통업의 경우, IRC와 ERC를 발급받은 후 DPI에 BL 신청서를 제출한다. DPI에서는 중앙정부의 산업무역부(MOIT)나 관할 지역 산업무역국(DOIT)에 심사를 요청한다. 심사를 마치면 인민위원회(PC)에서 BL을 발급하고 DPI로 보낸다. 신청자는 DPI에서 BL을 받는다. 즉, IRC → ERC → [DPI에 BL신청 → 내부적으로 MOIT/DOIT 심사 → PC가 BL발급 → 발급된 BL은 DPI로 보내지고, DPI에서 신청인이 BL을 수령] (호찌민의 경우 PC가 DOIT에 BL발급을 일임(一任)). 참고로, 2018년 1월 15일 발효된 관련 시행령(Decree 09/2018/ND-CP)에 따라 수입과 도매업의 경우는 이제 BL을 발급받지 않아도 된다.

!KEYPOINT

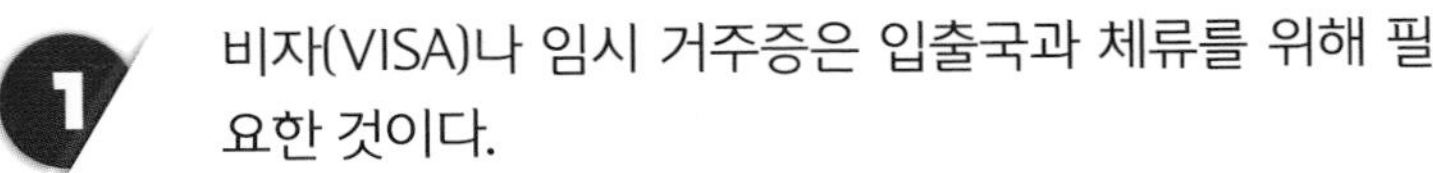

1. 비자(VISA)나 임시 거주증은 입출국과 체류를 위해 필요한 것이다.

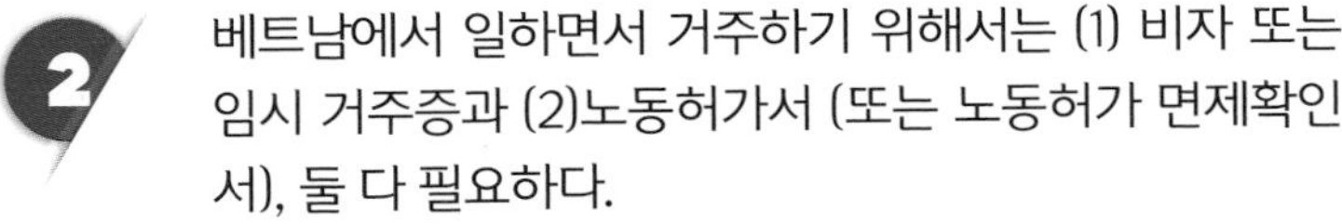

2. 베트남에서 일하면서 거주하기 위해서는 (1) 비자 또는 임시 거주증과 (2)노동허가서 (또는 노동허가 면제확인서), 둘 다 필요하다.

(3)회사 설립 및 현지 생활

비자

베트남에 진출하는 한국 투자자들이 증가하면서 베트남에 입국해 일하고 체류하는 사안에 대한 문의와 관련된 문제도 늘고 있다. 비자나 임시 거주증은 입출국과 체류를 위해 필요한 것이고 노동허가서는 일하는 데 필요한 것이다. 따라서 베트남에서 일하면서 거주하기 위해서는 둘 다 필요하다. 여기서는 비자에 대해 주목할 만한 정보를 간략히 살펴보겠다.

사증·비자(Visa; **Thị thực**)는 외국인의 출입국을 관리하기 위한 것이며 방문 목적, 체류 기간, 사용 횟수에 따라 여러 종류가 있다. 한국인은 무비자로 베트남에 입국해 최대 15일간 체류할 수 있다. 전에는 무비자 체류기간 전에 가까운 제3국으로 출국했다가 곧바로 베트남에 재입국하는 방식으로 비자 없이 베트남에 계속 체류하는 것이 가능했지만 2015년 1월 1일부터는 새 출입국관리법(47/2014/QH13)에 따라 무비자로 베트남에 입국한 후 출국하면 베트남 출국일 기준으로 30일 이후에야 무비자 재입국이 허용된다. 따라서 무비자 입출국 후 30일 이전에 재입국해야 한다면 반드시 한국 또는 제3국에서 비자를 발급받아야 한다. 최소 6개월의 여권 유효기간이 남아 있어야 한다는 점도 염두에 두기 바란다.

2017년 2월 1일부터는 전자비자제도 시범운영 수속·절차를 규정한 시행령(07/2017/N -CP)이 발효되었다. 그에 따라 2019년 1월 31일까지 2년 동안 시험적으로 한국을 포함한 40개국 국민은 인터넷으로 비자를 신청하고 전자비자(E-visa)를 발급받을 수 있다. 발급받은 전자비자는 하노이 노이바이국제공항, 호찌민 떤선녓국제공항, 다낭국제공항 등 28곳의 국제 국경 관문을 통해서만 입출국할 수 있다. 28개 국제 국경 관문이 아닌 다른 곳을 통해 입출국해야

할 경우, 전자비자가 아닌 일반비자 발급 신청 절차를 진행해야 한다.

1. https://www.immigration.gov.vn 또는 https://evisa.xuatnhapcanh.gov.vn 접속
2. 여권 사진과 신원정보 면을 업로드하고 이름, 국적, 종교 등의 개인정보를 입력
3. 비자 신청비용 결제(25달러)
4. 30일 단수비자 신청에서 발급까지 영업일 3일 소요

<전자비자로 베트남 입출국이 가능한 국제 국경 관문 목록>

번호	출입국 관문명(약자) Tên cửa khẩu	출입국 관문명(Port name)
국제공항 출입국 관문 Cửa khẩu đường không(International airport)		
1	SBQT Cát Bi	Cat Bi Int Airport (Hai Phong)
2	SBQT Cam Ranh	Cam Ranh Int Airport (Khanh Hoa)
3	SBQT Cần Thơ	Can Tho International Airport
4	SBQT Đà Nẵng	Da Nang International Airport
5	SBQT Nội Bài	Noi Bai Int Airport (Ha Noi)
6	Sân bay Phú Bài	Phu Bai Int Airport
7	SBQT Phú Quốc	Phu Quoc International Airport
8	SBQT Tân Sơn Nhất	Tan Son Nhat Int Airport (Ho Chi Minh City)
육로 국경 출입국 관문 Cửa khẩu đường bộ(Landport)		
9	Cửa khẩu Bờ Y	Bo Y Landport
10	Cửa khẩu Cha Lo	Cha Lo Landport
11	Cầu Treo	Cau Treo Landport
12	Hữu Nghị	Huu Nghi Landport
13	Hà Tiên	Ha Tien Landport
14	Lao Bảo	Lao Bao Landport
15	Lào Cai	Lao Cai Landport
16	Mộc Bài	Moc Bai Landport
17	Móng Cái	Mong Cai Landport
18	Cửa khẩu Nậm Cắn	Nam Can Landport
19	Sông Tiền	Song Tien Landport
20	CK Tịnh Biên	Tinh Bien Landport

21	CK Xa Mat	Xa Mat Landport
해상 국경 출입국 관문 Cửa khẩu đường biển(Seaport)		
22	Cửa khẩu Cảng Đà Nẵng	Da Nang Seaport
23	Cảng Hòn Gai	Hon Gai Seaport
24	Cảng Hải Phòng	Hai Phong Seaport
25	Cảng Nha Trang	Nha Trang Seaport
26	Cảng Quy Nhơn	Quy Nhon Seaport
27	Cảng TP.Hồ Chí Minh	Ho Chi Minh City Seaport
28	Cảng Vũng Tàu	Vung Tau Seaport

!KEYPOINT

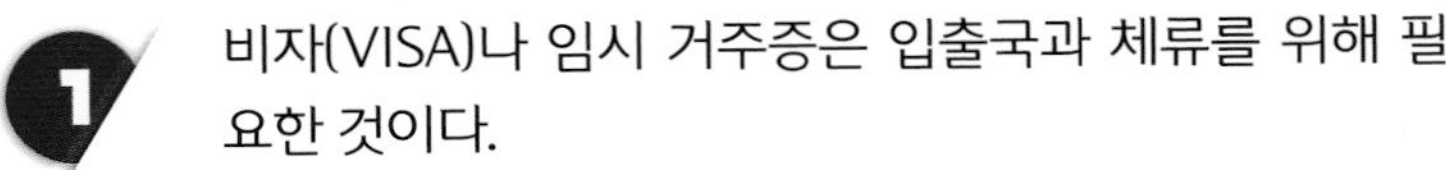

1 비자(VISA)나 임시 거주증은 입출국과 체류를 위해 필요한 것이다.

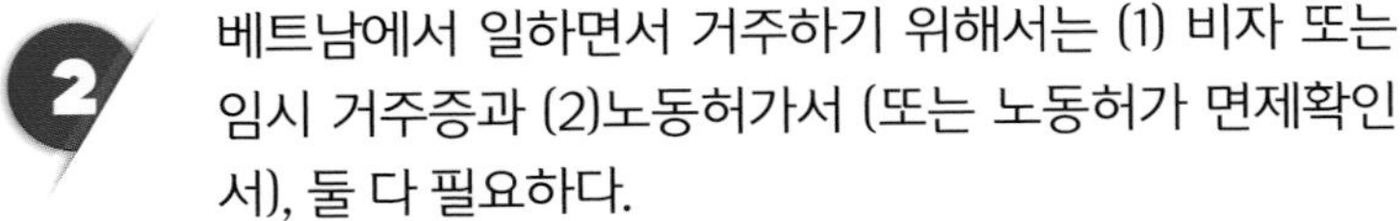

2 베트남에서 일하면서 거주하기 위해서는 (1) 비자 또는 임시 거주증과 (2)노동허가서 (또는 노동허가 면제확인서), 둘 다 필요하다.

임시 거주증

베트남에 진출하는 한국 투자자들이 증가하면서 베트남에 입국해 일하고 체류하는 사안에 대한 문의와 관련된 문제도 늘고 있다. 비자나 임시 거주증은 입출국과 체류를 위해 필요한 것이고 노동허가서는 일하는 데 필요한 것이다. 따라서 베트남에서 일하면서 거주하기 위해서는 둘 다 필요하다. 여기서는 임시 거주증에 대해 주목할 만한 정보를 간략히 살펴보겠다.

임시 거주증(Temporary Resident Card; TRC; **Thẻ tạm trú**)은 일정 기간 베트남 내 외국인의 거주를 허용하는 허가증이다. 일반적으로 비자는 유효기간이 짧고 그때마다 비자를 연장해야 하는 등 번거로워 가능하면 임시 거주증을 받는 것이 좋다. 임시 거주증은 비자를 대체해 베트남 출입국 시 비자 역할을 하고 베트남을 여행할 때는 신분증 역할을 한다.

호텔 또는 임대인은 베트남에 거주·체류하는 외국인을 대신해 임시 거주·체류 신고를 해야 한다. 2017년 2월 15일부터 베트남 공안부가 발행한 외국인 임시 체류 정보 신고 및 접수에 대한 시행령(53/2016/TT-BCA)이 발효되어 호텔은 위의 베트남 출입국 관리 사이트(https://www.immigration.gov.vn 또는 https://evisa.xuatnhapcanh.gov.vn)를 통해 임시 체류 등록을 해야 하고 기타 숙박시설(예: 본인의 월세 아파트에 친지 방문 시)에서는 집주인이 관공서에 임시거주신고서로 등록하거나 웹 사이트를 통해서도 등록할 수 있도록 해 관공서까지 가지 않고도 업무처리가 가능해졌다.

임시 거주증(TRC) 발급 절차

베트남에서 일하는 데 필요한 노동허가서를 발급받은 후, 입출국과 체류를 위해서는 취업비자(work visa) 또는 임시 거주증을 발급받아야 한다. 일반적으로 비자는 유효기간이 짧고 그때마다 기간을 연장해야 하는 등 번거로워 가능하면 임시 거주증을 발급받는 것이 좋다(임시 거주증은 비자를 대체함). 임시 거주증을 발급받고 한국을 방문할 때 여권을 갱신해 새로운 여권번호를 받았는데 임시 거주증에 명시된 여권번호와 새 여권번호가 달라 베트남에 재입국할 때 어려움을 겪는 경우도 있으니 주의하기 바란다.

	업무	담당기관	소요시간
1	외국 근로자를 채용하는 회사에서 그 외국 근로자의 임시 거주증 신청	공안부 산하 출입국관리사무국 또는 지방 공안청 산하 출입국관리사무소	영업일 5일

현재 임시 거주증(TRC)

[Chart 24] 참조 p.391

이전 임시 거주증(TRC)

[Chart 25] 참조 p.392

!KEYPOINT

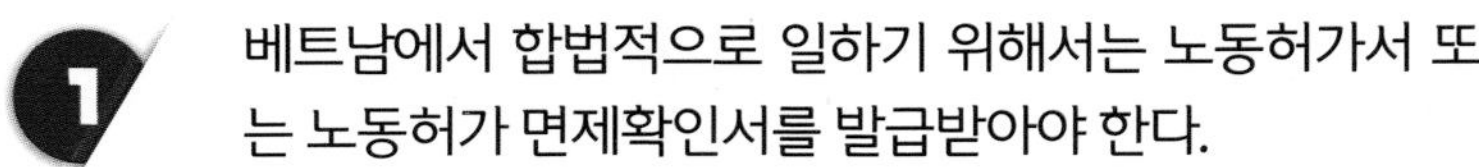

베트남에서 합법적으로 일하기 위해서는 노동허가서 또는 노동허가 면제확인서를 발급받아야 한다.

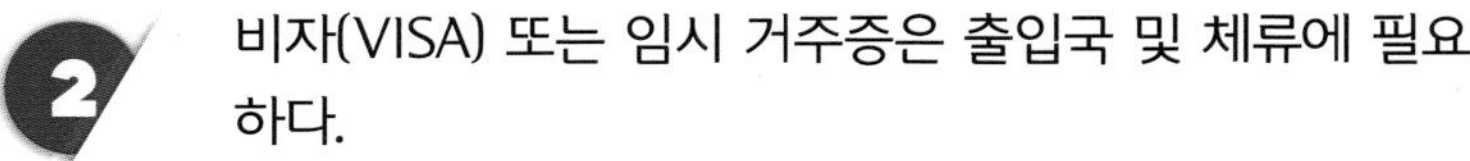

비자(VISA) 또는 임시 거주증은 출입국 및 체류에 필요하다.

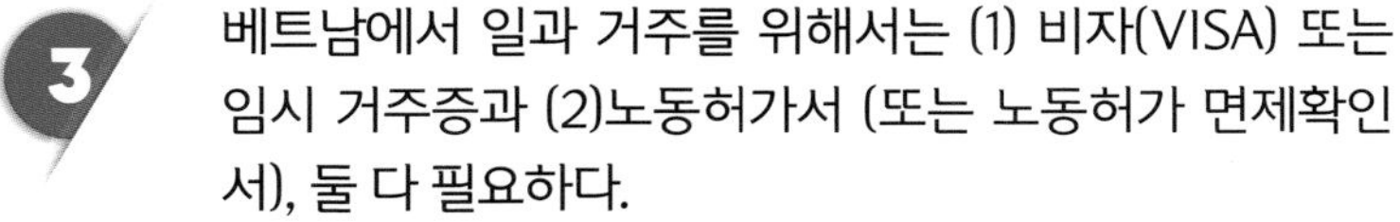

베트남에서 일과 거주를 위해서는 (1) 비자(VISA) 또는 임시 거주증과 (2)노동허가서 (또는 노동허가 면제확인서), 둘 다 필요하다.

노동 허가서

베트남에 진출하는 한국 투자자들이 늘어나면서 베트남에 입국 후 근로 및 체류에 대한 문의와 이와 관련된 문제도 많이 발생하고 있다. 비자나 임시 거주증은 입출국 및 체류를 위해 필요하고 노동 허가서는 일하는 데 필요한 것이다. 따라서 베트남에서 일하면서 거주하기 위해서는 둘 다 필요하다. 여기서는 노동허가서에 대해 주목할 만한 내용과 현 시점에서 실무처리 시 혼란이 가장 많이 발생하는 부분에 대해 좀 더 알아보겠다.

노동허가서(Work Permit; WP; Giấy phép lao động)

베트남에서 합법적으로 일하기 위해서는 노동허가서 또는 노동허가 면제확인서를 발급받아야 한다. 여행비자로 입국해 노동허가서(또는 노동허가 면제확인서) 없이 일하다가 적발되는 경우, 강제 추방되고 3년 동안 베트남 입국이 거부될 수 있으니 주의해야 한다.

노동허가 면제확인서

관할 지방노동청(Department of Labour, Invalids and Social Affairs; DOLISA; Sở Lao động Thương binh và Xã Hội)의 확인이 필요 없는 대상과 확인이 필요한 대상으로 분류된다.

관할 노동국의 확인 절차가 필요 없는 노동허가 면제 대상자

전문가, 관리자, 운영이사 또는 기술직 노동자로 근무하기 위해 베트남에 입국하는 자로 베트남에서의 업무일수가 30일 미만이며 1년간 누적 업무일수가 90일을 초과하지 않는 자 등

관할 노동국의 확인 절차가 필요한 노동허가 면제 대상자

유한책임회사의 소유자나 자본금을 출자한 투자자, 주식회사의 이사회 임원, WTO 상 명시된 11개 서비스 분야 중 내부 인사이동으로 베트남에 온 자 등

비자와 임시 거주증은 출입국관리법에 따라 발급되고 관리되는 반면, 노동허가서는 노동법과 관련 하부 규정에 따른다. 노동허가서와 관련되어 2016년 4월 1일부터 노동법(10/2012/QH13)의 외국인 노동자와 관련된 조항에 대한 시행령 102(Decree 102/2013/

ND-CP)은 시행령 11(Decree 11/2016/ND-CP)로 대체되었다. 그런데 새 시행령 11에 대한 하부 시행규칙이 1년 이상 발행되지 않아 실무적으로 이미 효력을 잃은 구 시행령 102에 대한 시행규칙 03(Circular 03/2014/TT-BLDTBXH)을 새 시행령 11에 적용하는 경우가 있었다.

예를 들어 노동허가에 대한 구 시행령 102와 시행규칙 03에서는 회사의 본사가 위치한 곳의 노동청이 관할이라고 명시되어 있는데 신 시행령 11에서는 외국 근로자가 일하는 곳의 노동청이 관할이라고 명시되어 있다. 그런데 신 시행령에 대한 시행규칙이 없어 일부 공무원들은 실무적으로 신 시행령 11과 상충하는 내용을 담은 구 시행령 102에 대한 시행규칙 03을 적용하는 사례가 종종 있다 보니 어떤 서식을 사용해야 하는지, 관할이 맞는지 등 담당 공무원이 타 부서와 기관에 우왕좌왕 확인하면서 시간이 지연되는 경우가 많이 발생했다. 특히 도급자 허가/프로젝트 오피스 외국인 직원 채용의 경우는 외국인 채용승인서 신청 시 30일 동안 회사가 필요한 업무를 할 수 있는 베트남인을 구하는 절차가 있어 법인의 외국인 직원에 대한 노동허가서 발급보다 더 오래 걸린다는 점도 염두에 두기 바란다. 전문가 요건과 관련해서도 실무적으로 신청 회사 자체에서 발행한 전문가 인증서를 제출하는 경우가 일반적인데 일부 지역에서는 (대한민국) 정부 발행 전문가 확인증서를 요구하고 있다는 점도 알아두기 바란다.

위와 같은 이유로 노동허가서 발급 실무처리에 혼란이 발생하고 법적으로 명시된 기간보다 2배 이상 소요되는 경우도 적지 않다. 따라서 노동허가서 발급을 기다리는 동안 비자기간이 만료되지 않도록 미리 비자 연장을 하고 전문가 확인증서도 준비하는 등 대비하는 것이 좋아 보인다.

이후 새 시행령 11에 대한 새 시행규칙(Circular 40/2016/TT-BL TBXH)이 만들어져 2016년 12월 12일부터 발효되었다.

[노동허가 면제확인서]

[Chart 26] p.393

[노동허가 승인서 - 회사에게 발급]

[Chart 27] p.394

[노동허가증 - 외국인 근로자에게 발급]

[Chart 28] p.395

이제 노동허가서와 노동허가 면제확인서 발급 절차에 대해 살펴보자. 이때, 고용주가 도급자(contractor)·프로젝트 오피스(PO)인 경우에는 노동 허가·면제와 관련된 일부 절차가 일반적인 법인의 경우와 다르다는 점에 유의하기 바란다.

노동허가(WP) 면제확인서 발급 절차

· 고용주가 도급자(contractor)/프로젝트 오피스(PO)가 아닌 경우 (즉, 법인인 경우)

	업무	담당기관	소요시간
1	외국인 근로자 채용에 대한 승인 신청	노동보훈사회복지국(DOLISA)	외국인 근로자 채용 최소 30일 전에 신청
2	외국인 근로자 채용에 대한 승인서 발급	통상 (지방 인민위원회장의 위임을 받은) 노동보훈사회복지국	15일
3	노동허가 면제 신청	노동보훈사회복지국	외국인 근로자가 일을 시작하기 최소 7일 전에 신청
4	노동허가 면제확인서 발급	노동보훈사회복지국	영업일 3일

※ 관할 지방 노동보훈사회복지국(DOLISA)의 확인 절차가 필요 없는 노동허가 면제 대상자의 경우에는 위의 1~2의 절차가 요구되지 않는다.

· 고용주가 도급자(contractor)/프로젝트 오피스(PO)인 경우

	업무	담당기관	소요시간
1	외국인 근로자 채용에 대한 승인 신청	노동보훈사회복지국(DOLISA)	외국인 근로자를 채용하기 전
2	도급자/PO에게 베트남 근로자 소개	노동보훈사회복지국	- 500명 미만의 외국인 근로자 채용을 요청하는 경우, 1개월 - 500명 이상의 외국인 근로자 채용을 요청하는 경우, 2개월
3	[적합한 베트남 근로자가 없어 도급자/PO가 베트남 근로자 채용을 하지 않는 경우] 외국인 근로자 채용에 대한 승인서 발급	통상 (지방 인민위원회장의 위임을 받은) 노동보훈사회복지국	
4	노동허가 면제 신청	노동보훈사회복지국	외국인 근로자가 일을 시작하기 최소 영업일 7일 전에 신청
5	노동허가 면제확인서 발급	노동보훈사회복지국	영업일 3일

* 관할 지방 노동보훈사회복지국(DOLISA)의 확인 절차가 필요 없는 노동허가 면제 대상자의 경우에는 위의 1~3의 절차가 요구되지 않는다.

노동허가서(WP) 발급 절차

· 고용주가 도급자(contractor)/프로젝트 오피스(PO)가 아닌 경우(즉, 법인인 경우)

	업무	담당기관	소요시간
1	외국인 근로자 채용에 대한 승인 신청	노동보훈사회복지국 (DOLISA)	외국인 근로자를 채용하기 최소 30일 전에 신청
2	외국인 근로자 채용에 대한 승인서 발급	보통 (지방 인민위원회장의 위임을 받은) 노동보훈사회복지국	15일
3	노동허가서 신청	노동보훈사회복지국	외국인 근로자가 일을 시작하기 최소 영업일 15일 전에 신청
4	노동허가서 발급	노동보훈사회복지국	영업일 7일
5	근로계약서 송부	노동보훈사회복지국	외국인 근로자와 근로계약서 체결 후 영업일 5일 이내

· 고용주가 도급자(contractor)/프로젝트 오피스(PO)인 경우

	업무	담당기관	소요시간
1	외국인 근로자 채용에 대한 승인 신청	노동보훈사회복지국 (DOLISA)	외국인 근로자를 채용하기 전
2	도급자/PO에게 베트남 근로자 소개	노동보훈사회복지국	- 500명 미만의 외국인 근로자 채용을 요청하는 경우, 1개월 -500명 이상의 외국인 근로자 채용을 요청하는 경우, 2개월
3	[적합한 베트남 근로자가 없어 도급자/PO가 베트남 근로자 채용을 하지 않는 경우] 외국인 근로자 채용에 대한 승인서 발급	보통 (지방 인민위원회장의 위임을 받은) 노동보훈사회복지국	
4	노동허가서 신청	노동보훈사회복지국	외국인 근로자가 일을 시작하기 최소 영업일 15일 전에 신청
5	노동허가서 발급	노동보훈사회복지국	영업일 7일
6	근로계약서 송부	노동보훈사회복지국	외국인 근로자와 근로계약서 체결 후 영업일 5일 이내

LAW

PART 04

회사 운영하기

!KEYPOINT

1. 계약서 양식을 너무 믿고 내용도 모른 채 사용하기보다 그것을 통해 특정 거래의 주요 이슈들을 파악하고 각 회사의 실정에 맞는 거래 조건, 보증 조건, 계약 해지 조건 등을 충분히 반영해 작성할 수 있는 보조 역할로 사용해야 한다.

2. 정부 업무처리의 지연, 원료 부족, 파업 등의 사유가 불가항력에 포함되었는지 여부를 유의해 살펴보아야 한다.

3. 특정 조항의 의미를 파악하고 본인에게 불리한 점은 없는지, 조항 간의 모순된 내용은 없는지, 법적으로 가능한 것인지 등을 주의 깊게 검토해야 한다.

4. 베트남 파트너가 처음 약속했던 내용을 위반할 경우에 대비한 조항을 계약서에 포함해 법적 보호장치를 마련해두는 것이 좋다.

5. 계약 발효일은 필요에 따라 특정일 또는 특정 조건을 만족해야 효력이 발생하도록 할 수도 있다.

6. 상황에 따라 계약서에 고의적으로 애매한 표현을 사용할 수도 있다.

(1) 계약서

계약서의 구성, 작성, 검토 시 유의 사항

일반적으로 한국 기업과 베트남 파트너 간에 체결되는 국제계약은 영문계약으로 체결되므로 영문 국제계약서를 기준으로 한다면 계약서는 다음 조항들로 구성된다.

* 계약 체결일자 및 당사자(Forehead)
* 계약 체결 배경(Witnesseth, Recital)
* 용어의 정의(Definitions)
* 계약의 발효 및 유효기간(Effective Date and Term)
* 당사자의 권리 및 의무(Rights and Obligations)
* 계약 불이행(Breach)
* 진술 및 보증(Representations and Warranties)
* 권리의 포기(Waiver)
* 계약의 양도(Assignment)
* 계약의 수정(Amendment)
* 계약조항의 개별성(Severability)

* 완전 합의(Entire Agreement)
* 계약의 해지(Termination)
* 통지 방법(Notice)
* 비밀 준수 의무(Confidentiality)
* 계약 발효의 선행 조건[1](Conditions Precedent)
* 계약 발효의 후행 조건[2](Conditions Subsequent)
* 준거법(Governing Law)
* 재판 관할/분쟁 해결 방법(Dispute Settlement/Dispute Resolution)
* 불가항력(Force Majeure)
* 언어(Language)

베트남에 투자 진출 시 많은 법적 위험이 있을 수 있는데 우선 한국 기업과 베트남 파트너 간에 체결되는 국제계약에서 발생할 수 있는 문제점들을 몇 가지 사례와 함께 살펴보자.

베트남 파트너와 계약을 체결할 때 많은 분들이 관련 표준계약서 양식을 구할 수 있는지 문의한다. 국제 건설계약의 경우, 무역의 경우, 국제상업회의소(ICC)의 인코텀즈[3](incoterms)에 따라 작성된 계약서 양식이 있지만 무작정 이런 양식을 사용해 계약을 체결해 낭

1 합의계약이 효력을 발생하기 전, 또는 어떤 권리가 귀속하거나 취득되기 전에 이행되어야 할 조건. 즉, 계약이 발효되기 전에 먼저 만족해야 할 조건

2 일단 계약이 체결되거나 재산을 넘겼으나, 어떤 조건을 지키지 않는 경우에는 그 계약이 파기되거나 또는 재산을 환원하도록 하는 조건

3 국제상업회의소가 제정하여 국가 간 무역거래에서 널리 쓰이고 있는 무역거래조건에 관한 해석 규칙

패를 보는 경우가 적지 않으므로 주의해야 한다. 특히 인터넷에서 떠도는 계약서 양식을 사용하는 것은 더 유의해야 한다. 예를 들어 물건 구매자는 물건에 하자가 없는지, 물건에 대한 보증 조건 등에 관심이 있지만 판매자의 경우는 물품대금을 제때 받는 데 관심이 있을 것이다. 이때 구매자가 인터넷에 떠도는 매매계약서 양식을 사용해 계약을 체결했는데 그 계약서가 구매자를 보호하는 법적 내용들이 빠진, 판매자의 관점에서 작성된 것이었다면 그 계약서가 구매자를 법적으로 보호해주기는 어려울 것이다. 따라서 이 계약서 양식을 맹신해 내용도 모른 채 사용하기보다 그것을 통해 특정 거래의 주요 이슈들을 파악하고 각 회사의 실정에 맞는 거래 조건, 보증 조건, 계약 해지 조건 등을 충분히 반영해 작성할 수 있는 보조 역할로 사용해야 할 것이다.

계약서는 당사자 간 합의사항을 명확히 하고 분쟁을 예방하며 분쟁이 발생할 경우를 대비해 법적 보호장치를 마련하는 관점에서 작성되어야 한다.

그와 관련된 사례로 한국의 X 기업이 베트남의 Y 기업과 설비공급 계약을 하고 상당한 양의 제품을 생산했는데 Y 기업에서는 관련 정부 프로젝트 진행이 지연되어 제품을 구매하지 못하겠다고 일방적으로 통보했다. 그런데 안타깝게도 계약서에는 계약 불이행에 대한 조항 자체가 없었으며 결국 프로젝트 지연으로 자신도 피해자라고 주장하는 Y 기업과 수개월에 걸친 협상 끝에 울며 겨자 먹기로 상당히 인하된 가격에 제품을 공급한 경우도 있었다. 이런 경우, 정부 프로젝트의 지연을 불가항력(Force Majeure)이라고 주장하는 경우도 있으니 유의하기 바란다. 불가항력의 경우, 일반적으로 계약을 지키지 못한 당사자의 책임을 면제해주거나 계약을 해지할 수 있게 해주므로 당사자의 이해관계에 따라 계약 시 무엇이 불가항력에 해당하는지 구체적으로 열거하거나 제외해야 한다. 특히 베트남에서는 정부 업무처리의 지연, 원료 부족, 파업 등의 사유가 불가항력에 포함되었는지 여부를 유의해 살펴보아야 할 것이다.

계약서를 검토하면서 계약서의 전반적인 내용 외에도 특정 조항의 의미를 파악하고 본인에게 불리한 점은 없는지, 조항 간의 모순된 내용은 없는지, 법적으로 가능한 것인지 등을 주의 깊게 검토해야 할 것이다. 또한 상대방과의 관계에 따라 달라질 수 있지만 일반적으로 초안 작성 시 권리는 강하게 하고 의무는 가볍게 하면 관련 협상을 유리하게 시작할 수 있을 것이다. 예를 들어 제품 보증의 경우, 제조회사 입장에서는 제조사의 과실이 있을 경우에만 최대한 짧은 기간 동안(예: 제품 구입일로부터 1년 이내) 한정된 장소에서(예: 베트남 내) 보증 범위를 한정(예: 제조사의 책임을 1만 달러까지로 한정)하는 것이 유리하며 구매회사의 경우는 정반대일 것이다.

또한 통상적인 의무가 부과되는 경우더라도 구체적인 조건을 추가해 보호할 수도 있을 것이다. 예를 들어 A사가 보유한 특허의 사용에 대해 B사의 매상의 일정액을 로열티로 지불하는 라이선스 계약의 경우, A사는 B사가 보고하는 매상액이 정확한지 확인하기 위해 B사의 장부를 검사할 수 있는 권리에 대한 조항이 일반적으로 포함되는데 B사의 입장에서는 검사할 수 있는 장부의 종류와 장부를 검사할 수 있는 자를 제한하고 검사 장소와 시기를 한정하는 등의 방법으로 A사의 권리를 약화시킬 수 있을 것이다.

베트남에서 외국인 투자자가 베트남 파트너와 함께 사업을 수행하는 경우는 일반적으로 베트남 파트너가 토지나 프로젝트를 가지고 있거나 외국인이 정부의 승인을 받는 것이 어려운 경우가 대부분일 것이다. 특히 정부의 승인과 관련해 베트남 파트너가 처음 약속했던 정부 승인 취득 기한에 맞추어 프로젝트 파이낸싱[4](PF), 기계 수입 등의 계획을 세웠는데 나중에 정부 승인이 지연되어 사업에 차질이 생기는 경우를 흔히 본다. 이런 경우에 대비해 일정 기간 내에 필요한 라이선스 취득을 못 할 때는 베트남 파트너에게 지불하는 수수료의 공제를 계약서에 명시하는 등 여러 가지 법적 보호장치를 마련할 수 있다. 그와 관련해 계약 발효도 반드시 계약 체결과 동시에 발효하지 않아도 되며 특정일 또는 특정 조건을 만족해야 계약 효력이 발생하게 할 수도 있다. 따라서 사업 진행을 위해 관련 라이선스 등 정부의 승인이 반드시 필요한 경우, 베트남 파트너와의 계약을 예상 라이선스 취득일자에 발효하게 하거나 지방정부 계획투자국(DPI)의 승인일자에 발효하는 조건으로 해 정부 승인이 베트남 파트너가 약속한 것과 달리 상당 기간 지연되었을 때 계약 당사자인 한국 기업이 계약 위반 때문에 오히려 이러지도 저러지도 못하는 상황에 빠지는 것을 미연에 방지하고 필요한 경우, 다른 베트남 파트너와 사업을 진행할 수도 있을 것이다. 또한 상황에 따라 계약

4 은행 등 금융기관이 사회간접자본 등 특정사업의 사업성과 장래의 현금흐름을 보고 자금을 지원하는 금융기법. 대규모의 자금이 필요한 석유, 탄광, 조선, 발전소, 고속도로 건설 등의 사업에 흔히 사용되는 방식으로 선진국에서는 보편화된 금융기법이다.

발효의 선행 조건(Conditions Precedent)과 계약 발효의 후행 조건(Conditions Subsequent) 조항을 이용해 본인이 이행해야 할 의무의 발생을 특정 라이선스 또는 필요한 정부의 승인을 취득하는 경우로 하거나 계약 체결일로부터 일정한 기간 내에 사업 진행을 위해 필요한 정부 승인을 취득하지 못하는 경우에는 계약이 애초에 체결되지 않은 것과 같이 자동 무효가 되도록 할 수도 있을 것이다.

많은 분들이 베트남에서 작성되는 계약서는 베트남 법과 베트남 법원을 준거법과 재판 관할로 정해야 하는 것으로 생각하지만 반드시 그렇지는 않으므로 계약의 종류와 내용에 따라 준거법과 관할도 유리하게 정할 수 있을 것이다. 그와 더불어 계약서는 분쟁 예방의 관점에서 작성하는 것이 기본이지만 계약서를 작성하는 시점에서 어떻게 하는 것이 유리할지 불분명하거나 비교적 중요하지 않은 일부 사안(事案) 때문에 계약 체결이 상당 기간 지연될 때는 "최선을 다한다", "적절한 조치를 취한다" 등의 애매한 표현을 고의적으로 사용할 수도 있을 것이다.

베트남 투자의 법적 위험 관리는 계약서 작성부터 시작된다고 해도 과언이 아닐 것이다. 위에 언급한 사안들 외에도 준거법과 재판 관할을 정하는 문제부터 계약 내용을 갑자기 바꾸거나 현재 상황에서 어떻게 하는 것이 유리할지 불분명한 경우 등 많은 돌발 변수들을 염두에 두고 계약서를 작성해야 할 것이다.

잘 작성된 계약서로 분쟁 발생을 미연에 방지할 수 있는 법적 안전장치를 확보하고 베트남에서의 사업을 안전하게 할 수 있을 것이다.

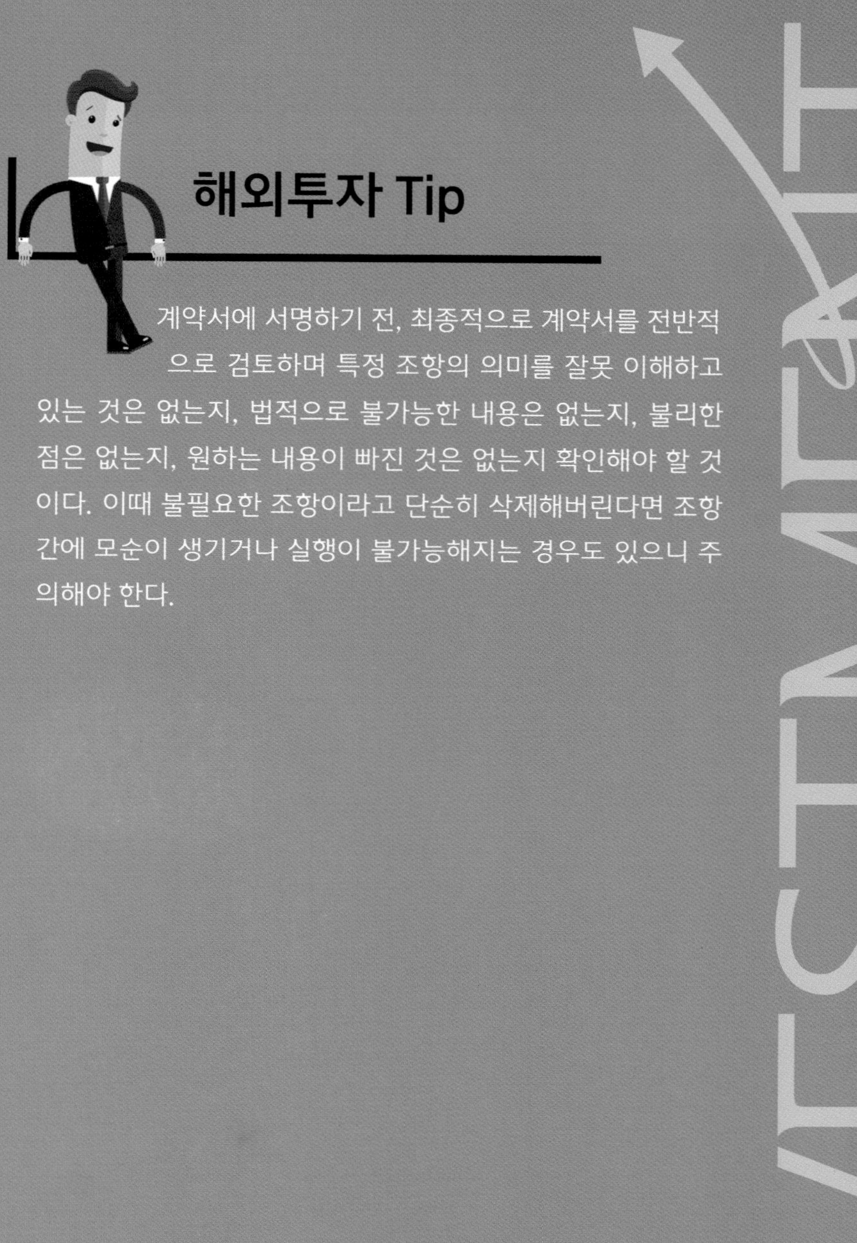

해외투자 Tip

계약서에 서명하기 전, 최종적으로 계약서를 전반적으로 검토하며 특정 조항의 의미를 잘못 이해하고 있는 것은 없는지, 법적으로 불가능한 내용은 없는지, 불리한 점은 없는지, 원하는 내용이 빠진 것은 없는지 확인해야 할 것이다. 이때 불필요한 조항이라고 단순히 삭제해버린다면 조항 간에 모순이 생기거나 실행이 불가능해지는 경우도 있으니 주의해야 한다.

!KEYPOINT

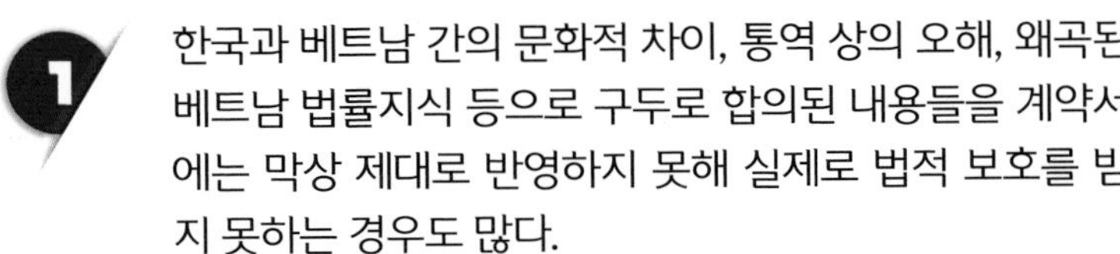

1. 한국과 베트남 간의 문화적 차이, 통역 상의 오해, 왜곡된 베트남 법률지식 등으로 구두로 합의된 내용들을 계약서에는 막상 제대로 반영하지 못해 실제로 법적 보호를 받지 못하는 경우도 많다.

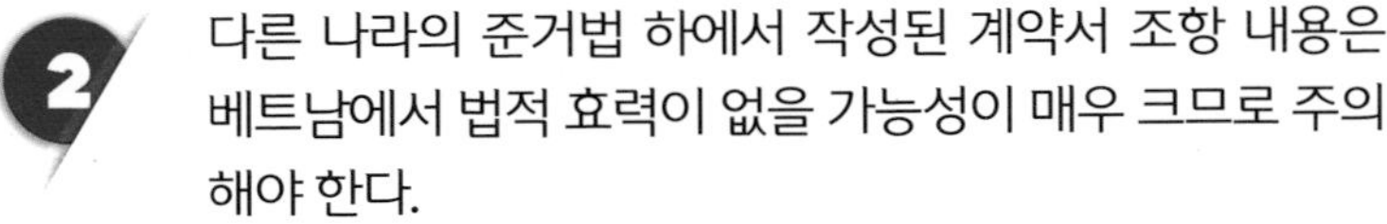

2. 다른 나라의 준거법 하에서 작성된 계약서 조항 내용은 베트남에서 법적 효력이 없을 가능성이 매우 크므로 주의해야 한다.

베트남 파트너와 계약서 작성 시 유의사항

◆
◆
◆

한국 기업과 베트남 파트너 간에 체결되는 국제계약에서 발생할 수 있는 문제들에 대한 법적 보호장치를 마련하고 분쟁을 예방하는 것은 계약서 작성부터 시작되는데 계약서 상의 사소한 실수로 큰 불이익을 당하거나 분쟁이 발생하는 경우도 적지 않아 주의해야 한다. 일례로 텔레-콤마(tele-comma)라는 별칭까지 얻은 캐나다 통신회사(로저스 커뮤니케이션)와 전신주 사용권 위탁업체(알리안트) 간의 분쟁은 계약서의 쉼표 하나 때문에 발생했다. 안정적인 통신서비스 사업을 위해 2002년 로저스 커뮤니케이션은 전기사업자와 통신사업자 사이에 통용되어온 계약서 양식을 사용해 알리안트와 전신주 장기 임대계약을 체결했는데 알리안트가 5년 기간이 끝나는 2007년 말 계약을 종료할 것이며 새 계약 때는 약 3배가 오른 사용료를 적용하겠다고 통지하면서 분쟁이 시작되었다. 이 분쟁은 계약서 조항의 쉼표 하나 때문에 시작되었다. 그 조항은 다음과 같다.

> "This agreement shall be effective from the date it is made and shall continue in force for a period of five (5) years from the date it is made, and thereafter for successive five (5) year terms, unless and until terminated by one year prior notice in writing by either party."
> [본 계약은 체결일로부터 5년간, 그리고 그 이후 5년간, 계약종료 1년 전까지 서면 통지가 없는 한, 유효하다]

이 조항에서 만약 두 번째 쉼표가 없었다면 계약기간은 10년을 기본으로 하고 1년 전인 9년이 되어서야 계약 해지 통보가 가능했을 텐데 두 번째 쉼표 때문에 첫 5년이나 두 번째 5년 모두 1년 전에 해지 통보가 가능하다고 해석될 수 있어 알리안트는 첫 5년이 끝나는 2007년 말 계약을 종료하겠다고 통보한 것이다. 10년 임대 보장으로 알고 있던 로저스 커뮤니케이션의 입장에서는 갑자기 213만 달러의 추가 사용료를 내야 하는 상황이 되어 뒤늦게 언어학자와 변호사들을 동원해 문장 해석과 법적 대응을 마련하느라 어려움을 겪었다.

이와 같이 계약서 상의 사소한 실수도 큰 법적 문제가 될 수 있고 업계에서 통용되는 계약서 양식을 맹신하다가 큰 코 다치는 경우도 종종 있으니 유의해야 한다. 또한 한국과 베트남 간의 문화적 차이, 통역상의 오해, 왜곡된 베트남 법률지식 등으로 구두로 합의된 내용들을 막상 계약서에는 제대로 반영하지 못해 실제로 법적 보호를 받지 못하는 경우도 많다. 주위를 보면 이웃 회사의 사규나 노동계약서 양식을 조금 수정해 이용하거나 심지어 외국 본사의 양식을 단순히 번역해 사용하는 경우도 볼 수 있다. 사규나 노동계약서는 업종, 업태 등에 따라 법적으로 포함되어야 하는 내용이 다를 수도 있고 다른 나라의 준거법 하에서 작성된 계약서 조항 내용은 베트남에서 법적 효력이 없을 가능성이 매우 크므로 주의해야 한다.

그뿐만 아니라 법률전문가가 아닌 직원이 계약서를 작성했는데 나중에 문제가 된 경우도 종종 있다. 또 계약 불이행에 대한 조항 자체가 없어 막상 베트남 파트너가 계약 불이행을 했을 때 법적 보호를 못 받는 경우도 있고 베트남 법상 불가능한 내용으로 계약해 계약 자체가 무효가 되거나 큰 손해를 보는 경우도 있다. 특히 토지관련 계약은 한국과 베트남의 토지소유제도가 매우 달라 낭패 보는 경우를 자주 본다.

그와 관련해 베트남의 모든 토지는 국가 소유이며 베트남의 법인이나 개인은 토지를 소유하는 것이 아니라 토지를 할당(allocation)받거나 임대(lease)하는 방식으로 토지사용권(land use right)을 부여받아 단순히 토지를 사용할 수 있는 것이다. 이때 토지를 할당받았는지 임차하는지에 따라, 토지임차료가 국가 예산(state budget)과 관련 있는지 여부에 따라 토지의 담보나 양도(법적으로는 '토지사용권' 담보나 양도) 가능 여부가 달라지는데 이것을 모르는 한국인이 무턱대고 토지를 양도하겠다는 베트남 파트너와 토지 양도계약서를 체결하고 돈을 지급한 후 한참이 지난 뒤에도 토지 양도를 받지 못하고 돈도 돌려받지 못한 채 어려움을 겪는 경우도 종종 있다. 그뿐만 아니라 토지에 대한 사용권을 가지고 있다고 알고 있던 베트남 파트너가 알고 보니 법적으로는 토지 사용권한이 없는 경우도 있고 해당 토지가 실제로는 원하는 투자 목적으로 사용이 금지된 경우도 있어 주의가 요구된다. 계약서를 작성할 때는 이런 경우들에 대한 법적 보호장치도 마련해야 하는데 그것을 모른 채 단순히 직원이 작성한 이웃회사의 비슷한 계약서를 사용하거나 잘못 알고 있는 법률지식 때문에 막상 문제가 생겼을 때 법의 보호를 전혀 못 받는 것을 보면 안타까운 마음이 든다.

해외투자 Tip

언어와 문화부터 정치, 사회, 법률체제가 한국과 매우 다른 베트남에서의 사업은 수많은 위험요소들이 있고 이 위험을 최소화하기 위해서는 법적 안전장치를 미리 마련해야 한다. 예상하지 못한 위험에 대한 대비책으로 보험에 가입하듯이, 잘 작성된 계약서는 사업 수행 중에 발생할 수 있는 법적 위험에 대한 안전장치이며 보험이라는 생각으로 계약서 작성은 반드시 법률전문가의 조언을 받을 것을 권한다.

!KEYPOINT

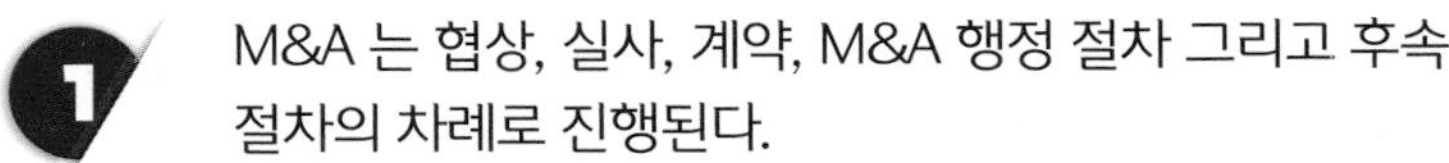

1. M&A 는 협상, 실사, 계약, M&A 행정 절차 그리고 후속 절차의 차례로 진행된다.

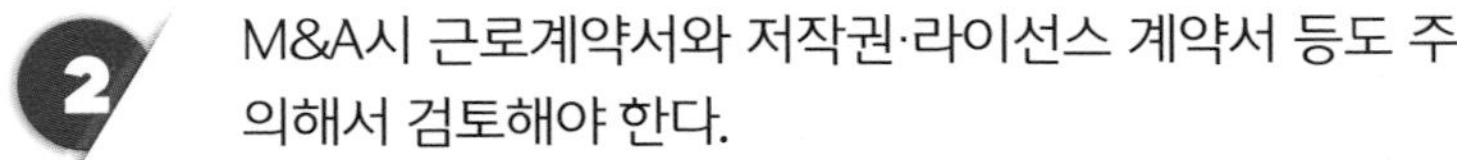

2. M&A시 근로계약서와 저작권·라이선스 계약서 등도 주의해서 검토해야 한다.

인수·합병(M&A) 관련 계약

베트남 M&A 시 알아야 하는 용어와 약자를 정리하고 간략한 M&A 절차와 함께 절차별로 검토하거나 작성해야 할 계약서가 무엇인지에 대해 알아보자.

베트남 인수·합병(M&A) 관련 용어와 약자

· BRC: Business Registration Certificate = Giấy chứng nhận đăng ký kinh doanh = 사업자등록증

· IC: Investment Certificate = Giấy chứng nhận đầut = 투자허가서

· IRC: Investment Registration Certificate = Giấy chứng nhận đăng ký đầu tư = 투자등록증

· ERC: Enterprise Registration Certificate = Giấy chứng nhận đăng ký doanh nghiệp = 기업등록증

· LURC: Certificate of Land Use Right = Giấy chứng nhận quyền sử dụng đất = 토지사용권증서

· SPA: Share Purchase Agreement = Hợp đồng mua bán cổ phần = 주식/지분 매매계약서

· CTA: Capital Transfer Agreement = Hợp đồng chuyển nhượng phần vốn góp = 자본이전계약서

· SOE: State-Owned Enterprise = Doanh nghiệp nhà nước = 국영기업

· SME: Small or Medium-sized Enterprise = Doanh nghiệp vừa và nhỏ = 중소기업

· MNC: Multi-National Corporation = Công ty đa quốc gia = 다국적기업

· PC: People's Committee = Ủy ban nhân dân = 인민위원회

· DPI: Department of Planning and Investment = Sở Kế hoạch và Đầu tư = 지방 기획투자국

· MPI: Ministry of Planning and Investment = Bộ Kế hoạch và Đầut = 기획투자부

· DOIT: Department of Industry and Trade = Sở Công thương = 지방 산업무역국

· MOIT: Ministry of Industry and Trade = Bộ Công thương = 산업무역부

· NOIP: National Office of Intellectual Property = Cục Sở hữu trí tuệ = 특허청

· DOLISA: Department of Labour, Invalids and Social Affairs

= Sở Lao động – Thương binh và Xã hội = 노동사회보훈국

베트남 인수·합병 절차와 절차별 사안 및 계약

사전 준비	협상	실사
· 시장조사 · 사업 가능성 검토 · 진출 구도 고려 (단독, JV, 신규, M&A 등) · 자금조달 방법 수립	· 주요 조건 요약지 (Term Sheet) · 의사록/회의록(Minutes) · 의향서(LOI) · 양해각서(MOU) · 합의 각서(MOA) · 비밀 유지 계약(NDA) · 위임장(POA)	· 실사(Due Diligence) - 법률 실사 - 회계/세무 실사 - 운영 실사 · 지적재산권 · 근로계약서와 노조 · 실사보고서 결과에 따라 M&A 구도 변경? · 재협상에 따른 LOI, MOU, MOA 등 수정?

후속 절차	M&A 행정 절차	계약
· 변경사항 공고/통보 · 토지사용권 증서(LURC) 명의 변경 · 인감 변경? · 각종 라이선스 변경? · 은행통장 변경?	· 사전(지분인수) 승인 · 인수대금 지급 · 투자자 변경, 회사명 변경, 사업 분야 추가/삭제 등 · 투자등록증(IRC), 기업등록증(ERC) 수정? · 투자허가서(IC) → IRC, ERC?	· 지분인수계약서 · 자산인수계약서 · 합작(Joint Venture)계약서 · 라이선스(License) 계약서? 기술이전 계약서? · 공급/구매 계약서? · 중개업자 수수료계약서? · 이면 계약?

M&A 절차를 간략히 살펴보면 우선 시장조사를 통해 대상 회사(target company)를 물색한다. 대상 회사를 정해 협상하고 합의된 내용을 바탕으로 계약서를 작성하게 된다. M&A를 간단히 생각하면

다른 사람 소유의 회사를 내 소유의 회사로 명의를 변경하는 것인데 계약서 등 필요한 서류를 준비해 명의 변경과 관련된 행정 절차와 후속 절차를 마치면 M&A가 완료된다.

계약의 법적 효력

제목을 '계약서'라고 달았더라도 내용이 계약이 아니라면 계약으로 인정받지 못할 것이며 '이것은 계약서가 아님'이라고 해도 내용이 충분히 계약 내용이라면 법적 구속력이 있는 계약으로 볼 수 있을 것이다.

부동산 계약 등 반드시 서면 계약을 해야 하는 일부 거래를 제외하면 일반적으로 구두 계약도 서면 계약과 동일한 법적 효력이 있다. 단, 구두 계약의 경우 당사자들의 의도를 제3자에게 증명하는 것이 서면 계약보다 훨씬 어렵다는 점을 염두에 두어야 한다.

축구선수 리오넬 메시의 재능을 알아본 유명축구팀 FC 바르셀로나의 당시 기술감독 렉사흐는 메시의 아버지와 레스토랑에서 식사하던 도중 냅킨에 계약을 체결했고 영화감독 스티븐 스필버그는 냅킨에 쓴 혼전계약서 때문에 에이미 어빙과의 이혼 과정에서 어려움을 겪었다. 당사자들의 진정한 계약 체결 의사를 충분히 알 수 있다면 정식 계약서가 아닌 두루마리 휴지나 냅킨에 쓴 것도 법적 효력이 있는 계약서로 인정받을 수 있다.

계약서 작성 시 주의사항

언어의 우선순위: 계약서가 2개 이상의 언어로 작성될 때는 언어 간 상충이 있을 경우를 대비해 언어의 우선순위를 명시하는 것이 좋다.

통화: 2015년 2월 12일부터 발효된 통화관련 법규 위반에 대한 규정(Decree 96/2014/ND-CP)에 따라 베트남 내 거래에서 베트남 동화로 계약서 상의 통화를 명시하지 않은 경우, 개인은 최소 2억동의 벌금, 기업은 개인에게 부과되는 벌금의 2배가 부과될 수 있다. 또한 송금금액 전액이 몰수될 수도 있다.

교착 상황: 투자자가 2인 이상일 경우, 의사결정의 교착 상황(deadlock)이 발생할 경우를 대비해 미리 관련계약서, 정관 등에 명시하는 것이 좋다. [예: 사장/의장에 결정투표권(castingvote) 지정, 콜/풋 옵션[1](Call Option/Put Option), 텍사스 슛 아웃[2](Texas shoot-out) 등]

다음은 각 M&A 절차마다 검토 또는 작성해야 할 계약에 대해 구체적으로 알아보겠다.

---

1 콜옵션이란 옵션거래에서 특정한 기초자산을 만기일이나 만기일 이전에 미리 정한 행사가격으로 살 수 있는 권리를 말하며, 특정한 기초자산을 장래의 특정 시기에 미리 정한 가격으로 팔 수 있는 권리를 풋옵션이라고 한다.

2 교착 상태일 때 각 당사자가 상대방의 지분을 매입할 봉인 현금 입찰서를 보내고, 봉인된 입찰서를 동시에 열어 가장 높은 입찰가를 쓴 당사자가 다른 당사자 절반의 지분을 매입 함 (낮은 입찰가를 써서 진 당사자는 이 지분을 판매해야 함)

협상

회의록(Minutes)을 작성하는 주 목적은 회의 내용에 대한 기록을 통해 당사자 간의 불신을 예방하고 업무 담당자가 변경되더라도 진행 상황을 쉽게 파악할 수 있게 하며 책임 소재를 명확히 하는데 있다. 회의록에는 시간, 장소, 참석자 소속과 직위, 논의사항, 합의사항, 미결사항 등을 기록한다. 굳이 제3자가 작성하지 않아도 되며 회의 참석자 중 1명이 논의하는 사안에 대해 객관적으로 기록하고 회의 종료 후 모든 참석자가 서명해도 된다.

주요 조건 요약지(Term Sheet)는 당사자들이 합의한 내용에 대해 주요 항목의 제목과 합의사항을 간략히 정리한 것이다. 일반적으로 M&A의 텀시트(term sheet)에는 회사 인수대금 총액, 부채가 있다면 인수대금에 반영할지 여부, 세금 부담자, 근로자 승계 여부, 일정 기간 동종업계나 지역에 대한 경쟁 금지가 필요한지 여부 등을 포함한다. 특히 베트남은 M&A 명의 변경을 위해 인수대금 완납 증명을 해야 하므로 에스크로 계좌[3] (escrow account)의 사용 등에 대해 합의된 내용도 간략히 정리하면 좋다. 향후 이 term sheet의 내용이 충분히 반영되도록 계약서를 작성하고 또 작성된 계약서를 검토하면서 반대로 term sheet의 사안을 하나씩 점검하면 주요 합의사항 중에 빠진 내용은 없는지 쉽게 확인할 수 있다.

---

3 계약에 서명하거나 위탁 상품을 납품하는 등 일정 조건에 이를 때까지 결제 금액을 예치해 두는 계정

의향서(LOI), 양해각서(MOU), 합의각서(MOA)는 일반적으로 본 계약 전에 체결하는데 법적 구속력 여부는 제목이 아니라 내용에 따라 달라진다. 영문으로 작성하는 경우, agree (합의한다)로 했는지, understand (이해한다)로 했는지, shall (반드시 ~한다)인지 may (~할 수도 있다)인지에 따라 법적 구속력 여부가 전혀 달라질 수 있으므로 주의해야 한다. 덧붙여 대표들 간의 주요 사안에 대해 먼저 MOU를 체결했는데 법적으로 불가능한 것을 포함해 실무자들이 업무를 추진하면서 어려움을 겪는 경우도 있으니 MOU를 너무 가볍게 보면 안 될 것이다.

비밀 유지 계약(Non-Disclosure Agreement; NDA)은 M&A를 위해 자사의 정보를 공개해야 하는 상대회사 직원 등을 대상으로 자사의 영업 비밀·사업 비밀을 보호하는 법적 장치다. 자료의 반납 및 파기에 대한 내용도 포함하고 매도자의 경우는 가능하면 오랜 기간 효력을 가질 수 있도록(예: 관련정보를 접한 후 수개월 또는 수년 동안 비밀 유지 의무) 많은 대상이 적용될 수 있도록 하는 것이 유리하고 매수자의 경우는 그 반대로 하는 것이 유리할 것이다.

위임장(Power of Attorney; POA)은 당사자 대신 제3자가 업무를 처리할 때 법적 권한을 부여하는 것이다. 전반적인 위임은 피하고 구체적인 위임사항, 위임의 목적과 범위, 위임기간을 명시하고 재위임이 가능한지 여부도 위임장에 명시하는 것이 좋다.

거래 당사자는 대리인의 신분증을 확인하고 대리인이 처리하려는 업무가 위임장에 명시된 업무 범위에 포함되는지, 위임장에 금액이나 수량이 명시되어 있는지, 필요하다면 위임인에게 관련내용에 대해 다시 확인해보는 것이 좋다.

실사 및 M&A 관련 계약

근로계약: 법률 실사 시 근로자의 승계 여부에 따라 근로자별 또는 직군별 근로계약서 검토

저작권·라이선스(License) 계약: 2013년 12월 마이크로소프트 베트남이 저작권 침해 혐의로 대만계 회사를 상대로 불법 소프트웨어 사용에 대한 법적조치를 한 것을 시작으로 최근 지적재산권(상표, 저작권, 특허 등)에 대한 인식도 커지고 실제 위반행위에 대한 조사와 처벌도 강화되고 있다. M&A 시 대상 회사에서 사용하는 소프트웨어의 정품 여부뿐만 아니라 제조업의 공장자동화에 사용되는 소프트웨어, 설계회사의 클라우드 컴퓨팅(Cloud Computing)상 설계 프로그램 라이선스의 개수, 소프트웨어 제작업체가 사용하는 전산 인프라에 대한 권한이 누구에게 있는지 등도 확인해야 대상 회사를 인수한 후, 저작권 문제로 낭패를 보는 경우를 막을 수 있을 것이다.

※ 베트남에서 법적으로 공증이 요구되는 계약서는 토지(사용권), 건물, 자동차관련 계약서 정도다.

해외투자 Tip

현지인 명의로 진행하면서 이중계약을 체결하는 경우에는 대부분 법적 효력이 없는 경우가 많다. 따라서 실제 투자자인 외국인과 명의만 빌려주는 현지인 간의 대출계약과 담보 설정 등 법적 효력이 있는 다른 구도를 통한 법적 안전장치를 마련해두는 것이 좋다.
(단, 베트남인이 외국인에게 직접 대출을 받는 것은 법적인 논란이 있는 부분이 있다)

!KEYPOINT

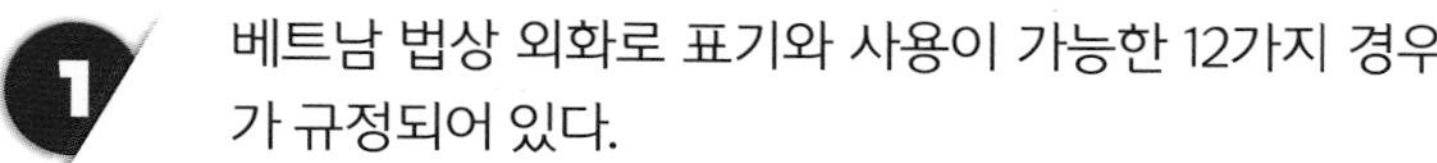

1 베트남 법상 외화로 표기와 사용이 가능한 12가지 경우가 규정되어 있다.

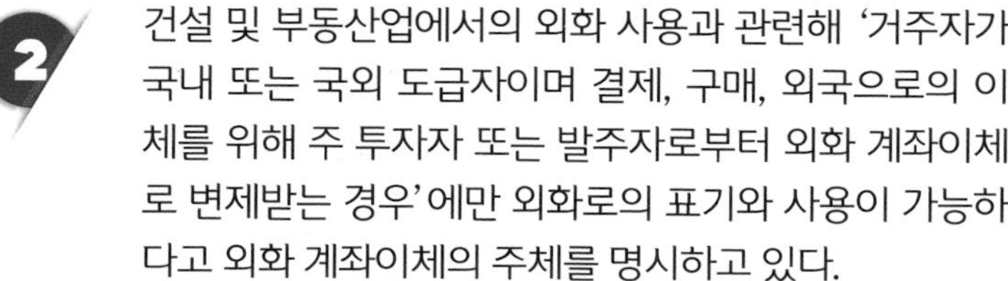

2 건설 및 부동산업에서의 외화 사용과 관련해 '거주자가 국내 또는 국외 도급자이며 결제, 구매, 외국으로의 이체를 위해 주 투자자 또는 발주자로부터 외화 계좌이체로 변제받는 경우'에만 외화로의 표기와 사용이 가능하다고 외화 계좌이체의 주체를 명시하고 있다.

(2)외화
외화 표기와 사용이 허용되는 경우

베트남 내의 외화 사용 관리는 2003년 대법원의 의결서(No.042003.NQ-HDTP), 2005년 외환관리법(No.28/2005/PL-UBTVQH11), 2006년 외화 법령 시행 세부규정에 관한 정부의 시행령(No.160/2006/ND-CP, 이하 '시행령 160'이라고 함), 2010년 9월 11일자 중앙은행 공문(No.6852/NHNN-QLNH) 등에 의거해 시행되고 있다.

2003년 5월 27일자 대법원 의결서(042003.NQ-HDTP)에 따르면 "경제계약(즉, 경영을 목적으로 한 상거래, 서비스 공급, 생산 등의 모든 상행위에 대해 계약 당사자들이 합의해 문서로 작성된 계약)상에 외화로 상품의 가치를 확정했을 경우, 실제로 결제할 때는 반드시 베트남 동으로 전환해 결제해야 하며 각 계약 당사자 중 한쪽이 그에 동의하지 않으면 해당 계약은 전면 무효가 된다." 라고 규정되어 있다. 그에 따라 계약 당사자들의 합의하에 실제 결제가 베트남 동화로 이루어진다면 상품가치를 고정해 환율변동에 의한 리스크를 줄일 목적으로 계약서에 외화로 표기하는 것은 가능한 것으로 해석된다.

위의 대법원 의결서만 본다면 특별히 계약서에 외화를 표기하는 것은 문제가 없어 보인다. 하지만 이 대법원 의결서는 외환관리법 등 관련법령 제정 이전에 발행된 것이며 2006년 시행령 160을 통해 외화로 표기와 사용이 가능한 12가지 경우를 규정했는데 다음과 같다.

① 신용기관과 기타 인가를 받은 기관과의 거래일 경우
② 베트남의 거주자가 조직이며 외환 계좌이체를 통한 내부 자본 이전을 하는 경우(법인과 법인 소속 회계부서 사이의 이전 또는 그 반대의 경우)
③ 거주자가 베트남에서 외국 투자 프로젝트의 실현을 위해 외화로 자본 출자를 하는 경우
④ 거주자가 수출입 위탁계약을 통한 외화 계좌이체로 변제받는 경우
⑤ 거주자가 국내 또는 국외 도급자이며 결제, 구매, 외국으로의 이체를 위해 주 투자자 또는 발주자로부터 외화 계좌이체로 변제받는 경우
⑥ 거주자가 보험서비스를 경영하는 조직이며 반드시 역외(域外) 재보험[1]을 들어야 하는 상품과 서비스에 대해 보험자로부터 외

1 보험계약의 위험을 분산시키기 위해 보험회사가 드는 보험으로 보험사를 위한 보험

화로 결제받는 경우

⑦ 거주자가 면세상품을 경영하는 조직, 국제 접경지역에서 서비스를 제공하는 조직, 보세창고를 경영하는 조직이며 본인이 공급하는 서비스와 상품을 외화로 결제받는 경우

⑧ 거주자가 국제 접경지역과 보세창고에 있는 세관관련 기관, 국경 보안경찰이며 비거주자에게 각종 세금 및 수속비용을 외화로 받는 경우

⑨ 비거주자가 외교기관이며 각종 세금 및 수수료를 외화로 받는 경우

⑩ 거주자나 비거주자가 외국인이며 급여, 상여금 및 기타 수당을 외화로 받는 경우

⑪ 비거주자가 다른 비거주자에게 외화로 계좌를 이체하는 경우 또는 상품과 서비스에 대한 수출을 위한 비용을 거주자에게 외화로 결제하는 경우

⑫ 기타 베트남 중앙은행장이 심사하고 승인하는 경우

위의 법령과 더불어 당국은 2010년 9월 11일자 중앙은행 공문(No.6852/NHNN-QLNH)을 통해 무분별한 외화 표기와 결제에 대한 관리·감독 강화 의지를 보였다. 공문의 주요 내용은 시행령 160을 위반하면서 아파트 가격의 표기와 거래를 외화로 하는 경우가 많아 각 중앙은행 지점은 각별히 건설과 부동산 분야에 대한 외화 표기 및 결제에 대한 감시· 관리를 더 철저히 하라는 것이다. 건설 분야와 부동산업계의 오랜 관례상 외화로 가격을 표기, 광고, 결제하는 경우가 많은데 부동산 관련 거래는 거래액수가 상대적으로

크고 베트남 경제에 직접적으로 큰 영향을 미치는 분야이므로 향후 불법적인 외화 표기, 광고, 결제에 대한 규제와 감시를 더 강력히 할 것이라는 의지를 재천명(再闡明)한 것이라고 생각한다. 위의 시행령 160은 건설 및 부동산업에서의 외화 사용과 관련해 '거주자가 국내 또는 국외 도급자이며 결제, 구매, 외국으로의 이체를 위해 주 투자자 또는 발주자로부터 외화 계좌이체로 변제받는 경우'에만 외화 표기와 사용이 가능하다고 명시하고 있다.

비록 대법원 의결서가 2003년에 발행된 것이고 중앙은행 공문은 2010년도로 공문이 나중에 발행되었지만 대법원 의결서는 법적 근거로 사용되지만 공문은 단순히 공문 발행기관의 주관적 의견과 법해석이므로 법적 강제력이 없다. 따라서 대법원 의결서와 중앙은행 공문이 상충할 경우, 대법원 의결서가 우선된다. 하지만 베트남은 판례법[2]이 아닌 성문법[3] 체계이므로 실제로 그와 관련해 법원에 소가 제기될 경우, 외환관리법 제정 전, 외환관리에 관한 확실한 규정이 없던 시기에 발행된 의결서는 강력한 법적 근거가 되지 못할 가능성이 커 보이며 현 시점에서는 시행령 160의 제29조에 명시된 12가지 경우가 아니라면 베트남 동화로 결제한다는 조건 하의 외화 표기는 바람직하지 않아 보인다.

2 판례법이란 법원의 재판을 통하여 형성되는 법. 유사한 사건에 대하여 법원이 동일한 취지의 판결을 반복하여 판례의 방향이 확정됨으로써 성립되는 불문법이다.

3 문서의 형식으로 표현되고 일정한 절차와 형식을 거쳐서 공포된 법. 국가기관에서 제정하였다는 의미에서 제정법이라고도 한다. 성문법은 문장으로 고정되어 있으므로 그 개정 · 폐지에 번거로운 절차가 필요하다.

해외투자 Tip

최근 수년 간 미국의 국가 신용등급 하향 조정에 이어 그리스발 유럽 경제위기로 외환시장의 변동성도 상당히 커진 것 같다. 2010년 하반기 미국달러(USD) 대비 동화(VND) 가치의 급락과 달러 부족, 은행과 암시장 간의 큰 환율차 등으로 베트남 정부는 2011년 초, 금은방 등의 대대적인 암시장 단속에 나서고 거액의 달러를 암시장에서 거래한 혐의로 구속 조치하는 등 강력한 제재로 환율 안정을 위해 노력했다. 그 결과, 많은 암시장 환전소들이 거래를 중지하고 은행과 암시장 간의 환율차는 약 1%까지 감소하거나 은행 환전이 암시장보다 환율 면에서 오히려 유리해지는 등 즉각적인 효과가 나타났다.

하지만 수개월 후 은행과 암시장 간의 환율차가 다시 벌어지고 달러 부족으로 베트남 동화를 달러로 환전해 송금하기 위해 높은 수수료를 지불하거나 1주일 이상 기다려야 하는 상황이 발생했다. 일부 은행들은 부족한 달러를 암시장에서 매입해 은행 외환업무를 처리하는 실정이었다. 베트남은행협회(VBA)는 동화의 예금금리 상한선을 14%로 합의했지만 실제로는 많은 은행들이 고객유치를 위해 더 높은 금리를 적용해 18~20%의 예금도 어렵지 않게 볼 수 있었다. 그래서 중앙은행은 2011년 9월 1일부터 새로운 시행세칙 15/2011/TT-NHNN이 발효되자 베트남 출입국 시 세관 신고가 필요 없는 외화 상한액을 기존 7천 달러에서 5천 달러로 인하하는 등 달러 수급에 정부가 발 벗고 나섰다. 이런 추세로 볼 때 앞으로 베트남 국내에서의 외화 사용에 대한 당국의 관리는 강화될 것으로 보이며 베트남 국내에서의 외화 사용의 적법성 여부를 전문가와 반드시 확인해야 할 것이다.

INVESTMENT

!KEYPOINT

베트남 내에서 외화 표기와 사용이 가능한 경우는 매우 제한적이므로 계약서에 외화를 표기하는 것 자체가 문제가 될 수 있다.

계약서 상 외화 표기

◆
◆
◆

베트남 동화(VND)가 아닌 미국 달러(USD) 사용 문제는 아파트와 사무실 임차계약 시 자주 발생하고 있다. 베트남인 집주인들이 달러로 임차료 지급을 요구하는 경우가 적지 않은데 베트남 내에서 외화 표기와 사용이 가능한 경우는 매우 제한적이므로 우선 계약서에 외화를 표기하는 것 자체가 문제가 될 수 있으며 베트남 내에서 외화 송금도 일반적으로 본인의 외화계좌 외에는 송금이 되지 않으니 임차료의 외화 송금 자체가 불가능하다는 것을 염두에 두기 바란다. 이 경우, 집주인이 무리하게 임차료의 외화 현금 지급을 요구하는 경우도 있어 베트남 임대인과 외국 임차인 사이에서 종종 분쟁이 발생하고 있고, 외화 표기 및 결제로 인해 일부 기업에 벌금이 부과된 사례도 있다.

최근 수년 동안 베트남 중앙은행 호치민 지점은 일부 부동산과 기업을 불시 검문해 외화로 부동산 가격을 표기하고 결제한 부동산과 기업에 벌금을 부과하고 행정제재 조치를 취했다. 응웬 황 밍 베트남 중앙은행 호치민 지점 부지점장은 베트남 부동산시장의 관행상 외화 관련 법령이 엄연히 있는데도 실무처리에 있어 법령 위반행위가 여전하다며 적법한 금융기관을 통한 거래와 국가나 법령에 의해 허용되는 경우를 제외하면 외화로 부동산 가격을 표기하고 결제하는 것은 불법임을 강조했다.

더불어 베트남 중앙은행은 현재 외화로 부동산 가격을 표기·결제하고 고급 별장과 고급 아파트 수요자에게 외화 결제를 강제하는 기업들의 블랙리스트를 갖고 있으며 위와 같은 불법적인 강매행위를 당할 경우, 수요자들의 정당한 권리 회복과 불법행위 근절을 위해 지체 없이 중앙은행에 신고해줄 것을 당부했다.

<베트남 중앙은행>

그와 관련해 2010년 9월 베트남 중앙은행은 하노이 지점과 호치민 지점에 공문을 보내 특히 부동산업과 건설업계에서 관행적으로

사용되는 외화 가격 표기 및 결제에 대한 감시와 규제 강화를 요구했다. 본 공문(No. 6852/NHNN)에 따르면 일부 건설업계와 부동산업계에서는 외화 가격표기 및 결제 관행이 여전하지만 이런 잘못된 관행은 단순히 법률 위반행위일 뿐만 아니라 베트남 인민들의 거주 문제에 직접적인 악영향을 미친다며 문제의 심각성을 강조했다.

중앙은행 공문 이전에도 외화가격 표기 및 결제 규제 법령들은 지속적인 수정과 보완을 통해 더 구체화되고 강화되는 추세다. 외화 사용 규제의 법적 근거 중 통화 및 신용거래활동 위반행위에 대한 행정처벌에 관한 시행령(No.95/2011/ND-CP)이 있는데 본 시행령은 2011년 10월 20일 부로 기존 시행령(No.202/2004/ND-CP)을 대체해 발효되었고 본 시행령 제5조 d항에 따르면 법률 규정에 어긋나는 외화 서비스 제공, 토지사용권과 금 등에 대한 외화가격 표기, 광고, 결제행위에 대해 최소 3억 동, 최대 5억 동까지 벌금 부과를 규정했다. 이 액수는 대체되기 전 기존 시행령이 규정한 최소 2천만 동, 최대 3천만 동보다 대폭 인상된 액수이며 실제로 강력히 적용되는 추세로 외화가격 표기 및 결제에 대한 베트남 당국의 강한 제재 의지를 엿볼 수 있다.

일부 임대인의 경우, 미국 달러로 임차료를 못 낸다는 이유로 계약을 거부할 경우, 시장관리국(Cục quản lý thị trường; Department of Market Management; 베트남 상공부 소속기관으로 한국의 공정거래위원회와 같은 역할 담당)에 신고하고 법적 절차를 밟아 해결할 수 있다. 하지만 현실적으로 일반인이 각종 법적 절차를 숙지하고 적절한 조치를 취한다는 것은 간단하지 않고 시간이 오래 걸려 쉽지 않을 것이라고 생각한다. 더 간단한 방법으로 한국 소비자연맹과 비슷한 비나스타스(Vietnam Standard and Consumers Association; VINASTAS)에 신고하면 담당자가 필요한 조치를 대신해주어 문제를 신속히 해결할 수 있을 것으로 보인다.

비나스타스 베트남(VINASTAS VIETNAM)	주소	담당자 및 연락처
Hội TC và BVNTD Việt Nam (VINASTAS) Văn phòng tư vấn giải quyết khiếu nại cho người tiêu dùng Vinatas Vietnam – Office for consultant and complaint resolution for customer	214/22 Tôn Thất Tùng, Đống Đa, Hà Nội	Khieunai.ntd@gmail.com 전화 : (024) 3574-5757 담당자 휴대전화: 090-424-7279
Văn phòng phía Nam Hội TC và BVNTD Việt Nam (VINASTAS) Văn phòng tư vấn giải quyết khiếu nại cho người tiêu dùng Vinatas South Vietnam - Office for consultant and complaint resolution for customer	49 Pasteur - Quận 1, TP Hồ Chí Minh	southvinastas@hcm.vnn.vn 전화 : (028) 3821-5294 /829-4274

나치시절 독일군 제복을 생산했던 독일 의류기업 휴고보스(Hugo Boss)는 나치정권에게 협력했던 과거 강제노역자들에게 공식 사과했다. 이것은 미국 유대인단체가 앞장서 강제노역 기업을 상대로 미국 법원에 손해배상을 소송하는 등 많은 사람들의 끊임없는 법적 투쟁의 결과다. 영국과 미국이 발달된 법률체계를 갖춘 것도 다수의 소송을 통해 법을 해석, 수정, 발전시킨 결과다.

베트남의 기업법과 투자법의 불명확한 조항, 법 간 상충 내용 등에 대해 최근 수년 동안 외국인 투자자들과 법률가들이 한 목소리로 문제점을 지적한 결과, 최근 개정된 법령들은 이전의 모호한 규정들이 구체적으로 수정되었다. 베트남의 불법적인 관행들도 다수가 끊임없이 문제 제기를 하다보면 고쳐지고 베트남이 선진국으로 한 걸음 다가갈 수 있을 것으로 기대한다.

!KEYPOINT

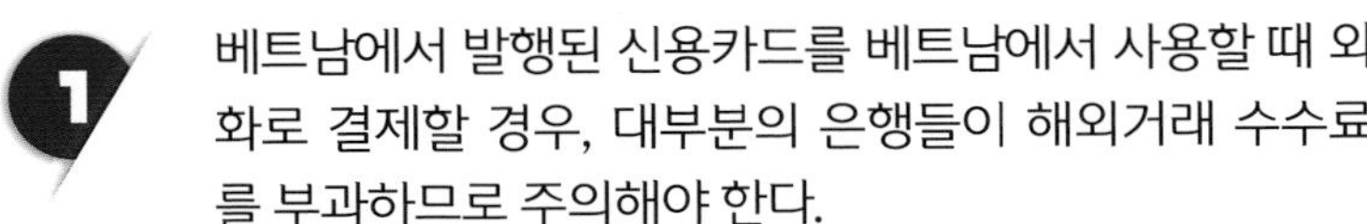

1 베트남에서 발행된 신용카드를 베트남에서 사용할 때 외화로 결제할 경우, 대부분의 은행들이 해외거래 수수료를 부과하므로 주의해야 한다.

2 신용카드로 결제 시 신용카드 사용에 대해 추가 수수료를 받는 행위는 불법이다.

3 베트남에서 발생하는 소규모 금전문제는 한국의 소비자연맹과 비슷한 비나스타스(Vietnam Standard and Consumers Association; VINASTAS)를 통해 해결할 수도 있다.

신용카드 결제 시 외화와 동화(VND) 사용

◆
◆
◆

수년 전부터 베트남의 한국계 은행에서도 신용카드를 발행하면서 베트남 교민들과 주재원들도 베트남에서 발행된 신용카드를 베트남 현지에서 사용하는 경우가 늘고 있다. 한국에서 발행된 신용카드를 베트남에서 사용할 경우는 베트남 동화로 결재하면 우선 미국달러 기준으로 환전되었다가 다시 한국원화로 계산되므로 미국달러로 결재하는 것이 소비자 입장에서는 오히려 유리할 수도 있다. 하지만 베트남에서 발행된 신용카드를 베트남에서 사용할 경우는 외화로 결제할 경우, 대부분의 은행에서 해외거래 수수료로 이용금액의 2~5%를 부과하므로 주의해야 한다. 베트남 은행의 경우, 인터넷뱅킹을 통해 실시간으로 확인하기 어려워 나중에 청구서를 받고서야 실제 이용금액보다 많은 금액이 청구된 것을 알고 은행에 항의하는 경우도 종종 있다.

베트남 내 식당, 호텔, 골프장 등 일부 신용카드 가맹점에서 카드 결제를 요청할 때 베트남 동화가 아닌 미국달러 결제를 유도하는 경우가 있다. 이때 앞에서 말했듯이 베트남 현지 발행 신용카드는 해외거래 수수료가 추가로 발생하므로 동화 결제를 요구해야 한다.

그와 더불어 2014년 10월 17일 발효된 시행령(Decree 96/2014/ND-CP)에 따라 신용카드로 대금결제를 할 때 추가 수수료를 받는 사업장에 대한 벌금액을 3천만~5천만 베트남 동(약 130~230만원)으로 대폭 인상하는 등 제재가 강화되었다. 이를 통해 향후 엄격한 법 적용과 위반행위에 대한 제재 의지를 엿볼 수 있다.

카드 결제 시 미국 달러로만 결제가 가능하다는 이유로 동화 결제를 거부하거나 추가 수수료를 받는 경우, 시장관리국(Cục quản lý thị trường; Department of Market Management; 베트남 상공부 소속기관으로 한국의 공정거래위원회와 같은 역할)에 신고하고 법적 절차를 밟아 해결할 수 있지만 현실적으로 일반인이 복잡한 법적 절차를 숙지하고 적절한 조치를 취하기란 쉽지 않고 오래 걸린다. 더 간단한 방법으로 한국의 소비자연맹과 비슷한 비나스타스(Vietnam Standard and Consumers Association; VINASTAS)에 신고하면 담당자가 필요한 조치를 대신해주어 문제를 신속히 해결할 수 있을 것이다.

비나스타스 베트남(VINASTAS VIETNAM)	주소	담당자 및 연락처
Hội TC và BVNTD Việt Nam (VINASTAS) Văn phòng tư vấn giải quyết khiếu nại cho người tiêu dùng Vinatas Vietnam – Office for consultant and complaint resolution for customer	214/22 Tôn Thất Tùng, Đống Đa, Hà Nội	Khieunai.ntd@gmail.com 전화 : (024) 3574-5757 담당자 휴대전화: 090-424-7279
Văn phòng phía Nam Hội TC và BVNTD Việt Nam (VINASTAS) Văn phòng tư vấn giải quyết khiếu nại cho người tiêu dùng Vinatas South Vietnam - Office for consultant and complaint resolution for customer	49 Pasteur - Quận 1, TP Hồ Chí Minh	southvinastas@hcm.vnn.vn 전화 : (028) 3821-5294 /829-4274

!KEYPOINT

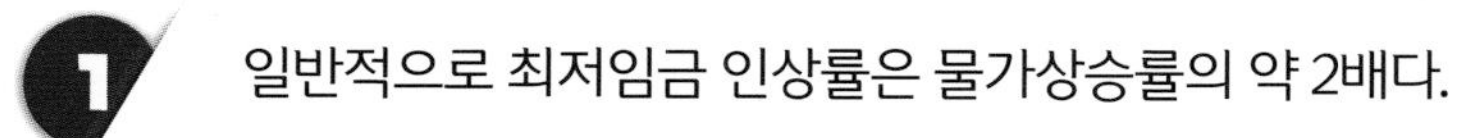

1. 일반적으로 최저임금 인상률은 물가상승률의 약 2배다.

2. 신 노동법에서는 구 노동법상 가능했던, 권리에 대한 집단적 노동쟁의로 인한 파업은 할 수 없도록 제한했다.

3. 구 노동법에는 없던 직장폐쇄에 관한 사용자의 권리 규정을 신 노동법에 포함시켰다.

4. 구 노동법에서는 매 노동허가 기간이 최대 3년을 초과할 수 없었지만 신 노동법에서는 2년으로 줄였다.

(3)노동법

임금 인상, 파업, 외국인 근로자

어려운 경제상황과 더불어 높은 인플레이션, 매년 반복되는 임금 인상으로 베트남에서 사업하기가 힘들다고 말씀하시는 분들이 늘어난 것 같다. 전보다 나아진 것 같지만 아직도 베트남에 설(Tết) 연휴 이후 복귀하지 않는 근로자들 때문에 어려움을 겪는 기업들도 있다. 제조업의 경우, 중국보다 낮은 인건비를 메리트로 보고 베트남에 투자한 경우가 많은데 베트남의 임금이 빠르게 인상되고 있어 투자자의 입장에서는 상당한 부담이 되고 있는 것 같다.

수습사원의 급여도 구(舊) 노동법 제32조에서는 정상 급여의 최저 70%이던 것이 2013년 5월 1일 발효된 신(新) 노동법(Law No. 10/2012/QH13) 제28조에서는 최저 85% 이상으로 인상되었다. 물론 이런 수습사원의 급여도 법적 최저임금 이상이어야 한다. 야간근로수당도 단위급여나 주간급여의 30% 이상(구 노동법 제61조 2항, 신 노동법 제97조 2항) 외에도 신 노동법 제97조 3항에서는 야간초과근무를 했을 경우, 야간초과근무 수당을 단위급여나 주간급여의 20% 이상으로 추가 지급해야 한다고 새로 규정했다('초과근무', '야간근무', '야간초과근무'를 구별하기 바란다). 베트남 당국의 최저임금 인상 마스터플랜은 최저임금을 단계적으로 인상해 2015년까지 200달러까지 올린다는 것이었다. 그러나 경제 상황과 투자자들의 반대로 인해 2018년 1 지역 최저임금이 3,960,000 VND(약 175달러)로, 이에 미치지는 못했다. 최근 2년간은 지역별 최저임금은 연 7% 정도였고, 수정된 최저임금 인상 마스터플랜은 2020년까지 최저임금을 4,800,000 VND(약 212달러)까지 올릴 것이라는 것을 염두에 두고 사업계획을 세워야 할 것이다.

2013년 5월 신 노동법이 발효되었지만 그에 대한 세부 규정들이 모두 만들어지지 않아 신 노동법에 새로 추가된 부분들을 적용하는데 어려움이 있었던 것이 사실이다. 예를 들어 신 노동법 제97조 3항에서는 야간초과근무를 했을 경우, 야간초과근무 수당을 단위급여나 주간급여의 20% 이상으로 추가 지급해야 한다고 새로 규정했지만 신 노동법 발효 후에도 수 개월간 야간초과근무 수당의 해석이나 계산에 대한 구체적인 가이드가 담긴 세부 규정이 나오지 않아 담당 공무원들조차 우선 이전 기준대로 업무를 처리하고 나중에 세부 규정이 생기면 그때 정정하자고 하며 처리했었던 것이 현실이다.

대부분의 기업들은 이미 최저임금 이상의 급여를 지급하고 있어 사실 지역별 최저임금(Regional minimum wage) 인상 자체가 법적인 영향을 미치는 경우는 별로 없는 것 같다. 단, 일반 최저임금

(Common minimum wage) 변동은 사회보장보험, 건강보험, 실업보험에 영향을 미친다. 하지만 일부 베트남 근로자들은 정부가 최저임금을 15% 인상하면 기업도 임금을 최소 15% 인상해야 한다고 생각해 이미 최저임금 이상을 지급하고 있는데도 추가 임금 인상을 요구하고 이 과정에서 생기는 마찰로 많은 문제가 발생한다. 특히 최근 수년 동안 불법 파업에 동참하지 않는 동료를 협박하는 등 파업 과정에서 발생하는 문제의 심각성을 베트남 정부도 알고 있어 신 노동법에서는 관련 조항들이 다수 수정되었다.

신 노동법 제215조 1항에서는 이익에 대한 집단 노동쟁의에서 발생하지 않은 파업은 불법 파업으로 규정해 구 노동법상 가능했던, 권리에 대한 집단적 노동쟁의로 인한 파업을 제한했다. 권리분쟁이란 근로조건 이행관련 분쟁이며(구 노동법 제157조 2항 참조) 이익분쟁이란 새로운 근로조건의 확립을 요구할 때 발생하는 분쟁이다(구 노동법 제157조 3항 참조). 그리고 구 노동법에는 없던 직장폐쇄에 관한 사용자의 권리 규정을 신 노동법 제214조 3b항에 포함시켜 파업으로 인해 정상적인 사업장 운영이 불가능하거나 자산보호를 위해 필요할 경우, 사용자가 임시로 직장을 폐쇄할 수 있도록 했다. 또한 회사의 노사조정협의회 설립 의무가 삭제되어 사용자의 부담은 줄었지만 사용자와 근로자가 이익에 대한 집단노동쟁의 해결합의를 이행하지 않을 경우, 합법적으로 파업할 수 있는 절차를 구체적으로 명시해 사용자의 합의 이행도 강조한 것으로 보인다.

외국인 근로자와 관련해 2013년 11월 1일 발효된 베트남 근무 외국인 근로자에 대한 노동법 시행령 102(Decree 102/2013/ND-CP)에 따라 노동허가서를 면제받을 수 있는 대상과 행정 절차가 변경되었다. 특히 매년 외국인 근로자 채용과 관리에 대해 지역 인민위원회에 보고하고 동의를 받아야 한다는 점에 유의하기 바란다. 2014년 3월 10일부터 발효된 시행세칙(Circular 03/2014/TT-BLDTBXH)에서는 구체적으로 외국인 근로자의 신규 채용이나 변경 시 며칠 전까지 보고해야 하고 보고서에 어떤 내용들이 포함되어야 하는지 등 신 노동법과 시행령의 관련조항 이행을 위한 세부 규정들이 명시되어 있다.

불경기 일 때는 아무래도 자국의 근로자들을 보호하는 분위기가 생기는데 신 노동법에서 변경된 외국인 근로자에 대한 노동허가 기간을 보니 이런 분위기가 반영된 것 같다. 구 노동법과 신 노동법 모두 베트남에서 3개월 이상 근무할 경우, 노동허가 취득 의무를 규정하고 있는데 구 노동법에서는 근로계약 기간에 따르지만 매 노동허가 기간은 최대 3년을 초과할 수 없었지만 신 노동법에서는 2년으로 줄였다(신 노동법 제173조). 또한 구 노동법 제131조~제133조에서 간략히 언급했던 외국인 근로자관련 내용이 신 노동법에서는 제168조~제175조에 걸쳐 더 구체적으로 명시되었다. 하지만 대부분의 내용들이 이미 구 노동법에 대한 시행령과 시행규칙을 통해 규정된 것들이어서 특별히 새로운 내용은 없다고 할 수 있다.

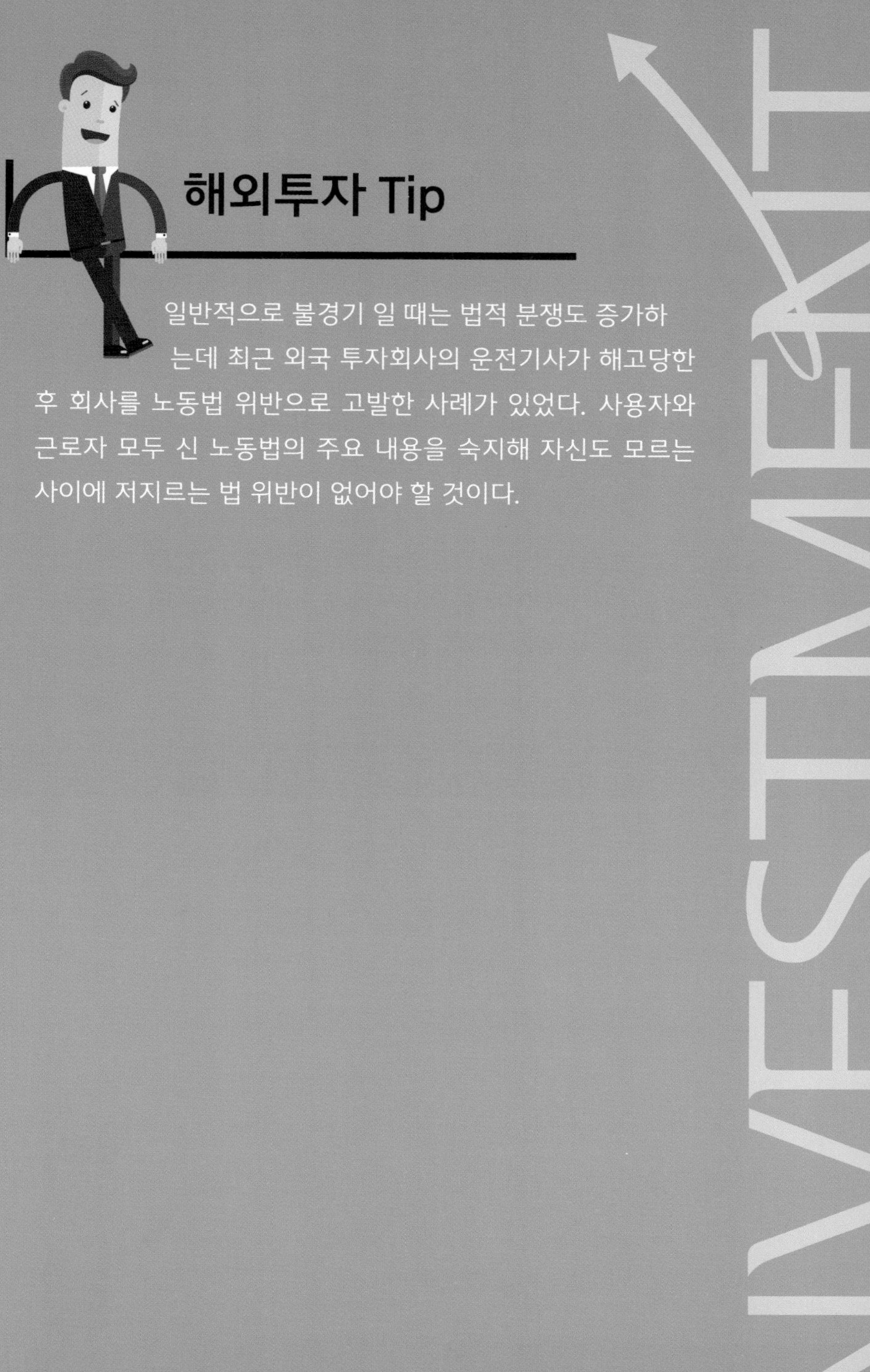

해외투자 Tip

일반적으로 불경기 일 때는 법적 분쟁도 증가하는데 최근 외국 투자회사의 운전기사가 해고당한 후 회사를 노동법 위반으로 고발한 사례가 있었다. 사용자와 근로자 모두 신 노동법의 주요 내용을 숙지해 자신도 모르는 사이에 저지르는 법 위반이 없어야 할 것이다.

!KEYPOINT

1. 구 노동법상 가사 도우미의 채용은 구두 계약이 가능했지만 신 노동법 상에서는 3개월 미만의 임시적인 경우가 아니라면 반드시 서면 계약을 체결해야 한다.

2. 신 노동법에서는 가사 도우미의 신분증을 보관하는 행위를 명시적으로 금지하고 있다.

3. 구 노동법상 여성근로자에 대한 출산휴가 기간은 일반적인 업무환경에서 근무하는 경우, 4개월이었는데 신 노동법은 이것을 6개월로 연장했다.

4. 신 노동법에서는 근로자에게 비밀 유지의 중요성을 강조하고 이것을 어기면 사용자가 적절한 조치를 취할 법적 근거를 마련했다.

가사 도우미, 휴가, 징계

베트남에서 살고 있는 외국인들은 현지 가사 도우미의 도움을 받는 경우가 많은 것 같다. 그와 관련해 구(舊) 노동법 제139조에서 가사 도우미에 대해 간략히 언급되었던 것이 신 노동법에서는 관련 규정들을 제179조~제183조에 걸쳐 새로 추가하였다. 따라서 그로 인한 법적 문제들도 발생할 것으로 예상된다(단, 신 노동법에 대한 구체적인 가이드가 아직 없어 이 조항들이 일반적인 가정의 가사 도우미에 적용되는지 여부에 대한 논란이 있음). 가장 큰 변화는 구 노동법에서 가사 도우미 채용은 구두 계약이 가능했지만 신 노동법이 발효되는 5월부터는 3개월 미만의 임시적인 경우가 아니면 반드시 서면 계약을 체결해야 한다(신 노동법 제16조 2항, 제180조 1항). 계약서상에는 급여 지급 방법, 급여 지급 시기, 1일 근로시간 등을 명시해야 하고 신 노동법 제181조 2항은 사회보험료와 의료보험료에 대한 내용을 명시하고 있으므로 그 포함 여부도 계약서에 명시하는 것이 좋을 것이다. 신 노동법 제183조 2항은 근로계약에 명시되지 않은 업무를 부여하는 행위를 금지하고 있으므로 가능하면 가사 도우미의 도움이 필요한 업무는 구체적으로 명시하고 심사숙고해 계약문구를 작성하기 바란다. 가사 도우미의 신분증을 보관하는 행위도 명시적으로 금지하고 있으므로 주의해야 한다(신 노동법 제183조 3항).

휴가 관련 개정 내용은 대체적으로 근로자들의 의견이 많이 반영된 것 같다. 구 노동법 제79조에서 근로자는 사용자와 무급휴가에 대해 합의할 수 있다고 한 것을 신 노동법 제116조 2항에서는 근로자는 조부모, 외조부모, 친형제자매의 사망, 부 또는 모의 결혼, 친형제, 자매의 결혼 시 1일의 무급휴가를 가질 수 있다고 구체적으로 명시했다. 이것은 현실적으로 근로자가 고용자에게 무급휴가를 요구하기 어려운 점을 고려해 개정된 것으로 보인다.

여성근로자의 출산휴가 기간은 일반적인 업무환경에서 근무하는 경우, 4개월이었는데 신 노동법은 그 기간을 6개월로 연장했다. 이제 베트남 여성근로자는 국제노동기구(ILO) 제183호 협정의 14주와 권고 제191호의 18주보다 긴 출산휴가를 누리게 되었다. 베트남의 설(Tết) 연휴도 4일에서 5일로 연장되었다. 최근 영국 민간 싱크탱크 신경제재단(NEF)이 발표한 행복지수 2위 국가는 베트남이었다(한국은 63위). 법적으로 늘어난 휴가기간이 베트남 근로자들의 삶의 질을 높이고 생산성 향상으로 이어지길 기대한다.

신 노동법은 근로자의 입장만 반영한 것이 아니고 전에는 없던 비밀유지 관련 내용을 새로 포함시키고 징계 시한도 연장하는 등 기업·사용자의 권리에 대해서도 고심한 흔적이 보인다('사용자'란 사업주 또는 사업경영 담당자, 기타 근로자에 관한 사항에 대해 사업주를 위해 행위하는 자를 의미함. 한국 근로기준법 제2조(정의) 참조). 신 노동법의 제23조 2항은 경영비밀 및 기술비밀의 내용 및 보호기간, 근로자가 위반할 경우에 대한 배상과 관련해 사용자는 근로자와 서면 합의를 할 권리가 있다고 명시해 근로자에게 비밀 유지의 중요성을 강조하고 그것을 어기면 사용자가 적절한 조치를 취할 수 있도록 법적 근거를 마련했다. 징계 시한과 관련해 구 노동법에서는 위반일로부터 3개월 내에 징계가 이루어져야 하고 특별한 경우에도 6개월을 초과할 수 없다고 했지만(제86조), 신 노동법에서는 그 시한이 기본적으로 위반행위가 있던 날로부터 6개월이고 만약 그 위반행위가 사용자의 금전, 재산, 경영비밀 또는 기밀기술의 유출과 직접적으로 관련된 경우는 12개월로 개정되었다(제124조 1항). 또한 구 노동법 상에는 한 달에 총 5일 또는 1년에 총 20일 이상 무단결근해 해고된 근로자에게도 퇴직금 지급 의무가 있었지만 신 노동법이 발효되면서 무단결근으로 해고된 근로자에게는 퇴직금을 지급하지 않아도 되게 되었다. 징계 형태와 관련해 구 노동법에서는 견책, 임금 인상 유예, 해고와 더불어 근로자를 더 낮은 임금을 받는 자리로 전환시켜 배치하는 형태의 징계도 있었다(구 노동법 제84조). 하지만 신 노동법에서는 징계관련 규정에 더 낮은 임금을 받는 자리로 전환 배치하는 징계 형태는 삭제되었다. 구 노동법 제60조에서는 근로자의 임금 공제 전에 사용자는 노동조합 집행위원회와 협의해야 한다고 명시했지만 신 노동법에서는 그 부분을 삭제한 것도 주목할 만하다.

해외투자 Tip

1994년 제정되어 2007년까지 수차례 일부 개정되었던 구 노동법의 전면 개정을 위해 베트남 정부는 여러 의견을 수렴했다. 외국 투자자들의 입장도 KorCham, AmCham, EuroCham 등을 통해 전달되었는데 같은 제조업도 한국 기업들의 경우, 임금, 파업, 출산휴가 등과 관련된 의견들이 많았고 영·미계 기업들은 비밀 유지 등 지적재산권 보호와 관련된 의견들이 많았던 것 같다. 위의 규정들 외에도 신 노동법은 파견근로 서비스관련 규정을 새로 추가했고 근로계약 자동 연장 규정도 변경하는 등 새로운 규정이 많이 추가되었고 개정된 부분들도 다수 있으니 잘 숙지하기 바란다.

!KEYPOINT

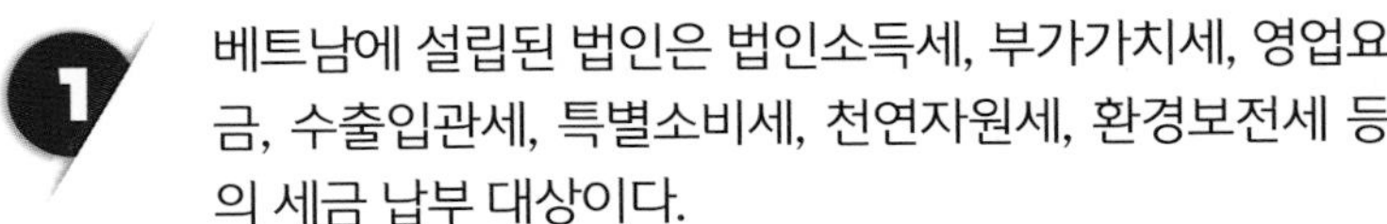

1. 베트남에 설립된 법인은 법인소득세, 부가가치세, 영업요금, 수출입관세, 특별소비세, 천연자원세, 환경보전세 등의 세금 납부 대상이다.

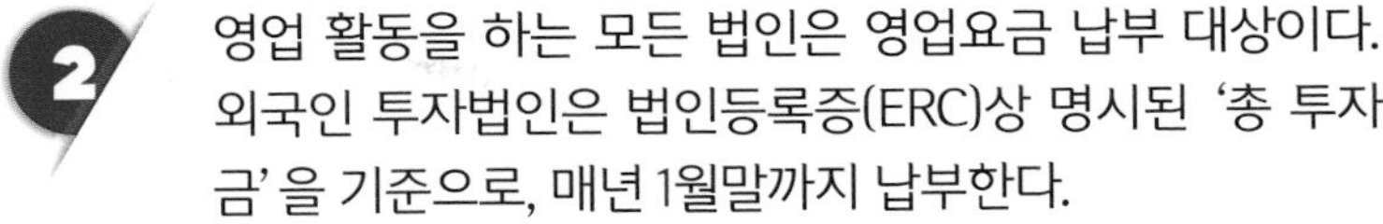

2. 영업 활동을 하는 모든 법인은 영업요금 납부 대상이다. 외국인 투자법인은 법인등록증(ERC)상 명시된 '총 투자금'을 기준으로, 매년 1월말까지 납부한다.

세금

베트남에 설립된 법인은 법인소득세[1], 부가가치세, 영업요금, 수출입관세, 특별소비세[2], 천연자원세, 환경보전세 등 여러 종류의 세금 납부 대상이다. 그 외에 베트남에서 영업하는 과정에서 개인소득세법에 따른 근로자의 개인소득세, 현행 사회보험법과 직업법 및 관련 법규에 따른 사회보험료, 의료보험료와 실업보험료 납부 의무도 있다. 일반적으로 한국 투자자들이 많이 진출한 제조법인이나 유통법인 등은 법인소득세, 부가가치세, 수출입관세[3], 영업요금의 납부 대상인 경우가 대부분이므로 이 부분에 대해 자세히 살펴볼 필요가 있다.

법인소득세 (Corporate Income Tax, CIT)

법인소득세법과 이것을 안내하는 법규에 따라 법인소득세는 영업

1 법인의 소득을 과세대상으로 하여 법인에게 부과하는 조세

2 특정 물품을 사거나 특정 장소에서 소비하는 비용에 부과하는 간접세

3 국외에서 수입 또는 수출 하는 상품에 대해 부과・징수하는 조세

활동에서 발생한 소득이 있는 모든 베트남 국내 법인과 외국 투자법인에 적용된다. 따라서 제조법인, 유통법인, 화물 운송 중개서비스 법인도 법인소득세 적용 대상이다.

· 과세 소득: 법인세법 상 규정하는 영업 활동에서 얻는 소득과 기타 소득을 포함한다.
· 과세 기간: 역년(曆年/calendar year; 1월 1일부터 12월 31일까지) 또는 회계 연도(會計年度 /fiscal year) 기준으로 하며 재무부에 통보해야 한다.
· 세액 산출: 과세소득액과 세율(2018년 기준 표준 법인세율은 20%)을 바탕으로 법인세 혜택 적용 여부를 검토한 후, 산출된 세액을 신고·납부한다.

세무신고 및 납부는 세무관리법에 따라 진행한다. 대상 법인은 분기별로 가산출한 법인세를 미리 내게 되어 있으며(의무사항은 아님) 회계 기간 종료 후 90일 이내에 법인세 확정 신고서를 관할 세무당국에 제출한다. 미리 납부한 분기별 법인세액의 총 합계액은 법인세 확정 신고서상 확정 세액의 80%를 초과해야 하며, 그렇지 않은 경우에는 벌금이 부과될 수 있다.

부가가치세 (Value Added Tax, VAT)

부가가치세는 생산, 취급, 소비 과정에서 창출되는 재화 또는 서비스의 부가가치에 부과하는 것으로 부가가치세법과 관련 법규상 규정되어 있다. 면세 대상 업종을 제외한 베트남 내에서 생산, 판매, 소비되는 모든 재화와 서비스에 대해 부가가치세가 부과된다. 따라서 제조법인, 유통법인, 화물 운송 중개 서비스 법인도 부가가치세 적용 대상이다.

· 과세가액: 부가가치세법상 규정되며 재화를 생산하거나 수입하는 등 각 단계별로 창출된 생산 및 유통 등의 공급가치에 대해 적용된다.
· 세율: 경우에 따라 0%, 5%, 10%의 3가지 부가가치세율이 적용될 수 있다. 0% 및 5%의 과세 대상이 아닌 통상의 경우, 즉 제조법인, 유통법인, 화물운송중개 서비스 법인은 10% 부가세 적용 대상이다.
· 세액 산출: 세액은 전 단계 공제 방식(공제법) 또는 직접 납부 방식으로 산출된다.

세무신고 및 납부는 세무관리법에 따라 법인 설립 시 직접 납부 방식으로 자동 설정되며 이것은 별도의 신고를 통해 전 단계 공제 방식으로 변경할 수 있다. 신고기일이 속하는 해당 연도의 연 환산 기준 매출액이 50억 동을 초과하지 않는 경우, 분기별 신고 및 납부를 해야 하며 그렇지 않은 경우, 월별 신고 및 납부를 할 수 있다. 신고·납부 기일은 분기별 신고인 경우는 매 분기 종료 후 30일 이내, 월별 신고 및 납부인 경우는 다음 달 20일까지, 당기분 부가가치세 신고서를 대상 법인이 관할 세무당국에 제출해야 한다.

수출입 관세 (Import and Export duties)

수출입 관세는 수출입 관세법과 관련 법규상 규정되는데 비과세된 재화를 제외하고 (i) 베트남의 국경을 통과해 수출입 되는 재화와 (ii) 내수시장과 비관세구역 간에 유통되는 재화에 대해 수출입 관세를 부과한다. 해당 재화를 수출입하는 개인이나 법인이 수출입 관세를 납부하는 대상이므로 제조법인, 유통법인, 화물 운송 중개 서비스 법인도 업무에 따라 수출입 관세 납부 대상이 될 수 있다. 관세율은 수시로 변경되므로 관세 신고·납부 시 항상 현행 관세율을 확인해두는 것이 좋다.

영업요금 (Business License fee)

'영업세' 에서 명칭을 바꿈(Decree 139/2016/ND-CP)

영업요금 법규에 따라 영업 활동을 하는 모든 법인은 영업요금 납부 대상이다. 외국인 투자법인은 법인등록증(ERC)상 명시된 '총투자금' 을 기준으로 납부하고 외국인 투자법인이 아닌 경우, 사업자등록증상 명시된 '정관자본금' 을 기준으로 1백만 동~3백만 동(약 5~14만 원)을 납부하며 납부 기일은 매년 1월 말까지다. 신규 법인의 경우, 영업 개시일이 속한 당월 내에 영업요금을 신고하고 납부해야 하며, 하반기에 설립되는 법인은 정해진 납부액의 50%만 납부하면 된다. 신규 법인이 영업을 즉시 시작하지 않는 경우에는 법인등록증 발급일로부터 30일 이내에 영업요금을 신고하고 납부해야 한다.

< 하노이 세무서 >

LAW

PART 05

사업 확장하기

! KEYPOINT

1. M&A는 'Mergers'(합병)과 'Acquisitions'(인수)의 약자로 기업 인수·합병을 의미한다.

2. M&A 시에는 우발채무와 계약채무의 승계에 대한 확인 외에도 지분 양수도 대금 지급과 수령, 토지, 공장, 근로계약 승계 등 많은 사항들을 검토해야 한다.

3. 100% 베트남 현지 법인의 지분을 외국인이 취득하는 경우, 특정 업종에 대해 외국인 지분 제한이 없는지 먼저 확인하고 자산, 인·허가, 계약 등에 대해 별도의 이전과 동의 절차가 필요한지 여부도 검토해야 한다.

4. 통상 M&A는 대상 기업을 탐색하고 그 기업의 가치를 평가한 후, 구체적인 M&A 방법과 대금을 협상하고 계약을 체결한 후, 법적 절차를 마무리하면 M&A는 종료된다.

(1)기업 인수·합병

위기가 기회 – 인수 · 합병

베트남 투자계획부(Ministry of Planning and Investment) 자료에 따르면 2012년 초 4개월 동안만 17,735개 업체가 도산·휴업했다. 이때는 전반적으로 베트남 경기가 안 좋은 상황이었는데, 특히 건설, 제조, 부동산 업종이 매우 어려웠었던 것 같다. 이런 베트남 경기침체 상황을 타개하기 위해 베트남 정부는 법인세 경감 등 약 14억 달러 규모의 경기부양책을 추진했다. 2011년 유럽발 재정위기로 시작된 글로벌경제 한파가 미국의 국가 신용등급 하향 조정과 동일본 대지진으로 더 휘청거렸고 그 여진이 중국의 경제성장률 하락 등 주변 국가들에게도 악영향을 주었던 것 같다. 하지만 되돌아보면 이런 경제위기는 정도의 차이만 있을 뿐 항상 있었다. 17세기 네덜란드의 튤립 투기부터 1929년 미국의 대공황, 1997년 한국의 외환위기, 2008년 서브 프라임 모기지[1] 위기 등 경제위기는 항상 있었고 시

1 신용등급이 낮은 저소득층에게 주택 자금을 빌려 주는 미국의 주택담보대출 상품으로, 우리말로는 '비우량주택담보대출'이라 한다.

간이 지나면 경제는 다시 회복되었다.

지난 몇 년간의 경제위기로 자금난에 처한 기업들은 도산하거나 영업을 중단하고 인수·합병으로 재도약을 꾀하고 있다. 외국 투자자 입장에서는 오히려 싼값에 매물로 나온 우량기업들에 대한 M&A를 적극 검토해야 할 것 같다. 실제로 글로벌 경제위기가 확산되면서 역발상 경영 마인드로 공격적인 M&A에 나선 투자자도 늘었고 한국계 은행들의 외국 프로젝트에 대한 프로젝트 파이낸싱(PF) 대출 규정이 까다로워지면서 베트남 상장기업을 인수하거나 비상장기업 인수 후 상장해 베트남 내에서 현금 유동성을 확보하려는 외국 투자자도 생겼다. 최근 베트남 자동차업체가 한국의 특장차량 전문 제조업체를 인수하고 베트남 기업이 한국의 모 호텔을 인수하는 등 베트남 기업들이 외국기업들을 인수하는 사례가 늘고 있다.

해외 투자의 경우, 일반적으로 외국 투자자의 단독투자, 현지 기업과의 합작투자(Joint Venture) 또는 인수·합병(M&A)을 통해 진출하게 된다. 외국인의 100% 단독투자의 경우, 확실한 경영 지배가 가능하지만 투자자금 확보 문제, 기술과 인력 확보의 어려움뿐만 아니라 법적으로 투자 업종에 따라 외국인에게는 투자 제한이 있는 경우도 있다. 특히 WTO 규정에 명시되어 있지 않은 업종인 경우, 외국인 투자 허가 자체가 불확실해 실무적으로 어려움을 겪기도 한다.

합작투자의 경우, 일반적으로 적은 비용으로 시너지효과를 내기 위한 경우가 많지만 베트남에서는 베트남 파트너와 비용을 분담하는 경우보다 베트남 파트너가 토지나 프로젝트를 가지고 있거나 외국인이 정부의 승인을 받는 것이 어려운 경우가 대부분일 것이다. 이 경우, 베트남 파트너와 업무와 위험을 분담할 수 있다는 장점은 있지만 문화적 차이 등으로 경영에 어려움을 겪거나 책임과 권한이 불명확한 경우도 있어 합작투자를 통한 투자 진출은 신중히 결정해야 할 것이다.

M&A는 'Mergers'(합병)과 'Acquisitions'(인수)의 약자로 기업 인수·합병을 의미한다. 합병은 2개 이상의 회사를 하나로 합쳐 단일회사가 되는 것이다. 따라서 합병 후에는 피인수 회사(Target company)가 존속하지 않게 된다. 인수는 주식 매수(Stock Deal) 또는 자산 양수(Asset Transfer)를 통해 한 회사가 다른 회사의 경영권을 획득하는 것으로 인수 이후에도 피인수 회사는 존속하며 피인수 회사에 경영권을 행사하게 된다. 법률적으로 합병은 청산 절차를 거치지 않고 포괄적으로 회사의 채권과 채무가 인수회사(Acquiring company)에 이전되므로 단순한 영업 부문의 양도나 인수와 다른 개념이다. 회사 청산을 위해 상담한 의뢰인을 나중에 M&A 건으로 다시 만나는 경우도 종종 있다. 청산하려는 입장에서는 복잡한 청산 절차를 거치느니 M&A를 통해 회사를 처분하는 것이 유리할 것이다. 또한 신규 투자자 입장에서도 최근 세제 혜택 등의 외국인 투자 인센티브가 축소되는 추세여서 전에 이미 필요한 투자 인센티브를 취득한 회사를 인수하는 것이 유망해 보인다.

M&A 시에는 우발채무[2]와 계약채무의 승계에 대한 확인 외에도 지분 양수도 대금 지급과 수령, 토지, 공장, 근로계약 승계 등 많은 사항들을 검토해야 한다. 또한 100% 베트남 현지 법인의 지분을 외국인이 취득하는 경우는 특정 업종에 대해 외국인 지분 제한이 없는지 먼저 확인하고 자산, 인허가, 계약 등에 대해 별도의 이전과 동의 절차가 필요한지 여부도 검토해야 한다.

통상 M&A는 대상 기업을 탐색하고 그 기업의 가치를 평가한 후, 구체적인 M&A 방법과 대금에 대해 협상하고 계약을 체결한 후, 법적 절차를 마무리함으로써 M&A를 종료하게 된다. M&A는 단기간에 기술, 인력, 유통망 등을 확보할 수 있어 해외사업 진출에 소요되는 시간을 최소화할 수 있을 뿐만 아니라 M&A 조건에 따라 투자이익이 매우 클 수도 있다. 하지만 M&A는 작은 변수 하나가 거래 자체를 무산시킬 수도 있고 나중에 큰 문제가 될 수도 있으므로 가능하면 모든 변수들을 점검하고 그에 따라 발생할 수 있는 상황에 대비할 수 있는 법적 안전장치도 마련해두어야 한다.

위기가 곧 기회다. 모쪼록 우량한 회사를 M&A해 현재의 경제위기를 기회로 바꾸기 바란다.

2 현실적으로 존재하는 채무는 아니나 장래에 우발적인 사태가 발생할 경우 확정채무가 될 가능성이 있는 특수한 성질의 채무

해외투자 Tip

M&A의 속성상 수많은 법적 위험들도 내포되어 있으므로 정밀 실사(Due Diligence) 등을 통해 이런 위험들을 사전에 반드시 검토해야 한다.

!KEYPOINT

1. 수년 전만 하더라도 베트남에 신규 법인을 설립해 진출하는 직접투자 형태가 주를 이루었지만 최근 이렇게 이미 운영 중인 기업을 인수해 진출하는 M&A형 베트남 투자 진출도 증가하고 있다.

2. 일본은 베트남 금융시장에서 M&A를 통한 활발한 투자를 지속하고 있다.

3. 동일 업종의 타 기업을 M&A하는 수평적 M&A 외에도 최근 베트남에서는 동일 업종의 다른 단계 소속기업을 M&A하는 수직적(vertical) M&A와 타 업종 기업을 인수하는 다각적(conglomerate) M&A 형태도 증가하고 있다.

인수·합병 시장 현황

불투명한 세계경제가 작은 악재에도 출렁이며 회복 기미를 보이지 않고 있다. 이런 영향으로 베트남 경제도 부동산 경기침체와 영세업체들의 도산 등 여러 어려움을 겪고 있고 신규 투자를 망설이는 외국 투자자들도 많은 것 같다. 하지만 이런 불안과 우려에도 불구하고 베트남에서 '황금 알을 낳는 거위'를 찾는 외국 투자자들로 베트남 인수·합병(M&A)시장은 뜨겁게 달아오르고 있다.

금융정보그룹 톰슨 로이터스의 2012년 1분기 아시아·태평양지역(일본 제외) M&A 활동관련 통계에 따르면 베트남은 M&A 총 결제액 기준 8위, M&A 증가율 기준 2위로 전 세계적인 경제위기에도 불구하고 최근 수년 동안 빠르게 성장하고 있다. 그 중 외국 투자자들의 M&A는 금액 기준으로 전체 M&A의 66%를 차지해 우량기업을 인수하려는 외국 투자자들 간의 경쟁도 치열해지고 있음을 알 수 있다.

수년 전만 하더라도 베트남에 신규 법인을 설립해 진출하는 직접투자 형태가 주를 이루었지만 최근 이렇게 이미 운영 중인 기업을 인수해 진출하는 M&A형 베트남 투자 진출도 증가하고 있다. 특히 외국인의 시장 진입이 쉽지 않은 금융과 소비재 분야는 지분 매입을 통한 간접투자 방식이 신규 법인을 설립해 진출하는 직접투자 방식보다 유리한 면이 많아 M&A가 많이 이루어지는 것으로 보인다.

2011년 동일본 대지진으로 일본의 대(對) 베트남 투자가 감소할 것이라는 예상과 달리 부동산 분야에서 일본 Tama Global Investment가 Cotec Land(CLG) 주식 20%를 매입하고 소비제품 분야에서 Kirin Holdings가 청량음료 제조업체 Interfood Shareholding Company 주식 57.25%를 매입하고 Unicharm이 약 1억 2,900만 달러 규모의 화장지 제조 및 도매업체 Diana의 주식 95%를 매입하는 등 일본은 베트남의 여러 분야에서 M&A를 통한 투자를 가속화하고 있다.

베트남에는 제1금융권인 은행만 Vietcom bank 등 국영 상업은행, Asia Commercial Bank (ACB)등 민영 상업은행, HSBC 등 외국계 은행과 외국 은행의 지점 등 다수가 있고 제2금융권도 생명보험사, 손해보험사, 재보험사, 파이낸셜사, 리스회사 등 경제 규모에 비하면 매우 많은 영세 금융기관들이 난립하고 있어 베트남 은행의 구조조정은 오랫동안 논의되어 왔다. 은행 M&A는 거래 규모나 건수에서 M&A시장의 큰 비중을 차지하고 있는데 2011년 일본 SBI증권이 FPT증권의 주식 20%를 매입했고 SMBC Nikko증권도 PetroVietnam증권의 주식 15%를 매입했다. 또한 일본 Mizuho bank가 약 5억 7천만 달러 규모의 Vietcom bank의 별도 발행 주식을 매입하는 등 일본은 베트남 금융시장에서도 M&A를 통한 활발한 투자를 지속하고 있다.

한국 신한은행도 이미 Vietcom bank가 소유한 신한비나은행 지분을 인수해 신한베트남은행과 신한비나은행을 합병했고, 2017년 말에는 신한베트남은행이 ANZ BANK 베트남 리테일 부문 인수를 마무리 했다. 다른 한국계 은행들도 M&A를 통한 베트남 신규 진출 및 베트남 내 영역 확장을 적극 추진하는 등 금융 영토를 넓히려는 한국계 은행들 간의 글로벌 거점 공략 경쟁도 베트남에서 격화될 것으로 보인다.

< FIVI MART >

< VinMART >

< 쇼핑센터 >

2012년에는 신용평가기관 무디스가 베트남 상업은행인 Asia Commercial Bank(ACB)의 재정신뢰도를 D-에서 E+로 강등하는 등 외부에서도 베트남 은행의 구조조정에 대한 압박을 하면서, 베트남 중앙은행(State Bank of Vietnam; SBV)이 은행 구조조정 및 합병에 대한 규정들을 담은 시행령 초안을 발표하는 등 법적 근거의 마련에도 속도를 내었다. 특히 A은행이 B은행을 M&A하는 수평적(horizontal) M&A는 경쟁관계의 은행을 인수하며 시장점유율과 지배력을 확대하고 독과점시장을 유발할 가능성이 있어 SBV의 은행 합병관련 시행령에는 최소 정상적인 영업활동 기간과 합병 후 최소 자본금 등에 대한 규정뿐만 아니라 경쟁방지법 규정에도 위배되지 않아야 한다는 내용도 포함되어 있다. 수년 동안 이러한 외부 압박과 내부의 법적 근거 마련으로 이제야 은행 구조조정 및 합병이 실제로 이루어지고 있는 것으로 보인다. 일반적으로 시장에 영향을 미칠 수 있는 규모의 수평적 M&A는 당사자 기업들의 주주총회 승인을 받고 모든 내부 절차를 마치더라도 베트남 경쟁관리청(Cục quản lý cạnh tranh)이 승인하지 않으면 M&A를 할 수 없으므로 그 해당 여부부터 먼저 확인하는 것이 좋다.

동일 업종의 타 기업을 M&A하는 수평적 M&A 외에도 최근 몇 년 동안 베트남에서는 경영전략상 또는 원재료의 안정적 수급을 위해 동일업종의 다른 단계 소속기업을 M&A하는 수직적(vertical) M&A와 사업다각화를 위해 타 업종의 기업을 인수하는 다각적(conglomerate) M&A 형태도 증가하고 있다. 일례로 2011년 여행업계에서는 베트남 Thien Minh 여행사가 베트남 북부 Sapa 지역의 빅토리아 특급열차와 호텔을 연계한 상품을 운영하는 빅토리아호텔 체인을 인수했고 소비제품 분야에서는 True Milk 우유 브랜드로 유명한 TH Milk 식품회사가 유제품 가공관리 강화를 위해 Nghe An Tate & Lyle 설탕회사를 인수하는 등 여러 건의 수직적 M&A가 있었다. 또한 은행과 골프장 투자·운영을 하는 베트남 기업 BRG Group이 힐튼 하노이 오페라호텔의 상당한 지분을 독일과 호주 주주로부터 인수한 데 이어 전자회사인 하넬(Hanoi Electronics Corporation)이 하노이 대우호텔의 지분을 모두 인수했고 베트남 유통업체 CT Group이 GS건설의 자회사인 GS 쿠치개발의 지분 95%를 인수해 36홀 규모의 골프장 건설 프로젝트를 주도적으로 수행하는 등 사업다각화뿐만 아니라 그를 통해 시장 상황 변동에 기인한 전체 그룹 매출 변동폭을 줄여 유리한 조건으로 금융기관 대출을 받을 수 있게 하는 재무 시너지효과 등 여러 가지 이유 때문에 다각적 M&A도 늘고 있다.

전에는 외국기업이 베트남 기업을 M&A하는 것이 일반적이었는데 최근 들어 이렇게 베트남 기업이 외국 투자기업을 M&A하는 경우도 상당히 많아지고 있다. 그와 더불어 2011년부터 계속되는 불황에 견디지 못한 기업들이 도산하는 경우도 적지 않고, 고용 안정을 위해 이 기업들의 경영진이나 임직원, 직원들이 공동출자해 기업의 전부나 일부 사업을 인수하는 경영자 매수(Management Buy Out; MBO)와 직원 매수(Employee Buy Out; EBO) 방식이 늘어난 것도 불황에 따른 M&A의 특징이라고 할 수 있을 것 같다.

“성장은 뜻밖의 어둠 속에서도 도약할 때 이루어진다”라는 말이 있다. 현재의 경기침체가 어둡다고 느껴진다면 몸을 움츠리고 어둠이 걷힐 때까지 기다리는 방법도 있지만 미래의 더 큰 성장을 위해 도약을 원하는 분들에게는 똑똑한 M&A가 또 다른 방법이 될 수도 있다. 모쪼록 위기 속의 기회를 잡아 큰 성장을 이루기 바란다.

!KEYPOINT

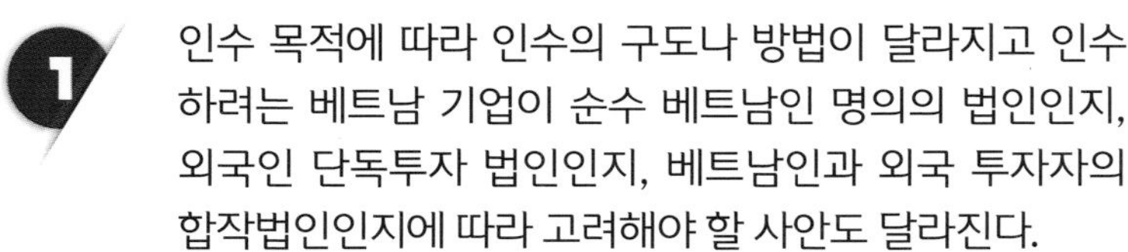

1. 인수 목적에 따라 인수의 구도나 방법이 달라지고 인수하려는 베트남 기업이 순수 베트남인 명의의 법인인지, 외국인 단독투자 법인인지, 베트남인과 외국 투자자의 합작법인인지에 따라 고려해야 할 사안도 달라진다.

2. 100% 베트남인이 설립한 회사를 인수하는 경우에는 목적 사업 분야를 포함해 인수할 수 있는지부터 먼저 확인해야 한다.

3. 베트남에서 외국인 지분 제한이 있거나 금지된 사업 분야를 포함한 회사를 인수할 때도 신규 법인과 동일하게 지분 제한이 적용되고 금지된 사업 분야는 포함할 수 없다.

인수 · 합병의 종류와 특징

베트남에서 제조업체를 인수하려는 목적은 여러 가지인데 대표적으로 다음과 같다.

- 세제 혜택을 받은 기업을 인수해 그 세제 혜택을 누리기 위해
- 적당한 장소를 찾은 후, 공장을 짓고 많은 인력을 채용할 때까지의 시간과 비용을 절감하기 위해
- 현지 기업 인수를 통해 신속한 시장개척을 하고 이미 갖추어진 유통망을 활용하기 위해
- 특허를 보유한 기업의 특허권 확보를 위해
- 인수 목적에 따라 인수의 구도나 방법이 달라지고 인수하려는 베트남 기업이 순수 베트남인 명의의 법인인지, 외국인 단독투자 법인인지, 베트남인과 외국 투자자의 합작법인인지에 따라 고려해야 할 사안도 달라진다. 베트남 기업의 인수 방법으로 크게 지분 인수, 자산 인수, (투자) 프로젝트 인수를 고려해볼 수 있다.

지분 인수는 회사에 대한 지분을 거래 당사자 간에 매매하는 것이고 자산 인수는 회사가 보유한 건물과 기계설비 등을 떼어 매매하는 것이다. '투자 프로젝트'는 베트남 투자법에서 '특정 장소에서 명시된 기간 동안 투자활동을 하기 위한 중·장기 자본 집행계획의 모음'으로 정의하고 있고 투자등록증(IRC)에는 'X 유한책임회사를 설립하고 운영하기 위한 프로젝트', 'Y 봉제공장을 설립하기 위한 프로젝트', '휴대전화의 카메라 모듈 제조 프로젝트' 등으로 표기된다. 한 법인에 여러 개의 프로젝트가 있을 수도 있고 한 프로젝트에(프로젝트 수행을 위한) 여러 개의 공장이 있을 수도 있는데 프로젝트 인수는 특정 프로젝트와 관련된 모든 자산과 부채를 인수하는 것이다.

베트남 회사 인수 시 고려사항

Q: 토지만 인수할 수 있는가?

A: May be(토지임차료를 일시납으로 완납한 경우에는 양도 가능하다. 정확히 말하면 토지사용권 양도다. 외국인 투자자는 토지가 필요한 프로젝트에 대해서만 베트남 정부, 인프라개발회사 또는 토지임차료를 일시납으로 완납한 부동산 영업자로부터 토지를 임차할 수 있는데 이 경우에 해당하지 않는다면 실무적으로는 매도인이 토지를 일단 반납하고 매수인이 새로 임차받는 방법으로 가능하다).

Q: 공장만 인수할 수 있는가?

A: Yes(매도인이 공장소유권을 가진 경우에는 자산 인수 등의 방법으로 가능하다. 공장 인수 후, 토지임대차 계약을 체결해야 한다).

Q: 세제 혜택을 그대로 인수할 수 있는가?

A: Yes(세제 혜택이 적용되는 사업을 그대로 계속하고 동일 조건을 충족한다면).

Q: 지분 인수 방식으로 M&A 시 대금 지급은 일부만 보증금으로 지급하고 인수 후에 잔금을 치를 수 있는가?

A: No (소유권 변경을 위해 인수대금 완납을 증명해야 한다. 실무적으로 에스크로 계좌 등을 이용할 수 있다).

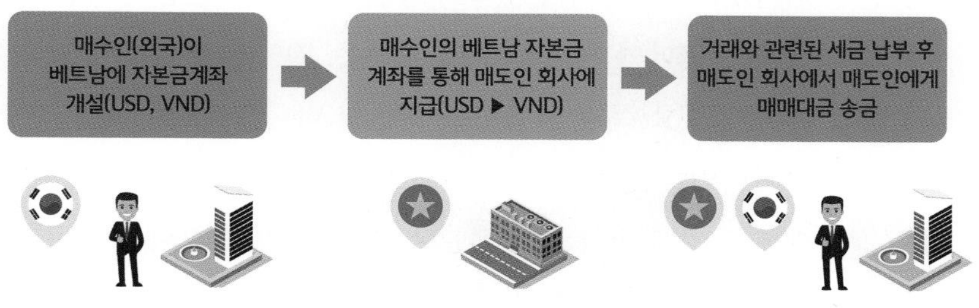

Q: 외국인이 특정 사업 분야를 할 수 없다면 특정 사업 분야를 가진 베트남인 명의의 베트남 회사를 인수하면 할 수 있는가? 가능하면 외국인 100% 지분의 법인으로 인수하려는데 가능한가?

A: 100% 베트남인이 설립한 회사를 인수하는 경우에는 목적 사업 분야를 포함해 인수할 수 있는지부터 먼저 확인해야 한다. 외국인 지분 제한이 있거나 금지된 분야의 사업을 하기 위해 법인을 새로

설립하는 대신 이런 사업 분야를 소유한 베트남인 명의의 회사를 인수하면 될 것이라고 생각하는 한국 분들이 많은데 그렇지 않다. 한국인은 한국에서 별다른 제약 없이 업종·업태를 선택할 수 있지만 한국에서 외국인은 여러 제한들이 있다. 마찬가지로 베트남인은 베트남에서 제한 없이 사업할 수 있지만 한국인은 베트남에서는 외국인이므로 여러 제한들이 있다. 따라서 베트남에서 외국인 지분 제한이 있거나 금지된 사업 분야를 포함한 회사를 인수할 때도 신규 법인과 동일하게 지분 제한이 적용되고 금지된 사업 분야는 포함할 수 없다.

예를 들어 a~f 사업 분야를 가진 베트남 회사를 외국인이 인수한다면 외국인이 금지된 f 사업은 삭제해야 하고 b 사업에 대한 외국인 지분은 최대 49%로 제한되어 있으므로 a, b, c, d, e 사업 분야를 보유한 회사를 인수한다면 외국인 최대 지분은 49%가 된다. 만약 a와 b의 사업 분야가 주요 목적 사업이고 최소한 하나의 사업 분야에 대해서라도 단독법인을 원한다면 우선 회사를 a 사업 분야와 b, c, d, e 사업 분야에 따라 2개 회사로 분할한다. 그 후 a 사업 분야를 보유한 분할된 회사는 외국인 100% 지분의 회사로 인수하고 b, c, d, e 사업 분야를 보유한 분할된 회사는 베트남인 투자자와 함께 외국인 투자자는 최대 49%까지 지분을 가지는 합작(合作; Joint Venture)회사로 인수할 수 있다.

<예: 베트남인 명의의 회사>

사업분야	외국인 지분 제한
a	없음
b	49%
c	51%
d	64%
e	74%
f	금지

!KEYPOINT

1. 자산 인수의 경우, 주요 자산의 일부나 전부에 대한 권리를 인수하므로 내용 면에서는 사실상 합병과 비슷하다고 볼 수 있지만 자산 인수와 합병은 법적 권리와 의무의 승계에서 차이가 있으므로 주의해야 한다.

2. 베트남에서 작성되는 계약서는 베트남 법과 베트남 법원을 준거법과 재판 관할로 정해야 하는 것으로 생각하지만 반드시 그런 것은 아니다.

3. 한국인들 간의 계약이라고 무조건 한국법을 준거법으로 정할 수 있는 것은 아니다.

4. 100% 베트남인이 설립한 회사를 인수하는 경우, 외국인 지분 제한은 없는지, 피인수 회사 업종에 외국인 투자 제한은 없는지 등을 확인해야 한다.

회사 분할과 인수·합병 방법

◆
◆
◆

세계경제 여건 악화와 경제회복 지연으로 어려움을 겪는 사업체들이 증가해 유망한 사업 아이템으로 해외 투자를 해 어느 정도 자리 잡은 사업체인데도 일시적인 현금 유동성 문제 등으로 운영이 어려워져 부득이하게 매물로 나온 경우가 늘었다. 또한 이런 사업체를 인수하는 것이 해외에서 자리 잡을 때까지의 시간과 비용을 아끼는 방법이라고 판단한 투자자(인수자·매수자)도 많아졌다. 이런 투자자들은 현재의 어려운 경제상황을 견뎌낸 후, 경제회복기에 얻을 수 있는 수익이 크다고 보고 이런 사업체의 인수에 매우 적극적이어서 실제로 봉제업체나 제조업체의 매각에 다수의 투자자들이 인수 의향을 보여 매각자가 누구에게 매각할지 고민하는 경우도 생겼다.

회사 매각과 관련해 한 회사가 여러 사업 부분을 운영하는 경우, 일부 사업만 분리해 매각하거나 분리된 회사가 인수 주체가 되는 경우도 있다. 하나의 회사에서 사업을 나누어 2개 이상의 회사로 만드는 것을 회사 분할(分割)이라고 하는데 분할한 사업 부분만으로 독립된 회사를 만들 수도 있고 분할한 사업 부분을 다른 회사나 다른 회사의 일부 사업 부분과 합병해 하나의 회사로 만들 수도 있다. 이 경우, 남은 사업 부분을 가진 원래의 회사를 법적으로 존속시킬 수도 있고 분할된 사업 부분과 남은 사업 부분으로 2개 이상의 새로운 회사를 만들고 원래의 회사를 법적으로 소멸시킬 수도 있다. 이 과정에서도 다른 회사를 인수해 합병할 수도 있는 등 사업 목적에 맞게 다양한 방법으로 회사를 분할, 인수, 합병할 수 있다.

일반적으로 주식·지분 인수 또는 자산 인수를 통해 M&A하게 되는데 자산 인수의 경우, 주요 자산의 일부나 전부에 대한 권리를 인수하므로 내용 면에서 사실상 합병과 비슷하다고 볼 수 있지만 자산 인수와 합병은 법적인 권리와 의무의 승계에서 차이가 있으므로 주의해야 한다. 이런 법적 권리와 의무뿐만 아니라 M&A관련 대금 지급에 대해서도 여러 유의점들이 있다. 특히 한국 투자자에 의해 베트남에 설립된 회사(외국 투자법인)를 다른 한국 투자자가 인수할 경우, 모두 한국인이므로 당사자들이 한국에서 만나 관련계약을 체결하고 한국에서 대금을 주고받으면 된다고 단순히 생각하는 경우가 많은데 그렇지 않다. 많은 분들이 베트남에서 작성되는 계약서는 베트남 법과 베트남 법원을 준거법과 재판 관할로 정해야 하는 것으로 생각하지만 반드시 그런 것은 아니듯이 한국인들 간의 계약이라고 무조건 한국 법을 준거법으로 정할 수 있는 것은 아니며 베트남 회사 인수관련 대금 지급도 관련법을 알고 진행해야만 향후 큰 낭패를 보는 일이 없을 것이다. 대금 지급 방법도 주식·지분을 인수하고 인수 대금을 현금으로 지급하는 방법부터 주식으로 교환하거나 합병기업의 회사채로 지급하는 등 다양하므로 대금 지급 방법에 따라 법적으로 유의할 점들이 달라진다. 또한 매각자의 경우, 매각대금을 제때 받는 것이 중요하지만 매수자의 입장에서는 인수한 회사로 원하는 사업을 할 수 있는지, 우발채무는 없는지 등 매각자와 매수자의 관심사항이 다르고 그에 따라 다른 법적 안전장치를 마련해두어야 한다. 특히 100% 베트남인이 설립한 회사를 인수하는 경우, 외국인 지분 제한은 없는지, 피인수 회사 업종에 외국인 투자 제한은 없는지 등 여러 사항들을 추가로 확인해야 한다.

일반적인 흡수합병의 경우, A 회사가 B 회사를 인수하면 B 회사가 소멸되고 A 회사만 남는데(forward merger) 반대로 A 회사가 B 회사를 인수했는데 오히려 A 회사가 소멸되고 B 회사가 남는 역합병(reverse merger)도 할 수 있다. 세금 절약이나 비상장 회사가 변칙적인 상장을 목적으로 상장회사를 합병할 때 역합병을 이용하는데 자회사를 설립해 여러 절차를 거치는 등 다양한 방법으로 역합병을 할 수 있을 것이다. 그 외에도 모회사인 A 회사의 자회사인 B 회사가 다른 회사인 C 회사와 합병하면서 모회사 A의 주식으로 대금을 지급하는 삼각합병(triangular merger)도 있다. 위와 마찬가지로 자회사 B가 소멸되느냐 다른 회사 C가 소멸되느냐에 따라 다시 정삼각합병(forward triangular merger)과 역삼각합병[1](reverse triangular merger)으로 나눌 수 있다.

1 인수기업이 자회사를 세운 뒤 피인수기업에 이 자회사를 흡수합병토록 하는 M&A 방식

1. 흡수합병

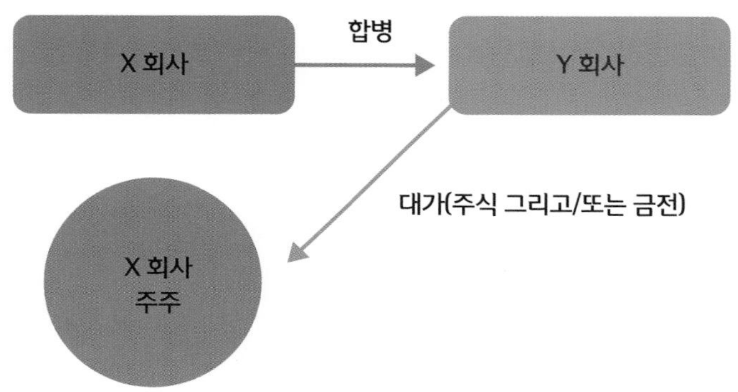

2. 신설합병

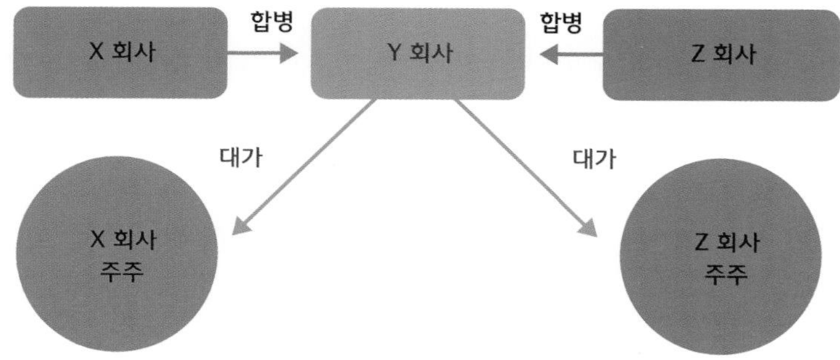

3. 삼각합병

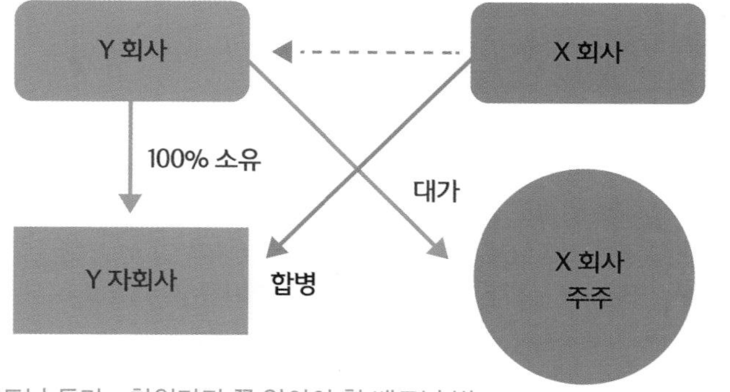

4. 역삼각합병-절차

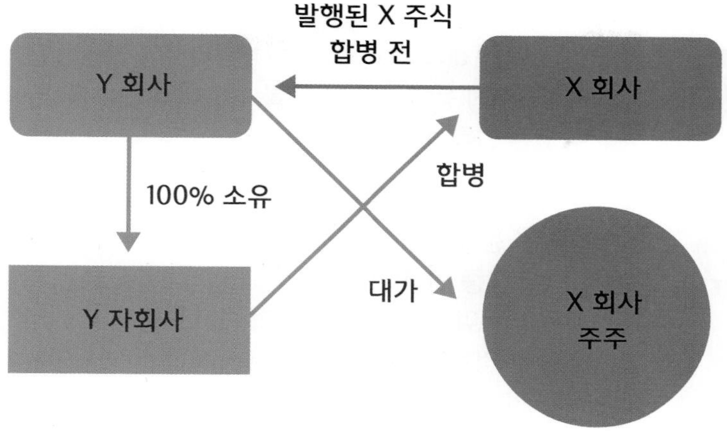

4-1. 역삼각합병-결과

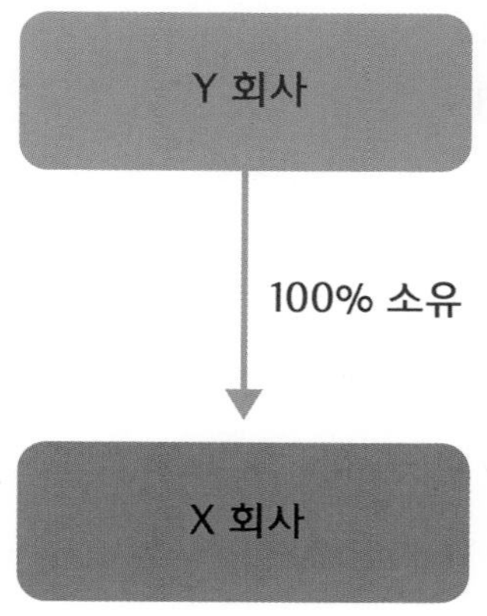

애매모호한 법률, 불투명한 인·허가 절차, 업무처리 지연, 여러 가지 규제 등 아직도 베트남에서의 M&A는 쉽지 않지만 그럼에도 불구하고 저평가된 우량기업을 M&A해 경제회복기에 더 큰 수익을 올리려는 투자자들로 베트남 M&A시장은 뜨겁게 달아오르고 있다.

!KEYPOINT

1 법률 실사(legal due diligence)란 대상 회사의 법률적 문제의 존부(存否) 등 회사의 실체를 확인하고 인수 후 발생할 수 있는 법률적 위험을 검토하는 것이다.

2 법률 실사를 통해 대상 회사가 합법적으로 설립되었는지 확인하면서 각종 인·허가, 제3자와의 법적 관계, 채권·채무의 종류와 범위, 진행 중인 소송의 법적 위험도 등 다양한 사항들을 검토해 인수해도 큰 문제가 없는 회사인지 파악해야 한다.

3 베트남의 경우, M&A 인·허가 과정에서 보완 요청이 많고 여러 변수 때문에 처음 예상보다 소요기간이 길어지는 경우가 다반사이므로 M&A를 계획 중이라면 시간적인 여유를 갖고 미리 준비할 필요가 있다.

기업 인수·합병 법률 실사

자동차의 경우, 감가상각[1](減價償却)때문에 새 차보다 중고차의 가치가 항상 감소하지만 회사의 경우에는 설립 후 매각 시점까지 운영에 따라 가치가 증가하거나 감소할 수 있다. 정확히 같진 않지만 쉽게 비교하면 중고차를 구매하기 전 차량전문가가 차량의 상태를 검사하듯이 법률 실사란 회사를 인수하기 전 법률전문가가 대상 회사의 법적 상태와 위험도를 파악하는 과정으로 이해하면 될 것 같다. 눈으로 살펴보았을 때 아무 문제가 없어 보이는 차도 정비업소에서 전문가들이 보닛을 열어 내부를 살펴보고 장비를 이용해 각종 벨트, 배선, 플러그 등을 검사해보면 육안으로 알 수 없는 심각한 문제점이 발견될 수도 있고 당장 시급한 정비가 필요없더라도 조만간 소모품을 교체해야 할 부분이 있는지, 언제 어느 부분의 정비가 필요한지도 알 수 있다. 이렇게 중고차 구매 전 전문가의 검사 과정을 통해 차량운행에 심각한 지장을 주는 문제점을 발견하면 구매하지

1 고정자산의 가치감소를 산정하여 그 액수를 고정자산의 금액에서 공제함과 동시에 비용으로 계상하는 절차

않을 수도 있고 심각한 문제는 아니더라도 발생할 수 있는 작은 문제점들을 충분히 인지하고 추가로 발생할 수 있는 예상 정비 비용을 고려해 적절한 차량가격을 책정할 수 있게 된다. 나아가 예상하지 못한 잔 고장들 때문에 큰 수리비로 새 차를 구입하는 것보다 비용이 더 들어 배보다 배꼽이 커지는 경우도 방지할 수 있을 것이다. 회사를 인수하기 전의 법률 실사도 중고차 구매 전 검사 과정과 마찬가지로 대상 회사의 법률적 문제의 존부(存否) 등 회사의 실체를 확인하고 인수 후 발생할 수 있는 법률적 위험을 검토하는 과정이다.

중고차를 잘못 구매하면 구매가격 정도로 금전적 손해가 한정되지만 M&A를 잘못하면 각종 법률문제, 채무, 소송 때문에 M&A 대금보다 더 큰 손해를 볼 수 있으므로 M&A 전 법률 실사 과정은 선택이 아닌 필수다. 일례로 한국 투자자 Y는 한국 투자자 X가 베트남의 공단 내에 설립하고 수년 동안 운영한 A 봉제업체를 인수하면서 법률 실사 과정 없이 수박 겉핥기식으로 A 회사의 규모와 영업이익만 대충 검토하고 아무 문제가 없다는 X의 말만 믿고 A 회사를 인수했다. 그런데 막상 인수하고 얼마 지나지 않아 환경, 노무, 세금, 인·허가 등 각종 법률문제들뿐만 아니라 인수 전 A 회사가 사용한 공업용수와 전기세 계산 방법에 문제가 있어 추가요금을 소급 적용하겠다는 공단과 마찰을 빚게 되었고 인수기간 중 생산된 하자 제품에 대한 책임 문제로 소송을 제기하겠다는 구매자들과의 분쟁으로 회사 본래의 업무를 전혀 할 수 없는 상황이 되었다.

새 차의 경우에도 처음에는 문제가 거의 발생하지 않지만 차량을 상당 기간 사용하면서 이런저런 문제가 발생하듯이 새 회사의 운영 초기에는 수입이 거의 발생하지 않으므로 세무조사 자체가 나오지 않아 세금 문제가 없어 보일 수도 있고 (일정 기간 회사가 운영된 후 또는 퇴사자가 발생하는 시점부터 불만을 품은 직원들이 발생하므로) 회사에 앙심을 품은 직원으로 인한 법률문제가 없어 보일 수도 있다.

환경문제도 중요한 이슈다. 환경오염 문제보다 외국인 투자 유치를 중시했던 과거와 달리 베트남 정부도 이제 환경의 중요성에 대한 인식이 높아져 환경보호 법률을 지속적으로 제정하고 있다. 이와 같이 베트남 정부가 실제로 환경오염 법률을 적용해 제재하고 있다는 사실을 미리 알았더라면 A 회사를 인수하기 전 환경오염물질 처리시설을 갖추지 않은 것을 알았음에도 그 지역에서 많은 인력을 고용하고 담당 공무원과 좋은 관계를 맺고 있어 환경오염을 문제 삼지 않을 것이라는 X의 말만 맹신하진 않았을 것이다. 실제로 X와 좋은 관계를 맺고 있다는 담당 공무원은 얼마 후 타 부서로 발령이 났고 Y의 경우, 인수 후 A 회사에 환경오염 벌금이 부과되었을 뿐만 아니라 오염방지시설 설치 명령과 이런저런 법률문제 때문에 회사 인수비용보다 더 큰 손해를 볼 어려움에 처했다. 특히 X와 Y의 경우, 법률전문가의 도움 없이 당사자들끼리 대충 관련계약서를 작성하고 M&A했기 때문에 손해를 입게 된 Y를 보호할 법적 안전장치도 전혀 마련되지 않은 상태였다.

베트남의 경우, M&A 인·허가 과정(예: 인수자 명의로 투자등록증(IRC)과 기업등록증(ERC) (2015년 7월 1일 이전은 투자허가서(IC)) 변경 등)에서 보완 요청이 많고 여러 변수 때문에 처음 예상보다 소요기간이 길어지는 경우가 다반사이므로 M&A를 계획 중이라면 시간적인 여유를 갖고 미리 준비할 필요가 있다. 또한 일부 매도인의 경우, 법률 실사에 필요한 서류 제공을 거부하거나 지연하는 등 비협조적인 행위로 대상 회사에 대한 정밀 실사를 방해하는 경우도 있다. 따라서 관련된 법적 분쟁을 방지하기 위해 당사자 간의 충분한 사전협의를 거쳐 매도인에게 실사 과정에서 협조할 의무를 부과하는 조항을 포함하는 양해각서[2] 등 관련계약서를 작성하는 것도 좋은 방법이다.

앞에서 말했듯이 법률 실사란 대상 회사를 인수하기 전 그 회사의 법률적 실체를 확인하고 인수 후 발생할 수 있는 법률적 위험도를 조사하고 검토하는 과정이다. 일반적으로 M&A 법률 실사는 본 계약 전 양해각서(MOU)를 체결하는 경우에는 양해각서 체결 후에 실시하고 그렇지 않은 경우에는 지분 양수도 계약이나 자산 양수도 계약을 체결하기 전에 실시하게 된다. 적지 않은 거래 당사자들(매각자와 매수자)이 상당 기간 동안 협상하고 최종 단계에 와서야 법률 전문가의 조언을 구하고 법률 실사를 하는데 사실 당사자들의 법적 권리와 의무를 정확히 파악하고 관련협상과 계약에 유리하게 반영하기 위해서는 M&A 초기 단계(tapping)부터 법률전문가의 도움을 받아야 한다.

2 정식 계약을 체결하기 전 당사자 간 합의한 내용을 기록한 문서

일반적으로 매수자는 여러 대상 회사를 비교하면서 대상 회사의 재무 상황, 주요 기술, 인력, 영업 현황 등 상세 자료를 매각자에게 요청하게 된다. 하지만 M&A가 성사되지 않았을 때 이 자료들이 공개된다면 문제가 될 것이다. 따라서 매각자는 정보 제공 전에 정보 제공 범위와 위반 시 처벌조항 등을 포함한 비밀유지계약서[3](Non-Disclosure Agreement)를 통한 법적 보호장치를 마련해두는 것이 바람직할 것이다.

반면, 매수자의 입장에서는 M&A 후 매각자가 M&A 이전에 기술한 내용과 다른 사항이 발견되거나 시장이 급변하는 경우 등 M&A를 무리하게 진행하면 큰 손해를 볼 경우에 대비한 조항을 포함해 계약서를 작성해야 유리할 것이다. 또한 100% 베트남인이 설립한 회사를 인수하는 경우, 외국인 지분 제한은 없는지, 대상 회사의 업종·업태에 외국인 투자 제한은 없는지 등 여러 가지 사항들을 추가로 확인해야 한다. 예를 들어 대상 회사의 업종·업태가 A, B, C, D, E, F인데 A, B, C는 100% 외국인 투자가 가능하지만 D는 49%, D는 51%로 제한되어 있고 E와 F는 조건부라면 일부 업종·업태를 삭제하거나 수정해야만 외국인이 인수할 수 있다.

M&A를 할 때 베트남 정부기관에 제출해야 하는 정관과 지분 양수도 등은 반드시 베트남 법에 따라 베트남어로 작성되어야 하는데 한국 투자자들은 베트남어 서류의 영문 또는 국문 번역본만 검토하고 경영 판단을 내려야 하는 경우가 많다. 이때 법적 효력은 번역본

3 제3자에게 회사의 정보를 노출하지 않겠다는 내용을 약정한 계약 문서

이 아닌 정부기관에 제출하는 서류에만 있으므로 번역이 정확히 되었는지 확인하는 것도 중요하다. 또한 정부 제출용 계약과 별도로 당사자들 간에 이면계약을 하는 경우도 있는데 이때도 정부기관에 제출하는 베트남어 서류에 법적 효력이 있으므로 주의해야 한다. 실제로 제출된 베트남어 본과 번역본의 내용이 달라 잘못된 경영 판단을 했거나 베트남 정부기관에 제출해야 하는 베트남어 서류 준비는 베트남인 매각자에게 일임하고 별도의 영문 이면계약에 합의했지만 법적 효력이 없어 낭패를 겪는 경우도 적지 않으니 유의하기 바란다.

법률 실사는 대상 회사가 합법적으로 설립되었는지 확인하면서 각종 인·허가, 제3자와의 법적 관계, 채권·채무의 종류와 범위, 진행 중인 소송의 법적 위험도 등 다양한 사항들을 검토해 인수해도 큰 문제가 없는 회사인지 파악하고 인수 후 발생할 수 있는 법률적 위험도 예측해 충분한 정보에 입각한 정확한 경영 판단 가능성에 중점을 두어 진행하게 된다.

수년 동안 운영해온 회사가 주식회사인줄로 알았는데 법적으로 유한회사인 것을 매각할 때 M&A 법률 실사를 통해서야 알게 된 웃지 못 할 경우도 있으니 대상 회사가 유한회사인지 주식회사인지 지점인지 자회사인지부터 정확히 파악해야 할 것이다. 또한 제휴 관계, 합작투자 관계, 동업 관계 등에 따라 일방적으로 대상 회사를 M&A할 수 없는 경우도 있으니 주의해야 한다.

경영 상태와 관련해 투자등록증(IRC)과 기업등록증(ERC)(2015년 7월 1일 이전은 투자허가서(IC))에 명시된 사업 이외에 회사가 수행하고 있거나 독자적으로 운영하고 있는 사업이 있는지, 정관 자본금의 증자나 신규 주식 발행에서 회사 또는 회사 주요 주주들에 대한 제한이나 의무가 있는지 등도 파악해야 한다. 그와 더불어 사원·주주들에 의한 자본 출자가 실제로 어느 정도 진행되었는지도 M&A 방법에 영향을 미칠 수 있으므로 반드시 확인해야 한다.

자산 상태와 관련해 우선 자산 목록과 관련계약서를 확보해 기술된 자산이 회사 소유가 아니라면 소유권자가 누구인지, 대상 회사가 그 자산을 어떻게 이용할 수 있는지에 대한 법적 권리와 의무를 확인해야 한다. 특히 특정 라이선스나 특허, 설비 사용을 목적으로 대상 회사를 인수하려고 했는데 그 라이선스나 특허에 제3자 인수 불가 조건이 있지는 않은지, 관련설비 사용계약도 인수할 수 있는지를 파악해 인수 후 인수한 목적으로 회사를 운영하지 못해 낭패를 겪는 경우를 사전에 방지해야 한다. 또한 대상 회사의 금융계약, 대출, 저당관련 사항뿐만 아니라 타인의 은행보증이나 다른 보증을 선 사실이 있는지, 있다면 보증 상태와 상대방의 행사 가능 조건도 파악해야 한다.

토지와 건물과 관련해 건물은 소유할 수 있지만 베트남의 모든 토지는 국가 소유이며 외국인과 외국 투자기업은 임차해 토지사용권을 취득하고 임대받은 토지만 사용할 수 있다는 사실을 염두에 두어야 한다. 이때 임차료 완납 여부에 따라 토지 재임대나 담보 가능 여부가 달라지는 점에 유의해야 한다. 각 임대계약에 대해 임대업자가 주요 조건을 준수했는지, 권리 행사에 장애물은 없는지, 대상 회사가 사용하는 건물이나 부지의 허가사항, 환경영향평가 보고서나 약정 내용, 환경 규제 준수 여부 등도 함께 파악해야 한다. 과거와 달리 베트남 정부도 이제 환경의 중요성에 대한 인식이 높아져 환경보호 법률을 지속적으로 제정하고 강력히 적용하는 추세임을 염두에 두어야 한다.

고용 상태와 관련해 대상 회사가 사회보험, 의료보험, 실업보험 가입, 신고 및 납부에 관한 의무사항을 충실히 이행하고 있는지, 지금 일하고 있지는 않지만 다시 고용될 권리(예: 출산휴가, 병가, 산업재해로 인한 휴직)가 있는 직원은 없는지, 사업 양도로 인한 이익이나 대금을 받도록 되어 있는 직원은 없는지 등을 파악하고 노동법규 위반사항이 없는지도 잘 확인해야 할 것이다.

그와 더불어 소송 진행 상황과 분쟁 가능성을 파악하고 세금 체납 여부 등 기타 사항들도 법률 실사를 통해 파악하고 인수 후의 법률적 위험도 충분히 인지해야 할 것이다.

해외투자 Tip

M&A를 잘못하면 M&A 대금보다 더 큰 손해를 볼 수 있으므로 법률 실사는 선택이 아닌 필수임을 명심하고 법률 실사를 통한 정확한 경영 판단으로 성공적인 M&A를 하길 바란다.

!KEYPOINT

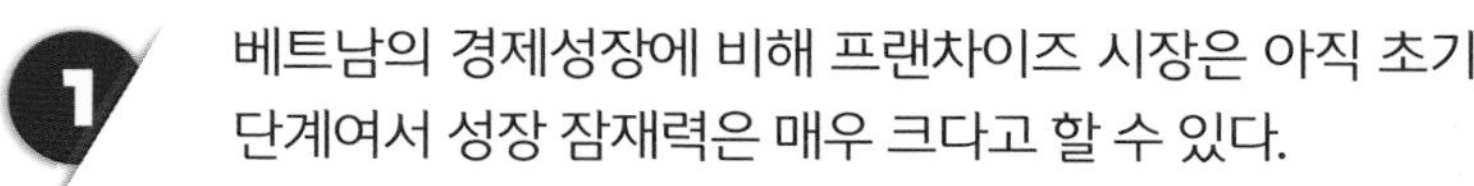

1. 베트남의 경제성장에 비해 프랜차이즈 시장은 아직 초기 단계여서 성장 잠재력은 매우 크다고 할 수 있다.

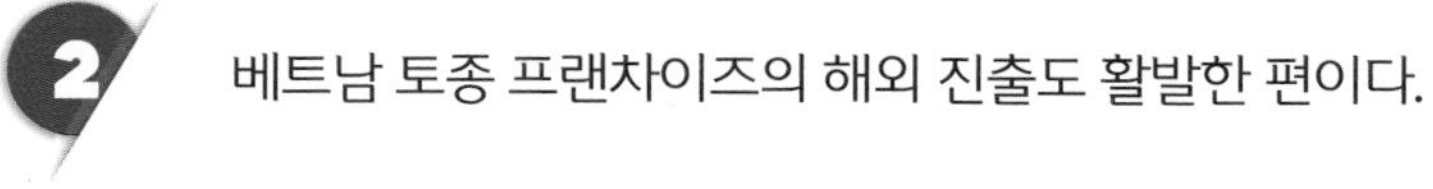

2. 베트남 토종 프랜차이즈의 해외 진출도 활발한 편이다.

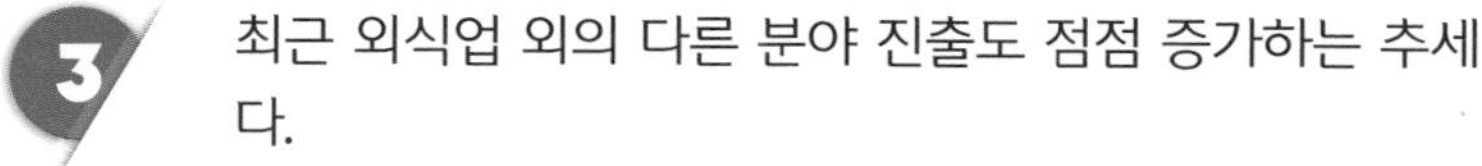

3. 최근 외식업 외의 다른 분야 진출도 점점 증가하는 추세다.

(2)프랜차이즈 사업

프랜차이즈 시장 동향

영국 경제학자 콜린 그랜트 클라크(Colin Grant Clark)는 산업을 1차, 2차, 3차산업으로 분류했다. 이 분류에 따르면 1차산업은 농업, 임업, 어업 등 자연환경을 이용해 물품을 얻거나 생산하는 산업, 2차산업은 1차산업에서 얻은 생산물과 천연자원을 가공해 물건이나 에너지를 생산하는 제조업과 건설업 등의 산업, 3차산업은 1차, 2차산업에서 생산된 물품을 소비자에게 판매하거나 각종 서비스를 제공하는 산업으로서 금융업과 유통업 등이 해당한다. 그는 경제가 발전함에 따라 1차산업 중심에서 2차산업, 3차산업 중심으로 이동한다고 주장했다.

베트남의 WTO가입 전후로 수년 동안 제조업과 건설업에서 베트남 투자 진출이 활발했고 최근에는 유통업 특히 프랜차이즈 시장에 외국인 투자 진출이 활발한 것을 보면 각국의 자연 조건, 문화, 역사에 따라 차이는 있겠지만 대체적으로 한 국가의 경제가 발전함에 따라 이런 경향을 보이는 것은 사실인 것 같다.

프랜차이즈 분야의 권위자 스콧 셰인(Scott A. Shane) 교수는 프랜차이즈를 '가맹본부와 가맹점주가 프랜차이즈 계약을 체결해 가맹점주는 본부에 가맹비와 로열티, 기술이전료를 지불하고 본부는 가맹점주에게 상품, 기술, 교육, 영업 방식 등 사업에 필요한 모든 물품과 노하우를 제공하는 사업 형태'라고 정의했다. 엄격히 구분하면 '프랜차이즈'는 본사가 직영점[1]과 가맹점[2]을 모두 관리하는 '체인점[3]'이나 가맹점에게 단순히 상품만 제공하는 '대리점[4]'과 다르지만 일반적인 개념에서 프랜차이즈는 그것을 모두 포함하는 것으로 보아도 무방하다.

베트남 프랜차이즈 시장은 열악한 물류환경, 낮은 국민소득과 높은 임대료 등의 어려움뿐만 아니라 브랜드에 대한 인식이 아직 부족해 가맹본부와 가맹점 간의 로열티 분쟁도 종종 발생하고 프랜차이즈 법체계가 완전히 정비되지 않아 투자 허가 여부도 불확실해 베트남 프랜차이즈 시장에 진출하는 것조차 쉽지 않은 것이 사실이다. 하지만 베트남은 약 9천 6백만 명의 인구 중 서구문화에 익숙하고 외국 브랜드 선호도가 높은 30대 이하 젊은 층이 65% 이상이며 경제성장에 비해 프랜차이즈 시장은 아직 초기 단계여서 성장 잠

1 회사가 직접 운영하는 사업체

2 가맹사업자와 가맹계약자 간의 계약체결을 하고 운영하는 사업체

3 복수의 점포를 각지에 분산·배치시켜서 연쇄조직으로 운영하는 경영 형태

4 타인의 위탁을 받아 매매를 하는 도매상의 일종이다.

재력은 매우 크다고 할 수 있다. 이제 베트남 거리 곳곳에서 KFC, Pizza Hut, Thai Express, 롯데리아, BBQ 치킨 등 외국계 프랜차이즈 브랜드는 쉽게 볼 수 있고 이런 외국계 프랜차이즈의 베트남 진출에 대한 관심도 급증하는 추세다. 위에서 언급한 프랜차이즈 브랜드 외에도 현재 베트남에서 널리 알려진 주요 프랜차이즈 브랜드를 살펴보면 베트남 토종 프랜차이즈인 Highlands coffee(커피), Pho 24(쌀국수), Trung Nguyen(커피), Kinh Do Bakery(제과), Foci(의류)뿐만 아니라 외국계 프랜차이즈인 Jollibee(패스트푸드, 필리핀), Domino's Pizza(피자, 미국), Paris G teaux(제과, 대만), 뚜레쥬르(제과, 한국), Big C(슈퍼마켓, 프랑스), Metro(슈퍼마켓, 독일), 롯데마트(슈퍼마켓, 한국) 등이 성업 중이다.

< LOTTE CENTER >

미국 상무부(U.S. Commercial Service) 조사에 의하면 이미 100여 개 이상의 베트남 토종 프랜차이즈 브랜드와 외국계 프랜차이

즈 업체가 진출한 베트남 프랜차이즈 시장은 매년 30%씩 성장하고 있다고 한다. 특히 Pho 24(쌀국수)는 전체 프랜차이즈 중 70%는 하노이, 호치민, 다낭, 나짱 등 베트남의 주요 도시에서 운영 중이고 나머지 30%는 한국을 비롯해 인도네시아 자카르타, 필리핀 마닐라, 캄보디아 프놈펜, 일본 도쿄 등 세계 주요 도시로 가맹점을 확장하고 있으며 Trung Nguyen(커피)도 이미 일본과 싱가포르에 진출했을 뿐만 아니라 미국, 캐나다, 유럽에 온라인 제품 판매망을 갖추고 있을 정도로 베트남 토종 프랜차이즈의 해외 진출도 활발한 편이다. 마스터 카드사가 최근 발표한 세계 소비자 구매탄력지수 조사(MasterCard Worldwide Index of Consumer Purchasing Resilience)에 따르면 베트남 응답자 중 89%가 향후 6개월 동안 외식과 여가생활 지출을 최우선시 하겠다고 답했고 상대적으로 낮은 임금 수준과 높은 인플레이션에도 불구하고 중간 가격대의 패밀리 레스토랑이 베트남 국민들이 가장 자주 방문한 외식업체라는 소비자 구매우선도 조사(MasterCard Survey on Consumer Purchasing Priorities) 결과에서도 알 수 있듯이 아침식사도 사먹는 베트남의 외식문화 덕분에 현재 베트남에 진출한 외국 프랜차이즈 업종 대부분이 외식업에 집중되고 있다.

하지만 Marie France Bodyline(미용관리), The Face Shop(화장품), Montessori(교육), 구몬학습(교육) 등의 외국계 프랜차이즈 업체들이 이미 베트남에 진출하는 등 최근 들어 외식업 외의 다른 분야 진출도 점점 증가하는 추세다.

한국의 프랜차이즈 시장 규모에 비하면 한국계 프랜차이즈 업체들의 베트남 진출은 아직 미미한 것 같다. 한국에서도 '마케팅 불변의 법칙' 이라는 제목으로 출간된 'The 22 Immutable Laws of Marketing' 에서 세계적인 마케팅 전략가인 저자는 더 좋은 것을 만들려고 하기보다 최초가 되는 것이 낫다고 주장한다. 고객이 기억하는 브랜드는 가장 좋은 제품의 브랜드가 아니라 최초로 시장에 소개된 브랜드일 수 있다. 모쪼록 많은 한국계 프랜차이즈 업체들이 초기 베트남 프랜차이즈 시장에 성공적으로 진출해 베트남 프랜차이즈 시장을 석권하였으면 하는 바람이다.

! KEYPOINT

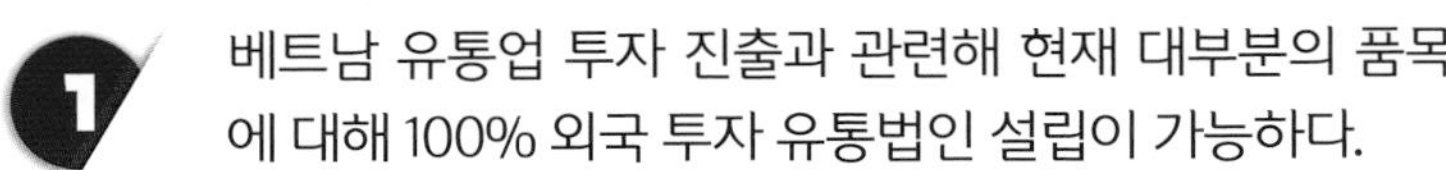

1 베트남 유통업 투자 진출과 관련해 현재 대부분의 품목에 대해 100% 외국 투자 유통법인 설립이 가능하다.

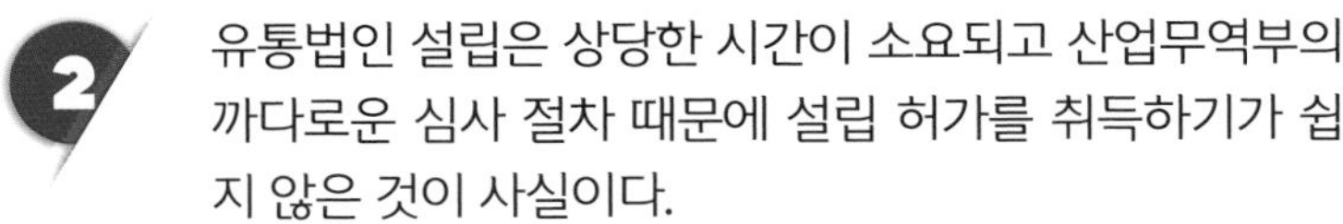

2 유통법인 설립은 상당한 시간이 소요되고 산업무역부의 까다로운 심사 절차 때문에 설립 허가를 취득하기가 쉽지 않은 것이 사실이다.

3 소매 1호점 설립은 투자자의 재정 능력과 시장 수요 등을 검토하는 경제적 수요에 대한 심사(Economic Needs Test; ENT)가 요구되지 않지만 2호점부터는 ENT 결과에 따라 투자 허가 여부가 결정된다.

4 프랜차이즈 사업 진출 구도는 법인 설립 여부와 영업 방식에 따라 현지 베트남 업체에 영업권을 주고 로열티를 받는 마스터 프랜차이징이나 라이선싱 또는 베트남 현지 법인을 설립해 사업하는 직접 프랜차이징이 있다.

유통업, 프랜차이즈 투자 진출

◆
◆
◆

베트남 유통업 투자 진출과 관련해 현재 대부분의 품목에 대해 100% 외국 투자 유통법인 설립이 가능하다. 투자자 입장에서는 공단 밖의 외국 유통법인 설립허가서 발급은 지방정부의 계획투자국(Department of Planning and Investment; DPI)에서 이루어지는 것처럼 보인다. 물론 계획투자국이 대부분의 실무를 처리하지만 최종적으로는 지방 인민위원회가 투자 허가 여부를 결정한다. 계획투자국은 인민위원회를 대신해 서류를 수령하고 베트남 산업무역부(Ministry of Industry and Trade; MOIT)에 사업 심사를 요청하고 그 사실을 인민위원회에 보고하는 역할을 한다. 따라서 겉으로는 계획투자국이 유통법인 설립에 대한 투자등록증(IRC)과 기업등록증(ERC) (2015년 7월 1일 이전은 투자허가서(IC))를 발행하는 것처럼 보이지만 눈에 안 보이는 이런 여러 절차들 때문에 유통법인 설립은 상당한 시간이 소요되고 산업무역부의 까다로운 심사 절차 때문에 설립 허가를 취득하기가 쉽지 않은 것이 사실이다.

특히 소매1호점 설립은 투자자의 재정 능력과 시장 수요 등을 검토하는 경제적 수요에 대한 심사(Economic Needs Test; ENT)가 요구되지 않지만 2호점부터는 ENT의 결과에 따라 투자 허가 여부가 결정되는 등 심사 기준이 더욱 까다로워지는 것도 고려해 계획을 세우고 처음부터 실무적으로 설립과 운영이 쉬운 사업 구도를 만들어 진출해야 할 것이다. 그뿐만 아니라 품목에 따라 여러 가지 법적 제한이나 조건이 있는 경우도 있으니 유의해야 한다.

예를 들어 화장품의 경우, 현재 100% 외국 투자법인이나 합작법인을 통해 베트남으로 수입해 유통할 수 있지만 향수 등 일부 품목은 수입 장려 품목이 아니므로 구체적으로 어떤 제품이냐에 따라 실무적으로 수입과 유통 가능 여부가 달라질 수 있어 이런 사항들을 사전에 확인해야 한다.

베트남의 외식 선호 문화 덕분에 요식업 진출에 대한 외국 투자자들의 관심이 매우 높다. 베트남의 WTO Commitments에 따라 품목별로 개방 정도와 개방 시점이 다른데 2015년 1월부터 베트남 요식업 시장이 개방되기 전에도 실무적으로 일정 기간 하노이에서 일부 외국인의 요식업 투자를 허가해주었던 적도 있었고, 호텔 레스토랑 투자 진출이 아니면 허가해주지 않았던 적도 있었다. 후자의 경우, 외국인이 베트남에서 요식업에 진출하기 위해서는 호텔업과 병행하거나 호텔 개조 등에 투자해야 하는 등 실무적인 처리는 약간 다를 수 있지만, 배보다 배꼽이 더 큰 경우가 대부분이어서 현실적으로 외국인이 베트남에서 합법적으로 요식업을 하기는 쉽지 않았다.

2015년 1월부터 베트남 요식업 시장이 개방되어 이제는 법적으로 외국인 100% 투자가 가능하다. 그러나 현재도 외국인은 베트남인보다 실무적으로 법적인 절차 등이 매우 복잡하여 베트남인의 명의를 빌려 요식업을 하는 외국인이 많은 것이 사실이다. 이 경우 반드시 적절한 법적 안전장치를 마련해야 할 것이다. 만약 한국에서 레스토랑, 커피전문점 등 이미 요식업에 진출해 오랫동안 운영하고 계신 분이 베트남으로 동일 업종의 사업 확장을 계획하고 있다면 프랜차이즈 형태의 진출을 고려해보기 바란다.

프랜차이즈 사업 진출 구도는 법인 설립 여부와 영업 방식에 따라 분류해 생각해볼 수 있는데 우선 법인 설립 유무에 따라 베트남 현지 법인을 설립하지 않고 프랜차이즈 계약을 체결해 사업하는 방식과 베트남 현지 법인을 설립하고 법인을 통해 사업하는 방식으로 프랜차이즈 구도를 잡을 수 있다. 이것을 일반적인 영업 방식으로 생각해보면 전자는 베트남 현지 업체에게 영업권을 주고 로열티를 받

는 마스터 프랜차이징이나 라이선싱으로 볼 수 있고 후자는 베트남 현지 법인을 설립해 사업하는 직접 프랜차이징으로 볼 수 있다. 프랜차이즈 산업이 발달한 미국은 연방 공정거래위원회(FTC)가 부실 프랜차이즈의 난립에 따른 예비 창업자들의 피해를 줄이기 위해 프랜차이즈 본사가 예비 창업자에게 반드시 공개해야 할 내용들을 규정한 프랜차이즈 공개 자료(Franchise Disclosure Document; FDD) 제도가 있다. 베트남 산업무역부의 시행규칙은 그와 비슷한 내용을 담고 있다.

프랜차이즈는 유통업의 하나로 기본적으로 WTO Commitments(Part II, Section 4, Item D-Franchising Services, CPC 8929)와 상법(Commercial Law)의 관련규정들을 비롯해 프랜차이즈 사업에 대한 시행령(Decree No.35/2006/ND/CP), 산업무역부의 시행규칙(Circular No. 09/2006/TTBTM), 지적재산권법(Intellectual Property Law)과 기술이전법(Technology Transfer Law) 등의 관련규정들도 준수해야 한다. 프랜차이즈 형태로 진출하기 위해서는 관련법규에 따라 우선 프랜차이즈 형태로 진출할 수 있는 요건(영업기간, 품목 등)을 만족하는지 확인하고 신청서, 프랜차이즈 사업설명서, 사업자등록증, 상호와 상표등록증 등 지적재산권 관련증명서 등 프랜차이즈 사업 진출 구도에 따라 요구되는 서류들을 준비해야 한다.

해외투자 Tip

유통, 프랜차이즈 관련 법령과 인·허가 절차는 일반인이 쉽게 이해하고 처리하기 어려워 브로커들이 관련기관 공무원과의 친분 관계로 처리해주겠다며 금전을 요구하는 경우가 종종 있는 것 같다. 위의 유통법인 설립의 경우처럼 겉으로 보이는 것과 실제 절차나 인·허가 기관이 다른 경우도 있으므로 브로커가 친분이 있다는 공무원이 실제로는 업무와 직접적인 관련이 없는 경우도 종종 있으니 주의하기 바란다. 복잡해 보이는 유통, 프랜차이즈 사업 진출을 위한 서류 준비와 허가 절차도 법률전문가의 도움을 받아 차근차근 합법적으로 진행하다보면 예상보다 빨리 큰 어려움 없이 취득할 수 있다는 것을 명심하고 베트남에서 안전하게 사업을 시작하기 바란다.

!KEYPOINT

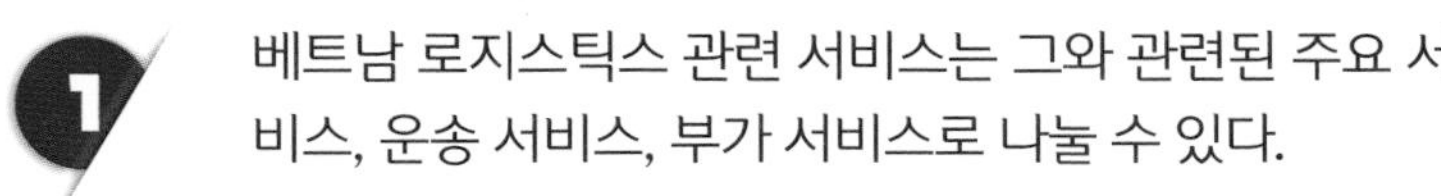

1 베트남 로지스틱스 관련 서비스는 그와 관련된 주요 서비스, 운송 서비스, 부가 서비스로 나눌 수 있다.

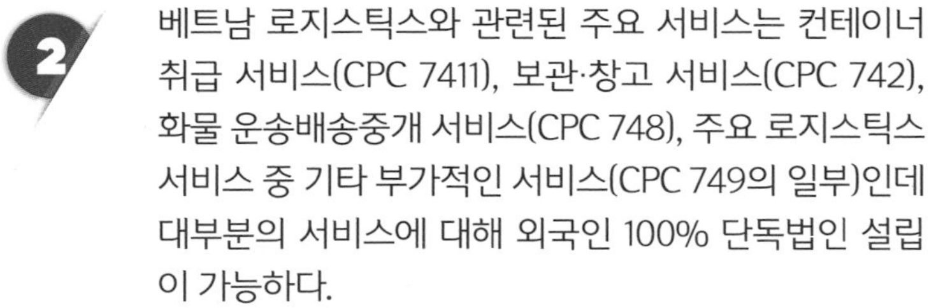

2 베트남 로지스틱스와 관련된 주요 서비스는 컨테이너 취급 서비스(CPC 7411), 보관·창고 서비스(CPC 742), 화물 운송배송중개 서비스(CPC 748), 주요 로지스틱스 서비스 중 기타 부가적인 서비스(CPC 749의 일부)인데 대부분의 서비스에 대해 외국인 100% 단독법인 설립이 가능하다.

3 베트남 로지스틱스와 관련된 운송 서비스는 해상운송 서비스, 내륙 수로운송 서비스, 항공운송 서비스, 철도 운송 서비스, 도로운송 서비스인데 대부분 외국인 지분 제한이 있고 일정 조건을 만족해야 법인 설립이 가능하다.

4 베트남 로지스틱스와 관련된 부가 서비스는 기술적 테스트와 분석, 배송 서비스, 도·소매관련 로지스틱스 서비스인데 구체적인 사업 내용에 따라 허가 여부가 달라진다.

(3)로지스틱스 / 물류사업

베트남 로지스틱스

베트남의 WTO 개방 일정에 따라 2014년 1월 11일부터 로지스틱스 시장이 개방되었다. 그에 따라 베트남 로지스틱스 시장 진출에 대한 외국 투자자들의 관심이 높아지고 있다. 그와 관련해 2014년 1월 22일에는 베트남 로지스틱스 시장 발전을 위한 교통 분야 강화에 대한 2020년까지의 계획을 담은 베트남 총리의 결정문(Decision 169/Q -TTg)이 발표되었고 2014년 초에는 베트남 화물 자동통관 시스템(Vietnam Automated Cargo Clearance System; VNACCS)과 통관정보 DB 시스템(Vietnam Customs Intelligent Database System; VCIS)을 정식으로 운영하기 위한 시행령(Circular 22/2014/TT-BTC)도 발효되었다. 또한 2014년 3월 18일에는 베트남 로지스틱스 기업협회(Vietnam Logistics Business Association; VLBA)와 로지스틱스 연구개발원(Vietnam Logistics Institute; VLI)이 처음으로 로지스틱스 분야관련 통계를 담은 베트남 로지스틱스 지수(Vietnam Logistics index)를 발표했다.

베트남 로지스틱스 지수에 따르면 베트남 로지스틱스 시장 규모는 연 200~220억 달러로 전체 GDP의 약 20.9%라고 한다. 현재 베트남에는 약 1,200여 개의 로지스틱스 기업이 호치민 시와 하노이 시 지역에 집중되어 있는데 대부분 중소기업이라고 한다. 그 중 25개의 다국적 로지스틱스 기업들이 베트남 로지스틱스 시장의 80%를 점유하고 있으며 대다수 베트남 로지스틱스 기업들은 주로 이런 다국적 로지스틱스 기업의 단계별 업무 중 일부를 맡고 있다고 한다. 즉, 각 서비스들이 하나의 업종·업태이므로 외국 투자자가 베트남에서 관련된 로지스틱스 회사를 설립할 경우, 각 서비스들을 개별적인 업종·업태로 등록해야 한다. 2014년 1월부터 베트남 로지스틱스 시장이 개방되었지만 사실 아직도 많은 부분에서 외국인 지분 제한 등 여러 제약들이 있어 우선 본인이 원하는 로지스틱스 관련 서비스가 외국인 100% 지분으로 베트남에서 회사 설립이 가능한 업종·업태인지부터 아는 것이 중요할 것이다.

베트남 상법 233조에서는 로지스틱스를 '사업체가 물품 수령, 운송 계획, 창고, 저장, 통관 절차와 다른 서류 절차의 완료, 컨설팅 제공, 물품의 포장과 코드 부착, 물품 배송, 기타 이익을 얻기 위해 고객과 협의한 다른 물품관련 서비스 등을 포함한, 하나 또는 그 이상의 업무 수행을 처리하는 상업적 행위'로 넓게 정의하고 있다. 즉, 물품 포장, 보관, 배송 등 공급자에서 소비자로 이동하는 과정의 거의 모든 서비스가 로지스틱스에 포함된다.

베트남 로지스틱스는 그와 관련된 주요 서비스, 운송 서비스, 부가 서비스로 나눌 수 있다. 현재 베트남의 로지스틱스와 관련된 법령은 WTO 협정, 베트남 상법, 로지스틱스와 관련된 상법 시행령 140(Decree 140/2007/ND-CP), 세부적인 서비스를 규제하는 관련 법령 정도인데 불명확하거나 규정 간에 상충하는 부분도 적지 않아 실무처리 시 어려움을 겪는 경우가 종종 발생하고 있다.

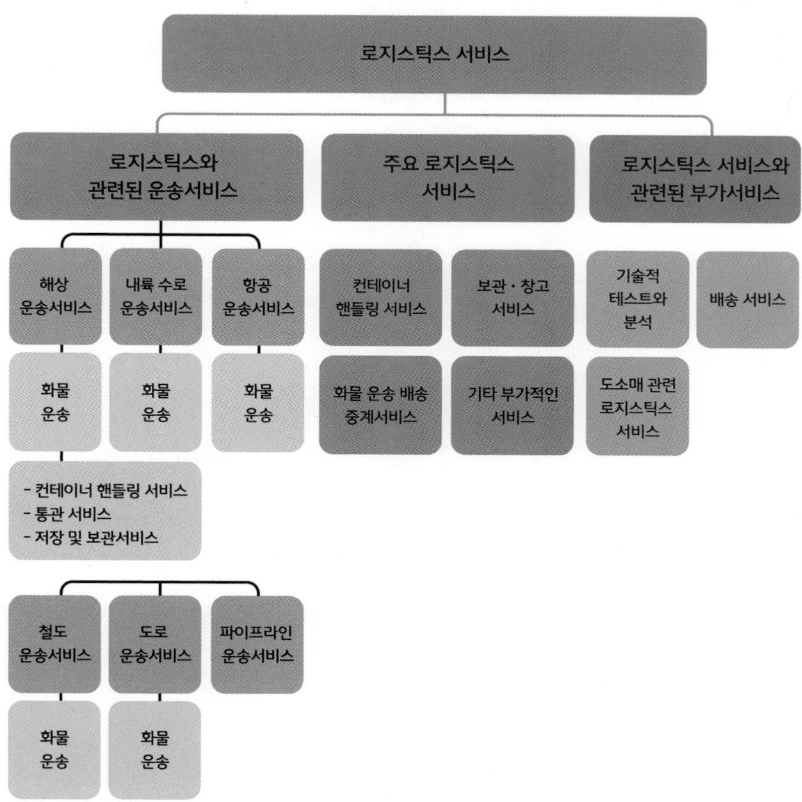

로지스틱스와 관련된 주요 서비스

컨테이너 취급 서비스(CPC 7411)

WTO 협정의 CPC 741 화물 취급 서비스(cargo handling services)는 CPC 7411 컨테이너 취급 서비스(container handling services)와 CPC 7419 다른 화물 취급 서비스(other cargo handling services)로 나뉜다. CPC 7419는 베트남의 WTO 협정에 포함되지 않았고 WTO 협정에 포함된 CPC 7411은 컨테이너에 실리는 화물을 취급하는 서비스(단, 공항에서 제공되는 서비스 제외)에 대해 외국 투자자 지분이 50% 이하인 합작회사(Joint Venture Company; JVC)를 설립할 수 있다고 규정했다. 베트남 WTO 협정 안내서에는 CPC 7411에서 언급하고 있는 컨테이너를 특수 컨테이너로 서술하고 있다.

시행령 140에서는 컨테이너 취급 서비스를 컨테이너에 물건을 싣는 것을 포함해 물품 수집과 선적을 준비하는 서비스로 넓게 보고 있다. 따라서 시행령 140의 내용상 베트남 WTO 협정에 포함된 CPC 7411뿐만 아니라 포함되지 않은 CPC 7419의 모든 서비스를 포함한 것으로 보아도 무방해 보인다.

베트남 WTO 협정 안내서에서는 CPC 7419를 컨테이너에 실리지 않는 화물(non-containerized freight)로 보고 있는데 CPC 7419는 베트남의 WTO 협정에 채택되지 않아 실무적으로 외국 투자법인의 컨테이너에 실리지 않는 다른 화물 취급 서비스 허가 여부는 산업무역부 등 유관부처의 의견에 의존할 것으로 보인다.

보관·창고 서비스(CPC 742)

시행령 140은 물품 보관과 저장 서비스를 컨테이너 보관 서비스와 원자재 및 장비를 보관하기 위한 창고사업으로 분류하고 있다. 반면, WTO 협정의 CPC 742는 물품의 종류에 따라 서비스를 분류하고 있어(예: CPC 7421-Storage services of frozen or refrigerated goods, CPC 7422 - Bulk storage services of liquids or gases 등) 물품의 종류를 나열하지 않은 시행령 140의 보관사업과 조금 다른, 특정 물품에 대한 저장·보관 서비스라고 볼 수 있다. 전에는 외국인은 51% 지분 제한이 있는 합작회사 형태로만 보관·창고 서비스를 위한 법인을 설립할 수 있었는데 2014년 1월 11일부터는 WTO 협정에 따라 그런 제한이 사라져 외국인 지분 100%의 법인 설립이 가능해졌다. 그런데 이동이 가능한 컨테이너가 아닌 창고를 제공하는 서비스를 부동산사업으로 볼 것인지에 대해서는 아직도 논란이 있다. 그와 관련해 창고 서비스 제공자가 고객에게 창고를 임대하고 고객의 물품을 창고에 보관하면서 창고와 물품 관리를 모두 하는 경우와 창고 서비스 제공자가 단순히 창고만 고객에게 임대하고 고객이 창고와 물품을 관리하는 경우로 나눌 수 있는데 후자는 부동산사업으로 간주될 확률이 높아 보인다.

화물운송중개 서비스(CPC 748)

시행령 140에서는 통관 절차를 수행하고 하역중개를 포함한 운송중개 서비스로 분류하고 있다. WTO 협정의 CPC 748는 화물중개업, 화물 포워딩, 선박과 항공기의 공간에 대한 중개업, 공동집배송(freight consolidation)과 개품산적[1](break-bulk) 서비스에 대해 언급하고 있지만 시행령 140과 달리 통관 절차에 대해서는 명시적으로 언급하고 있지 않다. 시행령 140과 WTO 협정 간의 이런 차이 때문에 화물운송중개 서비스에 통관 수속 서비스가 포함되는지 여부의 논란은 여전하다. WTO 협정 상 외국 투자자의 100% 단독회사 설립이 가능하다. 시행령 140 제5(3)(c) 조에서는 외국인 지분에 대한 제한이 없지만 여전히 합작투자 형태를 요구하고 있다. 외국인 지분 제한이 없다는 의미는 100% 투자할 수 있다는 것인데, 합작투자 형태를 요구하는 것은 베트남인이 반드시 포함되어야 한다는 의미라서 외국인 지분 100%가 불가능하여, 해석상 상충함. 실무적으로 하노이와 호치민의 교통부(Ministry of Transportation; MOT)와 산업무역부(Ministry of Industry and Trade; MOIT)에 확인해보니 외국 투자자의 100% 투자가 가능하다는 유권해석을 하였고, 저자도 화물운송중재 서비스를 위한 100% 외국인 투자 법인을 성공적으로 설립한 경험이 있다. 참고로 해상운송과 선박의 예선(曳船) 서비스에 대해서는 외국인 지분이 49%까지 제한되어 있다.

주요 로지스틱스 서비스 중 기타 부가 서비스(CPC 749의 일부)

시행령 140에서는 '로지스틱스 전반에 걸친 운송과 물품 저장에 관한 정보의 수령, 보관, 관리행위를 포함하는 기타 부가 서비스; 고객에 의해 반품된 물품의 재처리, 재고품과 유효기간이 지난 물품의

1 치수나 무게가 지나치게 커서 컨테이너에 수납할 수 없거나 포장이 불가능한 화물을 선창내(船艙內;hold)나 갑판상의 공간에 선측으로부터 직접 적재하는 것
[선박항해용어 사전]

재처리, 그런 물품의 재배급; 컨테이너의 임대와 할부 구입 서비스'를 포함하고 있다. WTO 협정 CPC 749 기타 보조적이고 부가적인 운송 서비스(Other supporting and auxiliary transport services)에서 관련내용을 살펴보면 '화물중개업 서비스; 청구서 회계감사와 운임정보 서비스; 운송서류 준비 서비스; 포장과 결박, 포장 해제와 결박 해제 서비스; 화차(貨車)와 화물 검사 서비스; 화물 수령과 인수 서비스(현지 수집과 배달 포함)'를 포함하고 있다. 이렇게 WTO 협정과 Decree 140에 명시된 서비스의 범위가 동일하지 않아 실무처리 시 유관부처가 어느 것을 기준으로 보느냐에 따라 업무처리에 어려움을 겪는 경우도 발생하고 있다. 외국인 지분 제한과 관련해 WTO 협정상 2014년 1월 11일부터 외국인 지분 제한이 사라졌다. 하지만 '베트남 파트너와 합작회사 설립을 통해서만'이라는 단서조항은 유지되고 있어 이론상으로 외국인 지분은 99.99%까지 가능해 보인다.

로지스틱스와 관련된 운송 서비스

운송 서비스업은 우선 서비스를 제공하기 위한 항공기나 차량 등 필요한 운송수단을 소유 또는 임대하는 방식으로 보유해야 한다. 그와 더불어 관련면허, 인력에 대한 자격 조건, 최소 자본금 등 여러 조건들도 만족시켜야 한다. 또한 대부분의 운송 서비스업은 외국인 지분 제한이 있고 각 운송수단의 유지·보수 방안도 요구된다.

해상운송 서비스와 해상운송 보조 서비스(컨테이너 취급 서비스, 통관 서비스, 저장·보관 서비스)

원양선박에 의한 운송 서비스(CPC 721) 중 베트남은 세계무역기구(WTO) 협정상 연안운송을 제외한 승객 운송(CPC 7211)과 화물 운송(CPC 7212)만 개방했다. 즉, 베트남 국내 운송 서비스업은 아직도 외국인에게 허가되지 않았으며 승객과 화물의 국제 해상운송 서비스업에 대해서는 2012년 1월 11일부터 이미 외국인 지분 100% 회사 설립이 가능하다.

해상운송 보조 서비스 중 컨테이너 취급 서비스(CPC 7411)에 대해서는 WTO 가입과 동시에 외국인 지분 50% 이하의 합작법인(Joint Venture Company; JVC) 설립을 허가했고 통관 서비스도 합작법인을 통한 제공이 가능하다. 컨테이너 장치장과 기지(container station and depot) 서비스는 2014년 1월 11일부터 외국인 지분 100% 회사 설립이 가능하다.

내륙 수로 운송 서비스

베트남의 WTO 협정에 의한 개방 범위는 비 원양선박에 의한 운송 서비스(CPC 722) 중 일부다[해상운송 서비스의 개방 범위와 비슷함]. 로지스틱스에 관한 상법 시행령 140, 내륙수로항해법(Law on Inland Waterway Navigation), 베트남 WTO 협정 등에 근거해 외국인 지분은 49%로 제한된다.

항공 운송 서비스

외국 항공사의 베트남 진출에 대해 베트남은 항공상품의 판매와 마케팅, 컴퓨터 예약 서비스에 한정해 WTO 협정을 체결했다. 외국인 100% 직접투자는 2012년 1월 11일부터 항공기 유지·보수

(Maintenance and repair of aircraft; CPC 8868)에 대해서만 허가했다. 그 외 여객과 화물 등에 대한 항공 서비스는 항공운송 및 항공사업에 대한 시행령(Decree 30/2013/ND-CP)에 규정되어 있으며 외국인 지분은 최대 30%로 제한된다.

철도 운송 서비스

WTO 협정상 내용은 베트남 철도법(Law on Railway)상의 내용과 비슷한데 외국인 지분은 49%로 제한된다.

도로 운송 서비스

WTO 가입과 동시에 경영협력계약(Business Cooperation Contract; BCC) 또는 합작 형태로 법인 설립이 허용되었다. 외국인 지분은 49% 이하로 제한했는데 2010년 1월 11일부터 51% 이하로 외국인 지분 제한이 약간 완화되었다. 하지만 일반 결의도 최소 51%(주식회사) 또는 65%(유한책임회사)를 요구하므로 큰 의미는 없다고 볼 수 있다. 운전기사는 100% 베트남 국민만 고용해야 한다.

파이프라인 운송 서비스

로지스틱스에 관한 상법 시행령 140에 따르면 다른 관련된 국제 조약이 있지 않은 한, 외국인에게 허용하지 않고 베트남 WTO 협정에도 포함되지 않았다. 따라서 파이프라인 운송 서비스업은 아직까지 외국인에게 개방되지 않았다.

로지스틱스 관련 부가 서비스

기술적 테스트와 분석

로지스틱스에 관한 상법 시행령 140에서는 로지스틱스 서비스 관련 기술적 검토와 분석 서비스에 대해 언급하고 있고 WTO 협정의 기술적 테스트와 분석(CPC 8676)의 내용과 다르지 않으므로 이론상으로는 외국인 지분 100% 회사 설립이 가능하다. 단, 베트남 정부가 허용하는 경우로 한정되어 있고 일정 기간 합작회사 형태만 허용되고 그 이후에서야 외국인 지분 100%가 가능하므로 실제 허가 여부는 불확실하다고 볼 수 있다.

배송 서비스

2014년 1월 11일부터 외국인 지분 100% 회사 설립이 가능하며 베트남 WTO 협정상의 사업 범위가 로지스틱스에 관한 상법 시행령 140에서 언급한 사업 범위보다 좁아 WTO 협정상의 내용이 적용될 것으로 보인다.

도·소매관련 로지스틱스 서비스

로지스틱스에 관한 상법 시행령 140과 베트남 WTO 협정에 따르면 일정 조건을 만족하면 물건의 수집, 조립, 분류, 배송 및 창고 물품관리 등의 업무를 할 수 있다. 하지만 그와 관련된 구체적인 하부조항이 없어 실무적으로는 서비스의 범위와 허가 여부가 불확실하다고 볼 수 있다.

위와 같이 법적 관점에서 베트남 로지스틱스 서비스를 살펴보았다. WTO 가입을 시작으로 자유무역협정(FTA), 환태평양 경제동반자 협정(TPP) 등을 통해 성장 가능성이 매우 높은 베트남 시장에 한국 로지스틱스 업체들이 성공적으로 많이 진출해 세계적 기업으로 거듭나길 바란다.

※ 참고로 '로지스틱스'와 '물류'를 구분해 로지스틱스를 물류의 상위 또는 하위 개념으로 보고 구분 없이 동일 개념으로 보기도 한다(혹자는 '공급망 관리(Supply Chain Management; SCM)'를 로지스틱스의 상위 개념으로 봄). 이 책에서는 베트남 WTO 개방일정에서 사용된 용어인 Logistics를 그대로 원용해 사용했다.

※ 로지스틱스 사업에 대한 새 시행령(Decree 163/2017/ND-CP)이 2018년 2월 20일 발효되어 이 책에서 적용한 시행령(Decree 140/2007/ND-CP)을 대신하게 되었다. 새 시행령 163에 따라 일부 변경된 내용이 있으니 실무 적용시 저자와 확인하기 바란다.

!KEYPOINT

과거에 시기와 위치 등에 따라 외국인 명의로 요식업 허가를 받거나 못 받기도 했는데 2015년 1월 11일부터는 요식업 시장이 외국인에게 개방되었다.

식품과 음료관련 사업은 식품 서비스, 음료 서비스, 식품과 음료 제조업, 식품과 음료 유통업으로 크게 분류할 수 있다. 세부적으로 분류된 각 서비스도 하나의 업태이므로 관련사업체를 설립할 경우, 이 서비스들을 각각 별도의 업태로 등록해야 한다.

(4)요식업

식당, 카페, 제과, 급식 등

◆
◆
◆

베트남의 WTO 개방 일정에 따라 2015년 1월 11일부터 요식업이 외국인에게 개방되었다. 그에 따라 베트남인 명의로 식당을 운영하는 등 이미 사업을 하고 계신 분들뿐만 아니라 베트남 요식업 시장에 신규 진출하려는 외국 투자자들의 관심이 높아지고 있다. WTO 협정에 따르면 2015년 1월 요식업이 외국인에게 개방되기 전에는 호텔사업을 하는 경우, 호텔에 있는 레스토랑에 한정해 허가를 받을 수 있었다. 실무적으로 하노이에서는 호텔사업을 하지 않아도 2011년 말부터 2012년 초까지 한시적으로 건물을 새로 짓거나 기존 건물을 수리, 증·개축하고 그 건물에서 식당을 운영하는 경우에는 외국인 명의로 허가를 받을 수 있었다. 하지만 그 이후의 신규 허가나 이미 발행된 투자등록증(IRC)과 기업등록증(ERC)(2015년 7월 1일 이전은 투자허가서(IC))의 갱신은 엄격히 WTO 협정에 따라 요식업은 호텔업과 병행해야만 허가해주었다. 그러다가 2013년 말부터 2015년 1월 공식적인 개방 전까지 상업용 건물, 슈퍼마켓, 아파

<베트남의 식품과 음료 관련 사업 개관>

트 단지 내의 식당과 푸드코트에 대해서는 실무적으로 외국인의 요식업 신청에 대해 허가해주었다. 이렇게 시기와 위치 등에 따라 외국인 명의로 요식업 허가를 받거나 받지 못했으므로 외국인 명의의 요식업 허가에 대해 많은 혼동이 있었던 것 같다.

위에서 언급한 경우가 아니라면 대외적으로 한국인이 주인이라는 대부분의 식당들은 법적으로 베트남인 명의인 것으로 보인다. 실제 투자자 명의가 아닌 경우, 사업이 번창하면 욕심이 생긴 현지 명의자에게 모두 빼앗기거나 자신의 명의를 빌미로 돈을 계속 요구하거나 자기 마음대로 경영하는 등의 횡포를 부리는 경우도 있다. 또한 명의를 임의로 변경하거나 회사 자산이나 부동산을 담보로 대출받아 도주하는 경우도 있다. 반대로 베트남인 명의자의 입장에서는 실제 투자자가 베트남인 '바지 사장'을 이용해 하고 싶은 것을 마음대

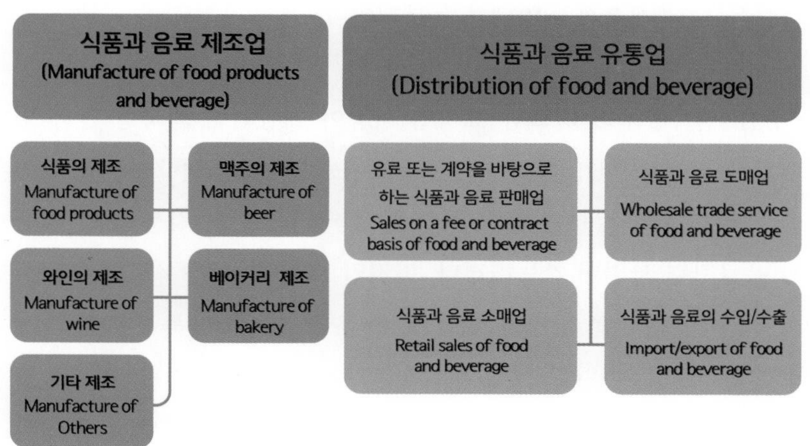

로 하고 법적 책임은 본인이 질까봐 불안해하는 경우도 종종 있다. 이제 합법적으로 외국인 명의로 요식업 투자 허가를 받을 수 있으니 실제 투자자 본인 명의로 변경하는 것이 좋을 것 같다.

위와 같이 베트남의 식품과 음료관련 사업을 식품 서비스, 음료 서비스, 식품과 음료 제조업, 식품과 음료 유통업으로 크게 분류했다. '사업의 종류: 업태-음식점업 / 종목-한식', '업태-음식 / 종목-국수' 등으로 등록되는 한국의 사업자등록증과 같이 베트남의 투자등록증(IRC)과 기업등록증(ERC)(2015년 7월 1일 이전은 사업자등록증(베트남인의 경우); 투자허가서(외국인의 경우))도 업태를 등록하는데 한국보다 더 구체적으로 명시하는 것이 특징이다. 예를 들어 음료 서비스는 노래나 공연 등의 엔터테인먼트를 함께 제공하느냐 여부에 따라 다시 나뉘고 이렇게 세부적으로 분류된 서비스도 하나의 업태다. 따라서 베트남에서 관련사업체를 설립할 때는 이 서비스들을 각각 개별적인 업태로 등록해야 한다.

2015년 1월부터 베트남 요식업 시장이 개방되어 외국인 단독 명의로 투자등록증(IRC)과 기업등록증(ERC)(2015년 7월 1일 이전은 투자허가서(IC))를 발급받아(즉, 외국인 100% 지분으로) 식품과 음료관련 사업이 가능해졌다. 하지만 요식업은 식·음료의 특성상 식품 안전, 음식 조리 장소 요건 등 여러 조건들을 만족해야 하고 제공하는 서비스에 따라 사업체 설립 이후에 관련증명서와 면허 등을 추가로 취득해야 하므로 실제로 사업을 시작할 때까지 처음 예상보다 더 긴 시간이 걸릴 수 있다는 점을 염두에 두기 바란다. 즉, 베트남의 새 투자법과 기업법이 발효되는 2015년 7월 1일을 기준으로 7월 1일 이전에는 투자허가서 신청 → 투자허가서 취득 → 신문 공고 → 법인 인감과 세금 코드 신청 및 수령의 절차로 요식업 사업체를 설립했지만 7월 1일부터는 현재의 투자허가서(IC) 대신 투자등록증(IRC)과 기업등록증(ERC)의 두 단계 발급으로 바뀌었다.

투자등록증(IRC)과 기업등록증(ERC)을 발급받은 후, 식당 등의 요식업 사업체는 음식을 제공할 때 베트남 보건부(Ministry of Health; MOH)가 발행하는 식품안전조건 적합증명서(Giấy chứng nhận cơ sở đủ điều kiện an toàn thực phẩm; Certificate on satisfaction of food safety conditions)를 취득하고 음료(주류, 청량음료, 우유 등)를 제공할 때는 베트남 산업무역부(Ministry of Industry and Trade; MOIT)가 발행하는 식품안전조건 적합증명

서(Giấy chứng nhận cơ sở đủ điều kiện an toàn thực phẩm; Certificate on satisfaction of food safety conditions)를 취득해야 한다. 사업체의 식품안전조건 적합증명서 취득과 별개로 법적 대표자와 요리사 등 식·음료를 직접 취급하는 직원들도 식품안전지식 확인증(Giấy xác nhận kiến thức về an toàn thực phẩm; Certificate on knowledge on food safety)을 발급받아야 한다. 주류를 판매하는 경우에는 주류 판매 면허도 발급받아야 한다.

[식품안전조건 적합증명서(음식 제공 사업체; MOH 발행)]
[Chart 29] 참조 p.396

[식품안전조건 적합증명서(음료 제공 사업체; MOIT 발행)]
[Chart 30] 참조 p.397

[식품안전지식 확인증(법적 대표자와 식·음료 취급 직원)]
[Chart 31] 참조 p.398

[주류 판매 면허]
[Chart 32] 참조 p.399

국제적으로 UN은 중앙생산물분류(Central Product Classification; CPC)를 제정해 각국에 사용을 권고하고 있고, 개별 국가들은 UN CPC를 기준으로 자국의 실정에 맞게 분류체계를 사용하고 있다.

식품과 주류 및 음료 서비스는 WTO 협정상 CPC 642(UN 분류상 Food serving services; 베트남 WTO 양허표 분류상 Food catering)와 CPC 643(UN 분류상 Beverage serving services for consumption on the premises; 베트남 WTO 양허표 분류상 drink services) 2개 그룹으로 구분되어 있고 관련된 베트남 경제 체제 내 사업 분야 목록에 관한 결정서 337/QD-BKH에서는 그룹 561(Restaurant and mobile food services)와 그룹 563(Beverage serving services)으로 분류했다.

A. 식품 서비스(CPC 642)

A1. 레스토랑의 풀 서비스와 함께 제공되는 음식 서빙 서비스 (CPC 6421)

엔터테인먼트 제공 여부와 상관없이 테이블 좌석에 앉아 있는 고객 개개인을 위한 웨이터 서비스 등을 포함한 레스토랑과 카페의 풀 서비스와 함께 음식을 제공하는 서비스가 CPC 6421에 해당한다. 그와 관련해 결정서 337/Q -BKH 그룹 56(Food and beverage services)의 예외를 참고하면 이 서비스에서 제공되는 음식은 고객이 별도로 조리 등 손질할 필요 없이 곧바로 섭취할 수 있는 상태로 제공되도록 준비해야 한다고 이해하면 될 것이다. 부수적으로 음식과 함께 매장에서 즉시 소비하기 위한 음료를 함께 제공할 수 있다.

A2. 셀프서비스 시설에서의 음식 제공 서비스(CPC 6422)

소비자가 미리 조리된 음식을 개별적으로 선택하고 그에 맞추어 돈을 지불하는 서비스다. 이런 시설에는 좌석은 있지만 웨이터 서비스를 제공하지는 않는다. 일반적인 뷔페나 셀프서비스 레스토랑으로 보면 될 것 같다.

A3. 급식 및 출장 요리 서비스(CPC 6423)

공장이나 회사에 급식을 제공하는 서비스나 고객의 요청에 따라 고객이 원하는 장소에서 음식과 음료를 준비하기 위해 해당 장소로 요리사와 직원을 파견하는 서비스다. 장소는 고객의 집이나 다른 곳은 어디든 가능하지만 서비스를 본인의 매장에서 제공할 수는 없다.

A4. 기타 음식 제공 서비스(CPC 6429)

소규모의 간식 판매점 등에서 제공하는 음식 준비와 서빙, 관련주류 및 음료 서비스 등을 말한다.

B. 음료 서비스(CPC 643)

CPC 643은 매장에서의 소비를 위한 음료 서비스다. 결정문 337/Q -BKH 그룹 563에서는 즉각적인 소비를 위한 주류 및 음료 제공 서비스로 분류하고 다시 몇 가지 세부그룹(예: 5630-음료조달사업; 56301-Pub, Bar; 56309-기타 음료조달사업)으로 분류하는데 매장에서의 소비를 위한 것이 아닌 단순히 판매만 목적인 것(47110-Retail sale in non-specialized stores with food, beverages or tobacco predominating으로 분류됨)을 포함하지는 않는다. 즉, CPC 643과 결정문 337/Q -BKH 그룹 563의 음료 서비스는 매장 내에서 즉각적인 소비를 하기 위한 음료를 제공하고 고객을 응대하는 것까지이고 고객 응대 서비스 없이 슈퍼마켓에서 파는 것처럼(판매자가 직접 만들지 않은) 음료제품을 판매하는 것은 소매사업으로 분류되어 별도의 관련면허를 취득해야 한다. 일부 카페나 제과점에서 브랜드 주스제품 등을 판매하는 것이 후자에 해당한다.

도·소매 목적으로 주류를 판매하는 것이 아닌 매장에서 즉각적인 소비를 위해 주류를 판매하는 것에 대해서는 '주류 제조 및 거래에 대한 시행령 94/2012/ND-CP를 안내' 하기 위한 시행세칙 60/2014/TT-BCT가 적용되면 안 되지만 실무적으로 담당 기관은 매장에서 즉각적인 소비를 위해 주류를 제공하는 경우에도 이 시행세칙을 준수해 주류 소매업 허가를 받을 것을 요구하고 있다는 점도 참고하기 바란다. 그와 더불어 베트남 관련법상 특별히 주류 유

통 면허나 주류 소매 면허 등 주류관련 면허를 취득해야 하는 주류의 알코올 농도에 대해서는 언급하지 않고 있는데 실무적으로 매장에서 주류를 제공한다면 알코올 농도를 불문하고 그와 관련된 주류 면허가 요구된다.

B1. 엔터테인먼트 제공 없는 주류 및 음료 서빙 서비스 (CPC 6431)

주류 및 음료 서빙 서비스는 대부분의 주점과 비슷한 시설에서 엔터테인먼트를 제공하지 않고 즉각적인 소비를 하기 위한 주류와 음료를 제공하고 고객을 응대하는 것을 의미한다. 기차, 선박 등의 교통시설, 호텔 및 다른 숙박업소에서 운영하는 주점에서의 비슷한 서비스도 그에 포함된다.

B2. 엔터테인먼트와 함께 제공하는 주류 및 음료 서빙 서비스 (CPC 6432)

매장에서 즉각적인 소비를 하기 위한 주류와 음료 서비스라는 점은 위의 CPC 6431과 같지만 춤, 공연, 노래 등의 엔터테인먼트를 매장 내에서 함께 제공한다는 점이 다르다. 여기서 엔터테인먼트란 별도로 공연 표를 판매하거나 금전적 이익을 보는 것이 아니라 레스토랑이 식사에 부가적으로 제공하는 공연 정도를 의미한다. 만약 공연자가 베트남인이라면 그 허가를 요구하는 것은 아니지만 공연자가 외국인이거나 해외에 거주하는 베트남인인 경우에는 별도로 공연을 위한 허가를 받아야 한다.

C. 식품과 음료의 제조

베트남은 식품과 음료 제조활동에 대해서는 WTO 협정을 맺지 않았다. 하지만 베트남의 관련법상 이 사업은 외국인에게 금지된 업종·업태가 아니므로 외국인도 식품과 음료 제조업을 할 수 있다. 식품과 음료 제조활동은 베트남 경제체제 내 사업 분야 목록에 관한 결정서 337/QD-BKH의 그룹 10과 11에 다음과 같이 명시되어 있다.

- Group 10: 식품 제조와 처리는 농산품, 임산물, 수산물을 사람과 동물이 먹을 수 있도록 처리하는 과정과 식용이 아닌 다양한 부산물을 포함한다(예: 도축 과정에서 얻어지는 동물의 가죽이나 식물성 기름제품을 만드는 과정에서 발생하는 oil cake 등).
- Group 11: 음료 제조는 생수, 무알코올 음료, 발효를 통해 만든 알코올성 음료(예: 포도주, 과일 발효주 등), 증류된 알코올성 음료(예: 코냑, 위스키 등) 등의 제조를 의미한다.

C1. 식품 제조

결정서 337/QD-BKH의 클래스 101~108에 규정된 식품 제조

- Class 101(고기의 처리 공정 및 보존): 고기의 숙성, 건조, 통조림 제조 등에 관해 규정하고 있는데 대부분 통조림 제조 공정에 대한 것이다.
- Class 102(수산물과 수산물로 제조된 제품의 공정 및 보존): 생선, 갑각류 및 연체동물의 보존, 냉동, 건조, 훈제, 염장, 관련된 통조림 제조 등에 대한 것이다.

· Class 103(채소와 과일의 처리 공정 및 보존): 채소와 과일을 처리하는 공정, 냉동·건조 방법 등을 통한 보존에 대한 것이다.
· Class 104(동·식물성 기름 및 지방의 제조)
· Class 105(우유와 유제품의 제조)
· Class 106(분쇄 및 가루 제조)
· Class 107(기타 식료품 제조): 제빵, 설탕 및 사탕류, 면류, 완전히 조리된 음식, 커피와 차, 기타 부패하기 쉬운 음식의 제조에 대한 것이다.
· Class 108(동물용 사료의 제조)

식품 제조를 시작하기 전에 식품안전지식 확인증(Certificate on knowledge on food safety)과 식품안전조건 적합증명서(Certificate on satisfaction of food safety condition)를 취득해야 하며 제품을 시장에 출시하기 전에 기술명세사항 공고(Announcement of specifications conformity)나 식품안전 규정 준수 공고(Announcement of food safety regulations conformity) 절차를 완료해야 한다. 또한 제조업자는 제품 라벨(label) 표시의 의무도 있다.

인·허가와 관리 주체는 어떤 식품 제조사업을 하느냐에 따라 산업통상부(Ministry of Industry and Trade; MOIT), 보건부(Ministry of Health; MOH), 농업 및 지방 개발부(Ministry of Agriculture and Rural Development; MARD)가 될 수 있다. 식품안전 관리를 위한 유관부서 간의 직무 배정과 협조에 대한 시행세칙 13/2014/TTLT-BYT-BNNPTNT-BCT에 따라 클래스 101~103과 108

에 대해서는 MARD, 클래스 104~106에 대해서는 MOIT가 허가·관리를 담당한다. 클래스 107은 구체적인 사업 내용에 따라 MOIT, MOH, MARD에 의해 유동적으로 관리될 수 있다. 관리 주체가 다른 2가지 이상의 식품을 제조하는 경우(즉, 관리 주체가 다른 클래스들이 섞여 있는 사업. 예: 클래스 101+105)에는 다음과 같이 관리 주체가 결정된다.

· MOH를 포함해 2개 이상의 관리당국에 관리 책임이 있는 경우, MOH가 인·허가와 관리의 주체가 된다.
· MARD와 MOIT 모두 관리 책임이 있는 경우에는 MARD가 인·허가와 관리의 주체가 된다.

C2. 음료의 제조

C2-1. 알코올성 음료의 제조(결정서 337/QD-BKH의 클래스 1101~1103)

· Class 1101(주류의 증류, 정류 및 혼합): 마실 수 있도록 증류된 위스키, 브랜디, 진, 칵테일 등의 알코올성 음료의 제조
· Class 1102(와인의 제조): 스파클링 와인, 포도 전체를 농축한 와인의 제조, 증류하지는 않고 발효만 시킨 알코올성 음료, 청주, 사이다, 배즙으로 빚은 술, 벌꿀 술, 기타 과실주와 알코올이 들어간 혼합음료
· Class 1103(맥주와 맥아의 제조)

클래스 1101과 1102에 속하는 제조사업을 하기 위해서는 식품안전지식 확인증, 식품안전조건 적합증명서, (산업적) 주류 제조허가증(Giấy phép sản xuất rượu công nghiệp; license for industrialized liquor·wine production)을 취득하고 기술명세사항 준수 공고 절차를 완료해야 한다. 클래스 1103에 속하는 맥주 제조사업을 하기 위해서도 식품안전지식 확인증과 식품안전조건 적합증명서(단, 1101과 1102와 다른 조건임)를 취득하고 기술명세사항 준수 공고 절차를 완료해야 하지만 클래스 1101과 1102와 달리 별도의 맥주 제조허가증 발급 절차는 없다. 식품제조업자와 마찬가지로 음료제조업자도 제품 라벨을 표시할 의무가 있다.

C2-2. 무알코올 음료의 제조(결정서 337/QD-BKH의 클래스1104)

클래스 1104는 무알코올 음료와 생수의 제조에 대해 언급하고 있다. 알코올음료의 제조와 같이 식품안전지식 확인증과 식품안전조건 적합증명서를 취득하고 기술명세사항 준수 공고 절차를 밟아야 한다. 클래스 1101~1103에 명시된 음료 제조업 허가와 관리의 주체는 MOIT다. 클래스 1104는 생수 제조만 한다면 MOH, 무알코올 음료의 제조만 한다면 MOIT, 두 가지 모두 제조한다면 MOH가 인·허가와 관리의 주체가 된다.

D. 식품과 음료의 유통

베트남의 WTO 협정 안내서에 따르면 '유통'은 도매상, 소매상, 소비자, 중개상 등에게 물품을 판매하는 모든 서비스를 포함한다. 반면, 베트남 외국 투자법인의 물품 구매와 매매 및 그와 직접 관련된 활동에 대한 상법을 안내하는 시행령 23/2007/ND-CP의 3.5조에 따르면 '유통'은 베트남 법령이 정하는 바에 따른 도매, 소매, 구매 및 매매 대행, 프랜차이즈의 활동을 의미한다.

기본적으로 외국 투자법인이 직접 만들거나 생산한 것이 아닌 제품을 판매할 경우에는 유통업이 회사의 투자등록증(Investment Registration Certificate; IRC)에 명시되어야 하지만 직접 만들거나 생산한 것은 유통업을 등록하지 않아도 판매할 수 있다. 실무적으로 유통법인 설립에는 긴 시간이 걸리므로 베트남에서 식품과 음료 유통법인을 설립하기 위해서는 먼저 베트남에서 그 식품과 음료의 유통이 허용되는지 HS코드를 확인해보는 것이 좋다.

D1. 식품 및 음료 도매업 서비스

도매업은 베트남의 WTO 협정상 그룹 622와 이 그룹의 하위 클래스인 6222(식품, 음료와 담배 도매업 서비스)에 명시되어 있다. 식품과 음료 도매업은 식품과 음료를 생산자, 수입업자, 다른 도매상 등으로부터 구매한 후, 최종소비자가 아닌 다른 도매상이나 소매상에게 판매하는 사업이다.

D2. 식품 및 음료 소매업 서비스

소매업 서비스는 베트남의 WTO 협정상 그룹 63과 이 그룹의 하위 클래스인 631(식품 소매업 서비스)에 명시되어 있다. 식품과 음료 소매업은 식품과 음료를 생산자, 수입업자, 도매상 등으로부터 구매한 후, 최종소비자에게 판매하는 사업이다.

소매 1호점 설립은 투자자의 재정 능력과 시장 수요 등을 검토하는 경제적 수요에 대한 심사(Economic Needs Test; ENT)가 요구되지 않지만 2호점부터는 ENT의 결과에 따라 투자 허가 여부가 결정된다. 하지만 이미 인프라 구축이 완료되었고 상품 매매를 위해 계획된 지역에 점포가 위치하며 규모가 500 m2 미만이면 ENT의 대상에 해당하지 않는다.

D3. 식품 및 음료 위탁판매 서비스

식품 및 음료 위탁판매 서비스는 WTO 협정상 클래스 621에 속하는데 하위 클래스인 62112(계약 조건 또는 수수료 방식의 식품, 음료와 담배의 판매)가 식품 및 음료 위탁판매 서비스에 관한 것이다. 예를 들어 상점 X가 레스토랑 Y를 대행해 제품을 판매하고 판매대금의 10%의 수수료를 받는 경우가 이에 해당된다.

D4. 식품 및 음료 프랜차이즈

프랜차이즈 형태로 유통업에 진출하는 경우, 법인 설립 여부에 따라 베트남 현지 법인을 설립하지 않고 프랜차이즈 계약을 체결해 사업하는 방식과 베트남 현지 법인을 설립하고 법인을 통해 사업하는 방식으로 구도를 잡을 수 있다. 이것을 일반적인 영업 방식으로 생각해보면 전자는 현지 베트남 업체에게 영업권을 주고 로열티를 받는 마스터 프랜차이징이나 라이선싱으로 볼 수 있고 후자는 베트남 현지 법인을 설립해 사업하는 직접 프랜차이징으로 볼 수 있다.

식품 및 음료 유통관련 수출입

앞에서 설명한 것과 같이 식·음료 유통은 직접 제조하거나 생산한 것이 아닌 것을 구매해 도매상, 소매상, 최종소비자에게 판매하는 활동을 의미한다. 이 활동은 필요한 식품과 음료를 베트남 내에서 구매하는 것을 전제로 하며 식품과 음료를 해외에서 베트남으로 수입하는 것은 포함하지 않는다. 따라서 유통업을 하는 외국 투자법인이 해외에서 식품과 음료를 베트남으로 들여올 계획이라면 별도로 수입권을 등록해야 하고 식품과 음료를 베트남에서 구매해 해외에 판매하기 위해서는 수출권도 등록해야 한다.

수출권은 베트남 내에서 수출용 상품을 구매하고 수출신고서 작성 및 수출관련 절차 처리에 대한 책임까지 포괄적으로 포함한다. 수입권은 베트남에서 해당 상품의 유통 권한이 있는 상인들에게 판매하기 위한 상품을 외국에서 베트남으로 수입할 권한, 수입신고서 작성 및 수입관련 절차 처리에 대해 책임지는 권한까지 포괄적으로 포함한다.

베트남 법 또는 베트남이 조약 당사국인 조약에서 별도로 규정한 바가 없다면 베트남에서 수출입용 상품 구매 네트워크를 구축하거나 참여할 수 있는 권한은 수출권과 수입권에서 제외된다. 참고로 한국과 베트남 간 조약에서도 이것을 별도로 규정하지 않아 한국도 수출권과 수입권에 수출입용 상품 구매 네트워크를 구축하거나 참여할 수 있는 권한은 포함되어 있지 않다.

해외투자 Tip

과거에는 요식업을 위한 법인을 설립한 후, 운영하기 위해 취득해야 할 각종 증명서, 확인증, 면허가 없어도 단속 공무원에게 금품을 제공해 대부분 넘어갈 수 있었던 것이 사실이다. 하지만 2015년 초부터 관련법이 강화되어 그렇게 처리할 수 없는 경우가 많아졌고 나아가 불이익을 당하는 경우도 생기고 있다. 법적으로 요식업을 위한 법인 설립만으로 곧바로 운영할 수 없는 경우도 많으니 이것을 확인해 불이익을 당하지 않도록 조심하길 바란다.

LAW

PART 06

회사 청산하기

!KEYPOINT

1 프로젝트 오피스와 법인은 다른 종류이므로 프로젝트 오피스를 법인으로 전환하거나 반대로 법인을 프로젝트 오피스로 전환할 수 없다.

2 프로젝트 오피스의 청산은 프로젝트 종료 및 PO 청산관련 통보, 근로계약관련 사안 종결, 납세 완료, 과실송금(果實送金), 은행계좌 해지, 인감 반납의 순서로 진행된다.

프로젝트 오피스 청산

◆
◆
◆

일반적으로 외국인(외국 회사 포함)이 베트남에서 건설공사 프로젝트를 수행하기 위해서는 베트남에 시공법인을 설립해야 한다. 하지만 외국인이 베트남에 법인을 설립하지 않고도 그 건설공사 프로젝트에 한정해 수행할 수 있도록 개별 시공 허가(즉, 도급자 허가(Contractor Permit))를 받아 건설공사 프로젝트를 수행할 수도 있다[프로젝트를 관리하는 사무실을 일반적으로 프로젝트 오피스(Project Office)라고 부르며 PO, Project Management Office, PMO, Operational Office 등으로 부르기도 한다]. 프로젝트 오피스는 단일 프로젝트만 수행하기 위한 것이므로 그 프로젝트가 종료되면 청산되어야 한다. 즉, X 프로젝트 수행을 위해 발급받은 X 도급자 허가로 Y 프로젝트는 수행할 수 없으며 Y 프로젝트 수행을 위해서는 별도로 Y 도급자 허가를 발급받아야 한다. 또한 X 프로젝트와 Y 프로젝트에 대한 서비스가 종료되면 X 프로젝트 오피스와 Y 프로젝트 오피스를 각각 청산해야 한다. 가끔 프로젝트 오피스를 법인으로 전환하거나 반대로 법인을 프로젝트 오피스로 전환할 수 없느냐는 질문을 받는데 둘은 다른 종류이므로 전환할 수 없다. 프로젝트 오피스의 청산 절차는 다음과 같다.

<PO 청산 절차>

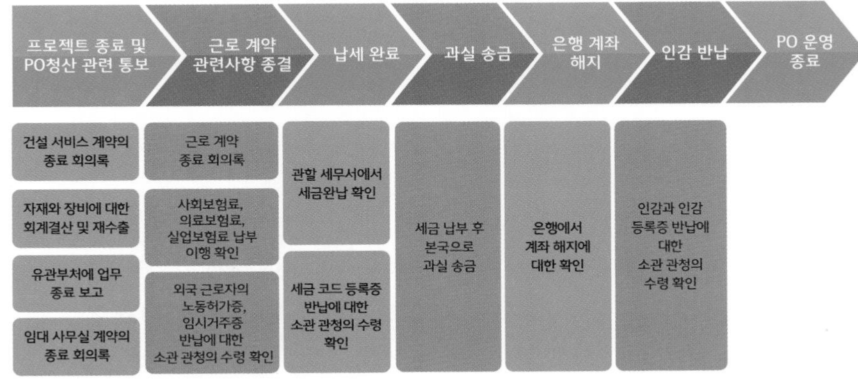

프로젝트 종료 및 PO 청산관련 통보

외국 계약자(프로젝트 오피스)와 다른 당사자(예: 투자자, 주 계약자, 하도급[1] 계약자 등) 간에 계약된 업무와 기타 의무사항을 완료한 후, 관련계약을 종료한다. 사무실 임대계약 등 프로젝트 오피스와 관련된 모든 계약도 청산하고 외국 계약자가 프로젝트 수행을 위해 일시적으로 수입한 장비와 사용하고 남은 자재는 재수출한다.

건설부, 재정부, 산업무역부, 은행, 세관 등 여러 관련기관들에게 프로젝트 종료를 통보해야 하고 운영보고서, 계약 청산관련 회의록 등 청산을 위해 준비해야 할 서류들이 생각보다 많아 필요한 서류들

1 수급인이 다시 제3자에게 도급을 주는 것

은 청산 예정 시기 전부터 미리 준비해두는 것이 좋다. 프로젝트 오피스 운영 과정에 파트너나 다른 서비스 취급자와 체결한 계약서들의 베트남어본은 평소에도 정리해 보관하고 자재와 장비의 수입·회계자료도 잘 보관해두면 프로젝트 오피스를 청산할 때 시간을 많이 절약할 수 있다.

근로계약 관련사안 종결

프로젝트를 위해 고용한 근로자의 급여를 모두 지급한 후, 근로계약을 해지한다. 만약 미납된 사회보험료, 실업보험료, 의료보험료 등이 있다면 납부하고 관할기관에 종료를 통지한다. 외국인 근로자의 경우, 노동 허가, 비자 및 임시거주 담당기관에 근로계약 종료를 통지하고 발급된 노동허가서와 임시 거주증을 반납한다.

납세 완료

부가가치세, 법인소득세, 개인소득세 등 납세와 기타 재정적인 모든 의무를 이행한다(단, 원천징수 방식을 선택한 외국 도급자는 부가가치세와 법인소득세의 납세 결산을 직접 하지 않음). 모든 세금을 낸 후, 관할 세무서에서 세금 완납증명서를 발급받는다. 세금 코드 등록증을 발급받았다면 반납한다.

청산 절차 중 세금 완납증명서를 발급받는 것이 가장 어려운 부분이라고 해도 과언이 아니다. 실무적으로 세금 완납증명서 발급에 종종 수개월이 걸릴 만큼 세금 완납증명서를 쉽게 발급해주지 않는다.

그와 관련해 평소에 회계 증빙서류들을 꼼꼼히 챙겨두는 것이 좋고 담당 공무원과 미팅이 요구되는 경우도 많으므로 현지에서 그것을 처리할 담당자를 정해두어야 할 필요도 있다.

과실송금[2]

기본적으로 세금 납부 후의 이익은 본국으로 송금할 수 있다. 실무적으로 세무서에 이익사항을 통지하고 은행 송금에 필요한 절차를 밟아 송금하게 된다.

은행계좌 해지

베트남에서의 납세와 과실송금 등 프로젝트 오피스 계좌를 사용해야 할 업무를 모두 완료한 후, 은행계좌를 해지한다.

인감 반납

관할 공안(công an)에 인감 등록필증과 인감을 반납하고 인감 반납확인증을 받는다. 단, 프로젝트 오피스를 청산할 때 인감을 날인해야 하는 문서들이 있으므로 인감 반납은 프로젝트 오피스 청산 절차에서 맨 마지막에 하기 바란다.

2 투자자들이 외국에 투자해 얻은 이익(배당)금을 본국에 송금하는 것

해외투자 Tip

청산 절차 중 세금 완납증명서를 발급받는 것이 가장 어려운 부분이라고 해도 과언이 아니다. 실무적으로 세금 완납증명서 발급에 종종 수개월이 걸릴 만큼 세금 완납증명서를 쉽게 발급해주지 않는다. 그와 관련해 평소에 회계 증빙서류들을 꼼꼼히 챙겨두는 것이 좋고 담당 공무원과 미팅이 요구되는 경우도 많으므로 현지에서 이것을 처리할 담당자를 정해둘 필요도 있다.

KEYPOINT

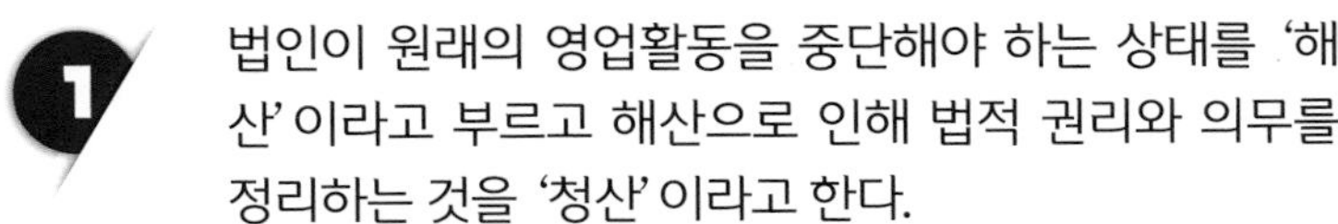

1 법인이 원래의 영업활동을 중단해야 하는 상태를 '해산'이라고 부르고 해산으로 인해 법적 권리와 의무를 정리하는 것을 '청산'이라고 한다.

2 법인 존속·운영 기간이 종료된 경우, 투자자가 경영상의 이유로 회사의 해산을 결정한 경우, 최소 투자자 수가 6개월 연속 부족한 경우, 투자등록증(IRC)과 기업등록증(ERC) (2015년 7월 1일 이전은 투자허가서(IC))가 회수된 경우에 베트남에서 회사를 해산하고 청산할 수 있다.

3 법인의 자발적 청산은 해산관련 통보, 근로계약 관련사안의 종결, 자산 처분, 납세 완료, 은행계좌 해지, 인감반납, 과실송금의 순서로 진행된다.

4 청산 절차를 밟아 법인(격)이 사라지지 않으면 회사의 부채에 대해 개인적으로 연대책임을 질 수도 있다.

5 청산 절차를 완료하기 위해서는 원칙적으로 법인의 모든 부채를 상환해야 한다.

회사의(자발적) 청산

◆
◆
◆

법적으로 해산 사유에 해당해 해산을 결정한 후, 청산 절차를 밟아 법인 등록이 말소되면 법적으로 법인이 사라진다. 흔히 해산(解散)과 청산(淸算)을 같은 의미로 사용하는데 법인이 원래의 영업활동을 중단해야 하는 상태가 '해산'이고 해산으로 인해 법적 권리와 의무를 정리하는 것이 '청산'이다. 해산한 회사는 청산을 위한 활동만 할 수 있으며 권리와 의무의 주체인 법인격[1](法人格)은 아직 존속하는 상태다. 자산을 정리하고 채무를 변제하는 등의 청산 절차를 완료하고 법인 등록이 말소되어야 비로소 법인(격)이 사라진다. 참고로 파산은 변제 능력이 없거나 채무가 자산을 초과하는 지급 불능 상태가 되어 법원의 결정으로 비자발적인 해산을 하는 것으로 자발적인 해산과는 다르다.

주위를 둘러보면 법적 청산 절차를 밟지 않고 그냥 회사 문만 닫으면 끝나는 것이라고 쉽게 생각하는 분들이 적지 않다. 유한책임회사

1 권리·의무의 주체가 될 수 있는 자격

나 주식회사의 투자자는 출자한 만큼만 책임을 지는 유한책임이 원칙이지만 청산 절차를 통해 법인(격)이 사라지지 않으면 회사의 채무에 대해 개인적으로 연대책임을 질 수도 있다는 점을 염두에 두어야 한다. 만약 회사의 채무를 갚을 수 없는 지급 불능 상태라면 파산 절차를 밟아 정리해야 할 것이다.

따라서 마음대로 회사 문을 닫고 끝낼 수 있는 것이 아니라 법적으로 인정되는 해산 사유가 발생하고 모든 채무를 변제한 후에만 청산 절차를 완료할 수 있다. 정리하면 법적 해산 사유에 해당되어야만 해산할 수 있고 청산 절차가 완료되어야만 비로소 끝나는 것이다.

회사의 해산 사유(베트남 기업법 제201조 1항)

법인 존속·운영 기간이 종료된 경우

일반적으로 투자등록증(IRC)과 기업등록증(ERC)(2015년 7월 1일 이전은 투자허가서(IC))상 프로젝트 존속 기간은 토지 사용 기간에 맞추어 명시되는데 베트남 투자법상 최대 50~70년이며 연장 신청이 가능하다. 만약 회사 정관에 법인의 존속·운영 기간을 명시하면 회사 정관상 법인의 존속·운영 기간은 투자등록증(IRC)과 기업등록증(ERC)(2015년 7월 1일 이전은 투자허가서(IC))상 명시된 이 프로젝트의 존속 기간이 된다.

기업법 제201조 1항(a)에서는 정관에 명시된 이 기간의 종료 후에도 연장하지 않는 경우를 해산 사유의 하나로 규정하고 있다. 그런데 법적으로 정관에 법인의 존속·운영 기간이나 프로젝트 존속 기간을 반드시 명시해야 하는 것도 아니고 실제로도 그것을 정관에 포함하지 않는 경우가 대부분이다. 만약 정관상에 프로젝트·법인의 존속·운영 기간을 명시하면 오히려 그로 인해 법인의 존속 기간을 정하는 것이 되어 이 조항을 문자 그대로 해석하는 것은 다소 무리가 있는 것 같다.

투자자의 결정에 따른 경우

정관, 투자등록증(IRC)과 기업등록증(ERC)(2015년 7월 1일 이전은 투자허가서(IC))상 프로젝트 존속 기간이 종료되지 않더라도 회사 투자자의 해산 결정에 따라 회사를 해산할 수 있다. 그런데 기업법 제201조 2항에서 모두 변제한 후에만 해산할 수 있다고 명시하고 있다. 법의 이런 취지는 투자에 대한 투자자의 책임을 강조하고 총 부채가 총 자산보다 많은 '깡통회사' 때문에 발생할 수 있는 피해를 막기 위한 것으로 보인다. 따라서 실제 회사의 총 자산이 총 부채보다 많아야만 해산과 청산을 할 수 있으므로 투자자가 해산을 결정하더라도 회사가 자동적으로 청산되는 것은 아니다. 회사의 형태에 따라 유한책임회사는 회사 소유자·사원총회를 통해, 주식회사는 주주총회를 통해 해산을 결정할 수 있다.

최소 투자자 수가 6개월 연속 부족한 경우

베트남에서 유한책임회사는 1인 유한책임회사와 2인 이상의 유한책임회사 2가지가 있다. 주식회사는 최소 3명의 발기인(發起人;

founder)이 필요하다. 따라서 3명의 투자자(投資者; investor)가 있다면 2인 이상의 유한책임회사 또는 주식회사 형태로 회사 설립이 가능하다. 이때 개인(법률용어로는 자연인(自然人))과 법인 모두 1명의 투자자로 간주한다. 참고로 유한책임회사의 '사원(社員; member)'은 일반적으로 회사에 고용된 종업원을 지칭하는 의미의 사원이 아니라 주식회사의 주주(株主)와 같은 개념으로 보면 된다.

구 기업법에서는 회사의 형태에 따른 투자자 수가 6개월 연속 베트남 기업법에서 요구하는 최소 투자자 수를 충족하지 못하면 해산 사유에 해당했다. 예를 들어 주식회사의 투자자 3인 중 1인이 다른 1인의 주식을 인수하면 2인의 투자자만 남는다. 이런 상태가 6개월 동안 연속되면 해산 사유가 된다. 그런데 사실 2명의 투자자만 남은 주식회사를 2인 이상의 유한책임회사로 전환하면 법인이 존속할 수 있으므로 법적으로 요구되는 최소 투자자 수를 충족하지 못해 회사가 해산된다는 것도 무리가 있다. 이런 이유로 2015년 7월 1일부터 발효된 현재의 기업법에서는 '최소 투자자 수가 6개월 연속 부족하며 다른 법인의 형태로 전환하지 않는 경우'로 규정했다.

투자등록증(IRC)과 기업등록증(ERC)(2015년 7월 1일 이전은 투자허가서(IC))가 회수된 경우

베트남 투자법상 투자허가서를 발급받은 프로젝트가 12개월 후에도 정당한 사유 없이 추진되지 않으면 투자허가서가 회수될 수 있다(토지를 사용하는 프로젝트는 약간 다름). 전에는 수년 동안 외국인 투자기업의 프로젝트가 추진되지 않더라도 실제로 투자허가서를 회수하는 경우는 거의 없었지만 최근에는 약 18~24개월 동안 추진되지 않은 사업에 대해 그 외국인 투자사업의 투자허가서를 회수한 사례가 다수 있다. 이렇게 투자허가서가 회수되면 당연히 회사는 해산된다.

1인 유한책임회사는 회사 소유주를 통해, 2인 이상의 유한책임회사는 사원총회를 통해, 주식회사는 주주총회를 통해 해산을 결의한다. 해산 결의 후에는 자산을 임대하는 행위, 채권청구권을 줄이거나 포기하는 행위, 자산에 대해 담보를 설정하는 행위, 무담보 채무를 회사 자산을 담보로 하는 담보 채무로 전환하는 행위 등은 금지된다. 또한 청산작업을 위해 필요한 계약 외에 신규 계약 체결도 할 수 없다.

해산관련 통보

해산 결의일로부터 7일 이내에 투자국, 세무서, 사회보험기관, 세관, 은행, 근로자, 모든 채권자들에게 채무이행 계획도 포함해 해산 결의에 대해 통지한다. 그와 관련해 구 기업법 제158조 3항에서는 '법률에서 요구되는 경우'에 종이신문이나 전자신문에 3회 연속으로 게재해야 한다고 되어 있었다. 그런데 법 해석이 다소 애매모호한 부분도 있었고 베트남 전산시스템의 미비 등으로 지역 또는 담당자에 따라 실무처리가 약간 달랐다. 예를 들어 푸토(Phu Tho)와 탱화(Thanh Hoa)는 신문 공고를 요구하지 않았지만 하노이(Hanoi)와 호치민(Ho Chi Minh)은 신문 공고를 요구했었다. 현재는 국가 포털에 게재하고, 기업의 본점, 지점, 대표사무소의 공개된 장소에 게시하여야 한다.

<회사의 자발적 청산 절차>

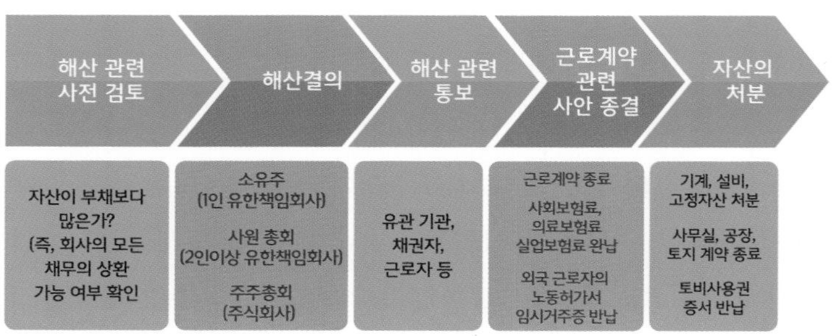

근로계약 관련사안의 종결

단체협약이 있다면 회사 청산관련 내용을 검토하고 근로자의 급여를 모두 지급한 후, 근로계약을 해지한다. 만약 미납된 사회보험료, 실업보험료, 의료보험료 등이 있다면 납부하고 담당기관에 종료를 통지한다. 외국인 근로자의 경우, 노동 허가, 비자 및 임시 거주 담당기관에 근로계약 종료를 통지하고 발급된 노동허가서와 임시 거주증을 반납한다.

자산 처분

기계, 설비, 고정자산 등 자산 처분 계획을 세우고 사무실, 공장, 토지계약서의 계약 종료 절차를 진행한다. 이때 토지사용권 증서 반납 등 필요한 업무도 함께 진행한다.

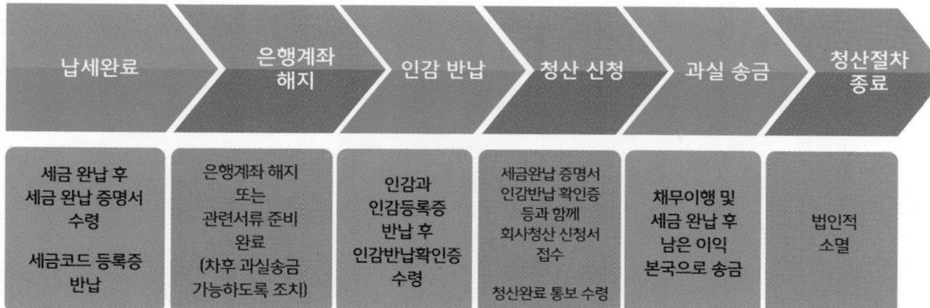

납세 완료

부가가치세, 법인소득세, 개인소득세 등 납세와 기타 모든 재정적 의무를 이행한다. 모든 세금을 납부한 후, 담당 세무서에서 세금 완납증명서를 발급받는다. 또한 미사용 세금영수증(hóa đơn đỏ)과 세금 코드 등록증을 반납하고 세금 코드를 폐쇄한다. 만약 수출입활동으로 수출입세가 발생했는데 미납액이 남아 있다면 그것을 완납하고 담당 세관에서 완납증명서를 발급받는다.

청산 절차 중 세금 완납증명서를 발급받는 것이 가장 어려운 부분이라고 해도 과언이 아니다. 실무적으로 세금 완납증명서 발급에 종종 수개월이 걸릴 만큼 세금 완납증명서를 발급받기가 쉽지 않다. 그와 관련해 평소에 회계 증빙서류들을 꼼꼼히 챙겨두는 것이 좋고 담당 공무원과 미팅이 요구되는 경우도 많으므로 현지에서 이것을 처리할 담당자를 정해둘 필요도 있다.

은행계좌 해지

베트남에서의 납세와 과실송금 등 회사의 계좌를 사용해야 할 업무를 모두 완료한 후, 은행계좌를 해지한다.

인감 반납

관할 공안(công an)에 법인 인감 등록필증과 인감을 반납하고 인감 반납확인증을 받는다. 단, 회사 청산 절차에서 법인 인감을 날인해야 하는 문서들이 많으므로 이것을 모두 완료하고 반납해야 한다. 특히 회사 청산을 신청할 때 인감 반납확인증도 필요하므로 인감 반납 전에 반드시 청산 신청서류에 필요한 인감을 모두 날인하고 이상 없이 접수될 수 있는지 확인해야 한다.

과실송금

기본적으로 채무 이행을 하고 모든 세금을 납부한 후, 남은 이익은 본국으로 송금할 수 있다. 실무적으로 이익사항을 세무서에 통지하고 은행 송금에 필요한 절차를 밟아 송금하게 된다. 일반적으로 유관기관이 발급한 회사 청산완료통보서를 은행에 제공해야만 은행을 통한 과실송금이 가능하다. 유관기관에 회사 청산을 신청하고 회사 등록이 말소되면 법인격(法人格)이 소멸되고 청산 절차가 완료된다.

해외투자 Tip

청산 절차를 시작하기 전에 계류 중인 소송이 없는지 확인하고 회사 정관의 관련내용도 검토하는 것이 좋다.

!KEYPOINT

투자허가서 회수로 인해 법인이 해산되었다면 일정 기간 내에 적법한 청산 절차를 밟아 법인(격)이 소멸되어야 한다. 이 경우가 비자발적 청산이다.

법인의 자산으로 모든 부채를 상환하는 것이 불가능하다면 자발적 청산 절차가 아닌 파산을 통해 법인을 정리해야 한다.

회사의(비자발적) 청산

♦
♦
♦

회사의 청산 절차(전체)

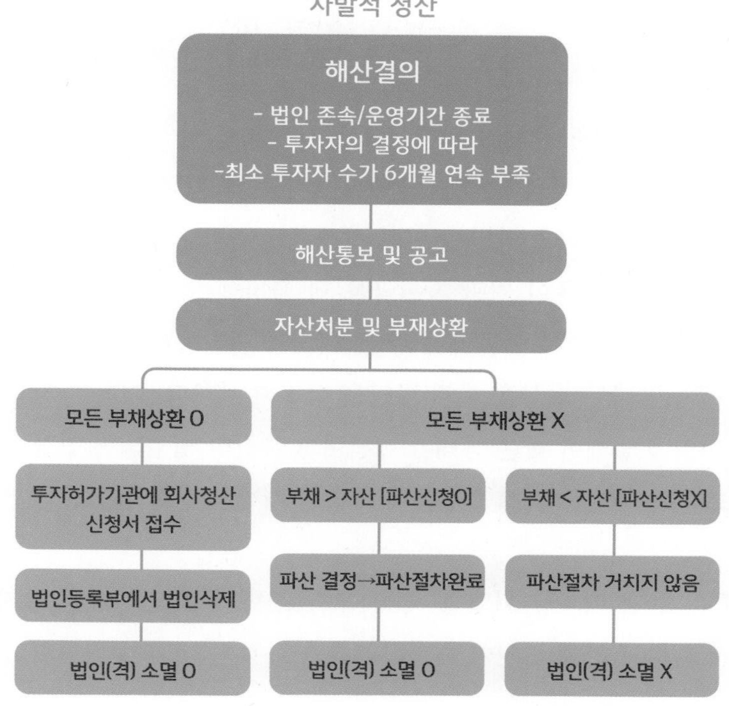

비자발적 청산

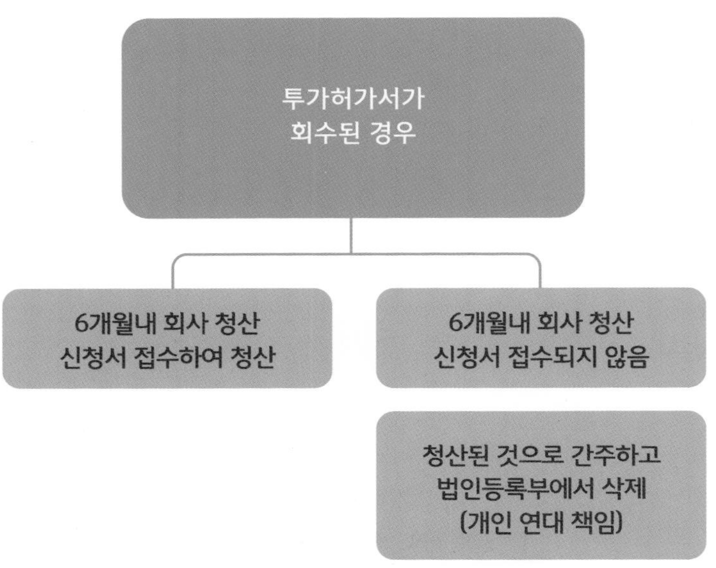

청산 절차를 완료하기 위해서는 원칙적으로 법인의 모든 부채를 상환해야 한다. 따라서 해산을 결의하기 전에 총 자산이 총 부채보다 많은지 확인하고 만약 법인의 자산이 부족하다면 해산을 결의하기 전에 투자자들이 정관 자본금을 더 출자해 법인의 자산이 부채 상환에 충분하도록 만들어야 한다. 이것이 불가능하다면 자발적 청산 절차가 아닌 파산을 통해 법인을 정리해야 한다. 여러 가지 이유로 법인을 없애야 하는 상태가 해산이고 해산한 법인의 자산을 정리하고 모든 부채를 갚고 법인격이 소멸할 때까지의 절차가 청산이다.

특히 현재 베트남 기업법 제201조 1(d)항의 해산 사유인 투자허가서 회수로 인해 법인이 해산되었다면 일정 기간 내에 적법한 청산 절차를 밟아 법인(격)이 소멸되어야 한다. 이 경우가 비자발적 청산이다. 현재 베트남 기업법 제203조 5항은 투자허가서가 회수되었는데 회수일로부터 6개월 이내에 유관기관에 청산신청서가 접수되지 않으면 당해 법인은 청산된 것으로 간주하고 법인등록부에서 삭제한다고 명시되어 있다. 이 경우, 법적 대표자와 투자자는 법인의 부채에 대해 개인적인 연대책임이 있다.

기업법 제201조 1(d)항 외의 다른 해산 사유로 인해 청산되어 법인(격)이 소멸되었더라도 관련서류가 가짜이거나 정확하지 않아 향후 발생하는 손해에 대해서도 개인적으로 연대책임을 질 수도 있다. 연대책임 기간도 구 기업법과 시행령 102(Decree 102/2010/ND-CP) 하에서는 3년이었는데 2015년 7월 1일 발효된 새 기업법에서는 5년으로 늘어난 점도 염두에 두기 바란다.

투자허가서 회수가 아닌 다른 사유로 자발적인 해산을 결의했더라도 상당 기간 동안 청산 절차가 완료되지 못하고 12개월 동안 프로젝트가 추진되지 않으면 법적으로 베트남 관련기관의 판단에 따라 해당 외국인 투자사업의 투자 허가를 취소할 수 있어 이것을 근거로 투자 허가기관에서 투자허가서를 회수할 수 있다. 이 경우, 위에서 언급한 비자발적 청산처럼 법인의 부채에 대해 개인적으로 연대책임을 질 수도 있다.

파산(破産)은 청산과 약간 다른 개념이다. 법인이 채무 초과나 지급 불능 등의 상태일 때 채권자 등 이해관계자가 법원에 신청하고 법원의 결정을 통한 비자발적 해산을 의미한다. 파산 절차는 파산법에 따르는데 2014년 6월 19일 새 파산법이 국회를 통과했고 2015년 1월 1일부터 발효되었다. 새 파산법의 파산 절차를 간략히 살펴보면 파산 신청, 파산 신청인과 법인 간의 협의, 채권자 집회, 법원의 파산 결정, 자산 처리 순으로 진행된다. 만약 존속가치[1](계속기업가치; going concern value)가 청산가치[2](liquidating value)보다 크다면 채권자들과의 협의를 통해 파산보다 기업회생(법정관리)을 하는 방향으로 진행할 수도 있을 것이다.

1 기업이 계속 영업활동을 하는 것을 전제로 향후 영업활동을 통한 현금흐름을 현재의 가치로 평가한 금액으로 매출액·수주액·경영실적·향후 경영개선 가능성 등을 고려해 종합적으로 판단한다.

2 현재 시점에서 기업의 영업활동을 중단하고 청산할 경우 회수 가능한 금액의 가치. 존속가치(계속기업가치)와 반대되는 개념이다.

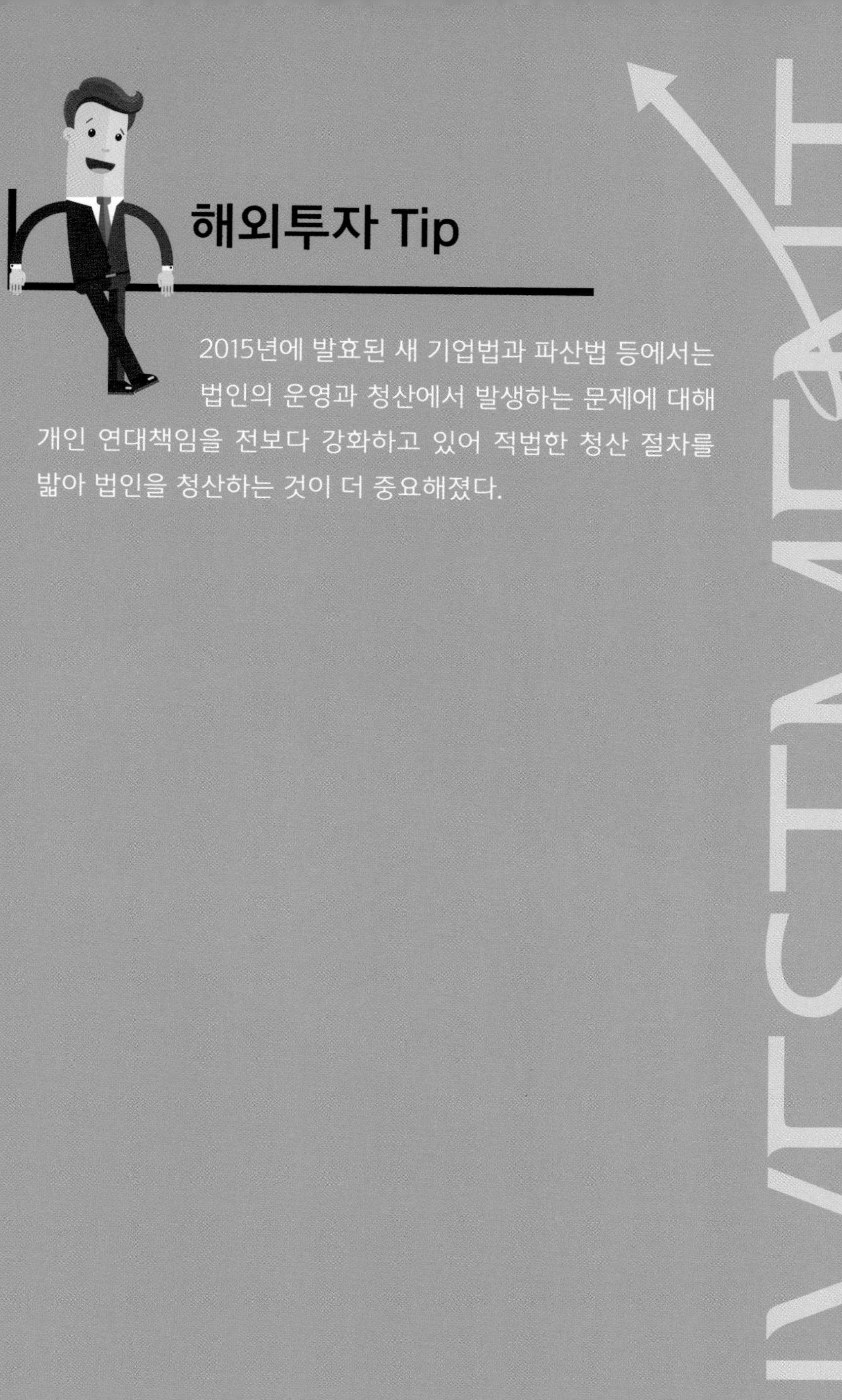

해외투자 Tip

2015년에 발효된 새 기업법과 파산법 등에서는 법인의 운영과 청산에서 발생하는 문제에 대해 개인 연대책임을 전보다 강화하고 있어 적법한 청산 절차를 밟아 법인을 청산하는 것이 더 중요해졌다.

LAW

PART 07

알아야 보인다

!KEYPOINT

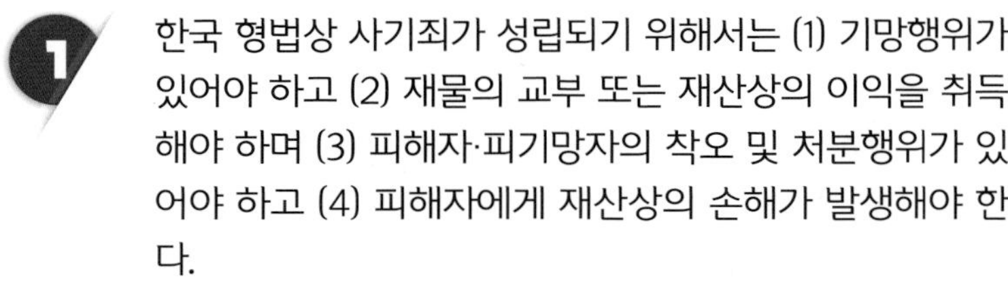

1 한국 형법상 사기죄가 성립되기 위해서는 (1) 기망행위가 있어야 하고 (2) 재물의 교부 또는 재산상의 이익을 취득해야 하며 (3) 피해자·피기망자의 착오 및 처분행위가 있어야 하고 (4) 피해자에게 재산상의 손해가 발생해야 한다.

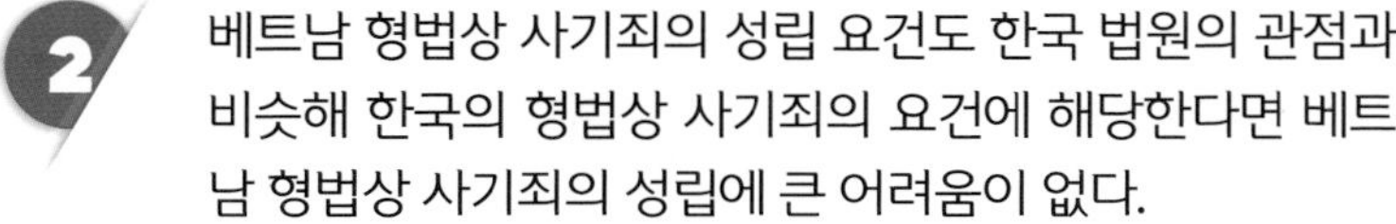

2 베트남 형법상 사기죄의 성립 요건도 한국 법원의 관점과 비슷해 한국의 형법상 사기죄의 요건에 해당한다면 베트남 형법상 사기죄의 성립에 큰 어려움이 없다.

형법상 사기죄의 성립 요건

베트남에서 생산하는 초코파이 총판매권과 골프장 운영사업 등에 투자하면 원금을 보장해줄 뿐만 아니라 배당금을 지급하고 다른 투자자를 끌어오면 유치금액의 일부도 주겠다고 속여 600억 원 이상을 가로챈 사건도 있었고 자식의 교통사고로 받은 사망보상금을 부동산투자 사기로 모두 날려버린 사건도 있었다. 전자의 투자사기 업체는 자본잠식 상태의 회사를 건실한 모회사로 속이고 모회사가 발행한 전환사채[1](CB)로 투자 원금을 보장해준다면서 사기행각을 벌였고 후자의 부동산투자 사기의 경우는 투자자들을 잘 접대하면서 경계심을 푼 후, 백화점과 은행이 들어설 건물들을 보여주며 현혹시켰다고 한다. 두 사기사건 모두 대부분의 피해자들은 관련지식이 부족한 부녀자와 노인들이었는데 일부 투자자들에게는 다른 투자자들의 투자금으로 '돌려 막기' 하며 일정 기간 수익금도 지급했다고 한다. 모 유명 탤런트가 서명 한 번 잘못했다가 차압을 당하고 사기와

1 일정한 조건에 따라 채권을 발행한 회사의 주식으로 전환할 수 있는 권리가 부여된 채권으로서 전환 전에는 사채로서의 확정이자를 받을 수 있고 전환 후에는 주식으로서의 이익을 얻을 수 있는, 사채와 주식의 중간형태를 취한 채권이다.

투자 실패로 25년 동안 활동하면서 모은 전 재산을 날린 사실을 고백한 적도 있다.

모 금융그룹 사태와 관련해 개인투자자들이 집회를 열면서 그것은 불완전 판매가 아니라 조직적인 사전 기획이므로 사기라고 주장하는가 하면 사기죄로 1심에서 실형이 선고되었던 건이 피해자 스스로 분석하고 투자하고 피고인이 개인적으로 이익을 취했다는 증거가 없다는 등의 이유로 항소심에서 파기되어 무죄가 선고된 일도 있었다. 그렇다면 어떤 행위가 사기죄로 처벌받을 수 있고 어떤 행위가 형법상 사기죄로 성립되지 않을까?

한국 형법 제39장 제347조에서는 사람을 기망해 재물의 교부를 받거나 재산상의 이익을 취득하거나 제3자로 하여금 얻게 하면 사기죄가 성립되는 것으로 정의하고 있다. 베트남 형법 제14장에서도 사기죄와 그에 대한 형벌을 규정하고 있다. 또한 한국과 베트남 민법 모두 사기에 의한 의사표시는 취소할 수 있을 뿐만 아니라 손해배상도 청구할 수 있도록 하고 있다. 그럼 형법상 사기죄가 성립되기 위해서는 어떤 요건들이 충족되어야 하며 각 요건들은 구체적으로 무슨 뜻인지 우선 한국 법원의 판례를 통해 알아보자.

한국의 형법상 사기죄가 성립되기 위해서는 (1) 기망행위[2](欺罔行爲)가 있어야 하고 (2) 재물의 교부 또는 재산상의 이익을 취득해야 하며 (3) 피해자·피기망자의 착오 및 처분행위가 있어야 하고 (4) 피해자에게 재산상의 손해가 발생해야 한다.

2 거래관계에서 지켜야 할 신의칙에 반하는 행위로서 사람으로 하여금 착오를 일으키게 하는 것

'기망행위'란 거래상에서 신의성실의 의무를 저버리는 모든 적극적 또는 소극적 행위를 포함한다(대법원 1984. 2. 14. 선고 83도2995). 최상품이라고 선전하는 정도의 과장광고는 기망행위에 해당하지 않지만 그것을 넘어 구체적인 자료를 들어가며 허위광고를 하는 것은 기망행위에 해당한다(대법원 1982. 10. 26. 선고 81도2531). 과장광고가 형법상 기망행위에 해당되지 않아 사기죄로 처벌받지 않더라도 2013년 발효된 베트남 광고법(Law on Advertisement No.16/2012/QH13)에서는 근거없이 '최고', '최상', '오직' 등의 최상급 표현을 광고에 쓰는 것을 금지하고 있어 이것에 저촉될 수 있다.

모 식당이 한우만 취급한다고 광고했지만 실제로는 수입 쇠고기를 판매한 경우(대법원 1997. 9. 9. 선고 97도1561)나 백화점 식품매장에서 생식품 바코드 라벨의 가공일을 고쳐 판매한 행위(대법원 1996. 2. 13. 선고 95도2121)를 법원은 사회적으로 용인되는 상술의 범위를 넘는 기망행위로 보았다. 또한 적극적으로 거짓말하는 것뿐만 아니라 법률상 고지 의무가 있는 자가 거래상에서 관련된 특정사실에 대해 알았다면 거래하지 않을 것이 분명한데도 상대방에게 그것을 고지하지 않는 것도 기망행위에 해당된다(부작위(不作爲)에 의한 기망). 예를 들어 피보험자가 질병을 숨기고 보험계약을 체결하는 경우나 저당권이나 가등기 설정을 고지하지 않고 부동산을 매매한 경우가 부작위에 의한 기망행위에 해당된다.

이익 형태가 반드시 금전적인 것이 아니더라도 '재산상의 이익'도 기망행위다. 노무나 담보를 제공받거나 채무를 면제받는 등 모든 적극적 또는 소극적 이익은 재산상의 이익에 해당된다고 법적 의미에서는 기망행위와 마찬가지로 넓게 해석하고 있다. 그와 관련된 한국 대법원의 판례를 보면 기존 채무의 면제나 신규 대출뿐만 아니라 단순히 변제 기일을 연장받는 것도 재산상의 이익에 해당되어 사기죄가 성립된다고 보았다(대법원 1998. 12. 9. 선고 98도3282, 대법원 1997. 7. 25. 선고 97도1095, 대법원 1997. 2. 14. 선고 96도2904).

참고로 병원에 입원한 환자가 병원비를 내지 않기 위해 도주한 경우는 그로 인해 채무 변제의 의무가 없어지거나 채무 지급 기일이 늦추어진 것이 아니므로 재산상의 이익을 취득한 바가 없어 사기죄가 성립되지 않는다.

'재산상의 손해'의 해석과 관련해 모 백화점에서 판촉을 위해 새로 출시된 상품을 마치 전부터 팔던 것을 특별 할인해 파는 것처럼 기존 가격과 할인 가격을 비교 표시해 판매한 행위에 대해 법원은 그것을 사회적으로 용인된 상술의 정도를 넘은 기망행위이므로 사기죄가 성립된다고 보았다. 이때 단순히 고객을 속여 돈을 갈취한 것이 아니라 고객에게 물건을 주었으므로 재산상의 손해를 준 것이 아니라고 주장하는 백화점 측의 주장에 대해 법원은 기망행위를 통해 재물을 교부한 이상, 그 자체로 고객은 '재산상의 손해'를 입었다고 보며 그에 상당하는 대가가 지급되었는지 여부는 사기죄의 성립에 영향을 미치지 않는다고 넓게 해석해 고객의 손을 들어주었다.(대법원 1995. 3. 24. 선고 95도203)

해외투자 Tip

베트남 형법상 사기죄의 성립 요건도 한국 법원의 관점과 크게 다르지 않아 한국의 형법상 사기죄의 요건에 해당한다면 베트남 형법상 사기죄 성립에 큰 어려움이 없을 것이다. 여유롭고 안락한 노후생활을 꿈꾸며 베트남 사업에 퇴직금을 투자했다가 모두 날린 후 가해자가 사기로 형사처벌이라도 되길 바라지만 법적으로는 사기죄가 성립되지 않아 그 억울함에 피눈물을 흘리며 잠 못 이루는 분들을 보면서 안타까운 마음이 든다. 프랑스의 수학자이자 철학자 파스칼은 “무지를 두려워하지 말라. 거짓 지식을 두려워하라”라고 말했다. 합리적 의심으로 정확한 정보를 알고 투자하기 바란다. 사기는 알아야 보이고 아는 만큼 보인다.

※ 앞에서 언급된 한국 판례는 로앤비 자료를 참고·인용했음.

!KEYPOINT

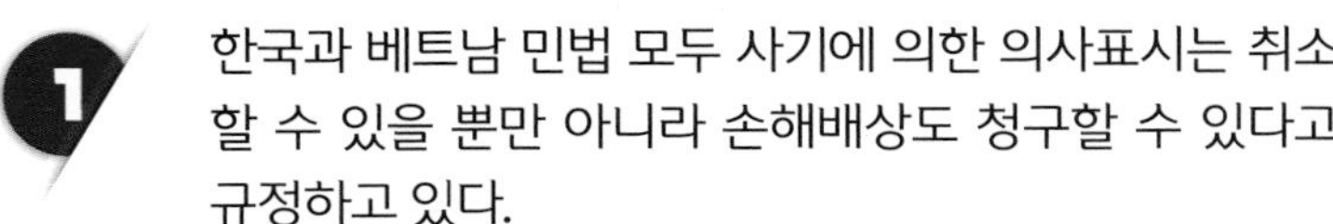

1. 한국과 베트남 민법 모두 사기에 의한 의사표시는 취소할 수 있을 뿐만 아니라 손해배상도 청구할 수 있다고 규정하고 있다.

2. 사기죄로 형사처벌을 받는다고 민사상 책임이 면제되는 것은 아니다.

해외 투자 사기 유형

베트남 실세와의 친분을 통해 카지노 허가권을 보장해주겠다며 카지노 투자금 명목으로 36억 원대 사기행각을 벌인 사람이 한국에서 구속·기소된 사건이 있었다. 또한 베트남 아파트와 상업단지 프로젝트 참여를 위해 합작회사를 설립하고 그 프로젝트를 담보로 대출받은 후, 합작회사의 사장 자격으로 개인이 대출자금을 유용하거나 대체에너지를 생산하는 베트남 옥수수공장에 투자하면 큰돈을 벌 수 있다고 속여 투자금 수십억 원을 챙겨 달아난 사람이 베트남에서 체포되어 한국으로 송환된 사건도 있었다.

한국의 형법 제39장 제347조에서는 사람을 기망해 재물의 교부를 받거나 재산상의 이익을 취득하거나 제3자로 하여금 얻게 하면 사기죄가 성립되는 것으로 정의하고 있다. 베트남 형법 제14장에서도 사기죄와 그에 대한 형벌을 규정하고 있다. 또한 한국과 베트남 민법 모두 사기에 의한 의사표시는 취소할 수 있을 뿐만 아니라 손해배상도 청구할 수 있도록 규정하고 있다.

앞에서 언급한 카지노 투자사기 사건의 경우, 국내 투자자들이 외국 관공서에서 발행한 서류의 진위 여부를 알기 어렵고 현지에서 의사소통의 어려움으로 확인하기 쉽지 않은 점을 악용해 베트남 관공서에서 발행한 서류를 보여주며 피해자들을 속였다고 한다. 특히 발전소, 신도시, 도로, 공항 등의 개발 프로젝트 투자와 관련해 법적 구속력이 없는 단순한 업무협력에 대한 양해각서나 사업과 무관한 투자허가서나 토지사용권 증서를 보여주면서 마치 사업 허가가 난 것처럼 과장하는 경우가 많은 것 같다. 실제로 국방부 부동산개발 프로젝트 법률 실사를 해보니 이미 모든 허가를 취득했다는 브로커의 주장과 달리 관공서에서 발행한 서류는 부족한 서류 제출을 요구하는 공문이었고 토지사용권자의 이름도 달라 프로젝트 진행 자체가 법적으로 불가능한 경우도 있었다. 마치 '폭탄 돌리기'처럼 동일한 사기 프로젝트로 여러 명의 투자자들이 저자의 로펌[1]에 방문한 적도 있었고 자원개발 프로젝트의 경우, 급한 마음에 우선 계약부터 하고 나중에 저자의 로펌을 찾아온 투자자를 위해 프로젝트에 대한 법률 실사를 해보니 소유권이 수십 개로 나눠져 있어 실제 업무 추진이 불가능한 경우도 있었다.

해외투자 시 주의해야 할 여러 사기 유형들이 있는데 현지인 명의로 투자했다가 문제가 발생하는 경우가 가장 흔하다. 특히 시장조사 목적으로 베트남에 와 현지 통역, 베트남 파트너, 브로커의 도움을 받으며 이것저것 알아보다가 회사 설립 절차와 소요 시간, 세금과

1 전문변호사들로 구성된 법률회사. 법무법인 또는 종합법률회사라고도 한다. 변호사들이 전문분야별로 나뉘어 조직적으로 법률 서비스를 제공한다.

경영 등에서 현지인 명의로 사업하는 것이 외국인 명의로 하는 것보다 쉽다는 말을 듣고, 또 시간이 지나면서 그들을 인간적으로 신뢰하게 되면서 베트남인 통역, 파트너, 브로커가 소개해준 베트남인 명의로 회사를 설립했다가 낭패를 보는 사례가 많다. 사업이 잘 안될 때는 괜찮지만 사업이 번창하면 욕심이 생긴 현지 명의자에게 모두 빼앗기거나 자신의 명의로 되어 있는 것을 빌미로 지속적으로 돈을 요구하거나 자신의 뜻대로만 경영하는 횡포를 부리기도 한다. 또한 임의로 명의를 변경하거나 회사 자산이나 부동산을 담보로 대출받아 도주하는 경우도 있다. 특히 대리인을 통해 계약할 경우, 당사자에게 계약금이 전달되지 않는 경우도 있으니 금전은 직접 처리하는 것이 바람직하다.

베트남 법상 불가능한 일을 브로커가 고위 공무원이나 경찰과의 친분을 과시하며 해결해주겠다면서 접근하면 특히 주의해야 한다. 겉으로 보이는 것과 실제 법적 절차나 인·허가기관이 다른 경우도 있으므로 브로커가 친분이 있다는 공무원이 업무와 직접적인 관련이 없는 경우도 많다. 투자자 앞에서는 고위 공무원과의 친분을 과시하던 브로커가 나중에 저자에게 연락해 아는 공무원이 없냐고 물어보는 웃지 못 할 경우도 있었다. 설사 편법으로 회사를 설립하고 운영하더라도 나중에 투자금 등을 외국으로 다시 송금할 때 어려움을 겪을 수도 있으니 해외투자는 반드시 관련법규를 확인하고 '카더라' 통신에서 흘러들은 정보가 아니라 정확한 정보를 바탕으로 진행해야 한다.

일례로 전자부품 제조업에 투자하기 위해 베트남에 온 한국인 A

씨는 현지 담당 공무원과 막역한 사이라는 브로커가 공장부지 선정부터 회사 설립까지 모든 절차를 대행해준다는 말만 믿고 맡겼다. 하지만 수개월 후 브로커가 소개해준 부지는 제조업이 금지된 곳이었고 담당 공무원은 외국인 투자와 전혀 무관한 업무 담당자였다. 결국 아무 것도 진행되지 않은 채 브로커는 잠적했고 필요한 제조기계도 한국에서 미리 구입해 기다리던 A씨는 쓸모가 없어진 기계와 함께 이미 지급한 브로커 수수료만 날린 채 낭패를 보았다. 그뿐만 아니라 베트남은 외국인 단독투자가 안 되고 합작투자만 가능하다는 등 잘못된 법률정보를 알려주고 베트남인 파트너를 소개해주며 수수료를 챙기는 악덕 한국인 브로커들도 있으니 주의하기 바란다.

일본인 투자자와 함께 합작투자했던 베트남인 동업자가 사기 혐의로 체포된 일도 있었다. 친구의 부인이자 개인회사를 운영 중이던 베트남인 사업가는 일본인 투자자와 함께 합작투자계약(Joint Venture Contract)을 체결하고 합작회사를 설립했다. 베트남에 상주하기 어려웠던 일본인 투자자는 회사 행정처리에 필요하니 업무 편의를 위해 백지에 미리 서명해달라는 베트남인 동업자의 요청에 백지에 서명하고 일본으로 돌아갔다. 불과 수개월 후 합작회사가 문을 닫았다는 청천벽력 소식을 듣고 깜짝 놀라 알아보니 베트남인 동업자가 합작회사 자금을 유용하고 있었을 뿐만 아니라 자신도 모르는 사이에 합작회사는 베트남인 동업자의 개인회사로부터 토지를 임차하고 있었다. 적반하장 격으로 베트남인 동업자는 일본인 투자자가 미리 서명한 백지를 이용해 만든 합작회사와의 토지임대차 계약서를 보여주며 합작회사가 임차료를 제때 못내 손해를 보았다며 오히려 화를 냈다고 한다.

한국에서 무면허 의료행위로 처벌받은 전과 13범이 베트남에서 피부과 의사 행세를 하며 현지 마사지 숍 직원들에게 피부관리기계 사용법을 가르치며 각종 서류를 위조해 베트남에서 개원을 준비하다가 공문서 변조 및 변조 공문서 행사 혐의로 구속된 사건도 있었다.

이렇게 베트남에서 위조서류가 종종 발견되면서 관련법규도 강화되는 추세이며 특히 혼인신고 등 결혼 절차에 위조서류가 많이 악용되고 있어 2013년 11월 사기결혼에 관한 시행령이 발표되었다. 이 시행령은 위조서류를 이용한 혼인 신고뿐만 아니라 사기결혼으로 베트남 시민권을 취득하는 등 부수적인 혜택을 얻는 경우에 부과되는 벌금에 대해서도 규정하고 있다.

외국 관공서에서 발행된 서류의 진위를 국내 투자자들은 구분하기 어렵고 의사소통의 어려움 때문에 현지에서 진위 확인도 쉽지 않다는 점을 악용해 법적 구속력이 없는 단순한 업무협력에 대한 양해각서나 사업과 무관한 투자허가서나 토지사용권 증서를 보여주면서 마치 사업 허가를 받은 것처럼 과장하는 경우도 많고 위조서류도 심심찮게 발견되고 있다. 따라서 서류 발행 당사자와 서류 내용에 대해 재확인하는 등 추가적인 검증을 거치는 것이 안전하다.

다른 투자자와 합작투자할 때는 더 주의해야 한다. 모 건설 프로젝트 입찰에 참여하려는 베트남 건설사 X사는 입찰보증금 등 자금이 필요해 한국계 건설사 Y사와 60:40 비율로 투자, 건설, 관리에 대한 경영협력계약(Business Corporation Contract; BCC)을 체결했다. 수개월 후 X사가 낙찰되었고 별도의 검증 없이 Y사는 경영협력계약에 따라 투자했다. 그런데 프로젝트 진행 도중 X사와 의견충돌이 생겨 자세히 알아보니 Y사의 회사명은 입찰 서류를 포함해 관련서류 어디에도 없었다. 법적으로 그 프로젝트는 X사가 단독 낙찰받은 것으로 되어 있었고 결국 Y사는 법적 보호를 받지 못하고 이미 투자한 투자금을 날리지 않기 위해 투자자가 아닌 X사의 보조로 X사가 시키는 대로 끌려갈 수밖에 없었다.

법인 명의로 대출을 받고 개인적인 용도로 대출금을 유용할 목적으로 법인을 설립하거나 부채만 남은 빈껍데기 회사를 만들고 다른 장소에서 다른 이름의 회사를 설립해 같은 업체들을 상대로 동일한 사업을 하는 경우도 있다. 이때 좋은 사업 기회가 있다며 그럴듯하게 포장해 다수로부터 투자금을 받아 타인 명의로 사업을 계속하는 경우도 많다. 따라서 실제 주소와 현 투자허가서/법인등록증의 주소가 일치하는지, 주소가 너무 자주 변경되진 않았는지 등을 확인하고 합리적인 의심으로 사기 피해를 미연에 방지해야 할 것이다.

무역거래에서 구두로 협상할 때는 원하는 대로 모두 가능하다고 과장 선전해 서면계약도 없이 진행하다가 상대방이 협상 때 합의했던 약속을 이행하지 않아 낭패 보는 경우도 많으니 구두상 약속한 부분이 법적 구속력을 갖도록 계약서를 꼼꼼히 작성하는 것이 중요하다. 또한 구매자가 물건을 받고 대금 지급을 차일피일 미루다가 연락이 두절되거나 마치 계약할 것처럼 고가의 상품 견본을 받은 후, 연락을 끊거나 양질의 견본 상품을 보고 대금을 미리 지급한 구매자에게 저질 상품을 보내고 오리발을 내미는 경우도 심심찮게 발생하고 있다. 따라서 거래하기 전에 상대 거래업체의 실제 존재 여부부터 거래업체의 실제 주소와 연락처, 회사 규모와 평판 등을 철저히 알아보는 것이 중요하다.

사기행위에 대해 형사 고소한 경우, 고소를 취하해주면 어떻게든 모든 손해금액을 변상해주겠다고 꼬드겨 고소를 취하했지만 그 후 약속을 지키지 않고 배 째라는 식으로 배짱을 부리는 경우도 있다. '고소(告訴)'란 범죄 피해자가 "상대방의 나쁜 행동으로 피해를 입었으니 국가가 처벌해달라."라고 요청하는 것이다. 한국 형사소송법 제232조2항은 "고소를 취하한 자는 다시 고소하지 못한다."라고 규정하고 있고 베트남 형사소송법 제105조도 같은 내용을 규정하고 있다. 따라서 기존 고소 당시의 혐의 사실과 동일한 내용에 대해서는 다시 고소할 수 없다. 이렇게 법을 악용하는 사기꾼들도 있으니 주의하기 바란다.

사기죄로 형사처벌을 받으면 사기로 인한 금전적 손해는 배상하지 않아도 된다고 잘못 알고 계신 분들이 많은 것 같다. 형사소송은 국가의 형벌권 행사 여부에 대한 것이고 민사소송은 개인 간의 문제에 대해 국가가 시시비비를 판단해주는 것으로 각 목적과 역할이 다르다. 따라서 형사처벌을 받았다고 민사상 책임이 면제되는 것은 아니며 형사소송에서 무죄 판결을 받았더라도 민사소송에서 손해배상

판결을 받을 수도 있다. 위의 사건처럼 형사고소를 취하해 같은 사건으로 형사처벌이 어렵다면 별도의 민사소송을 제기해 판결을 받아놓는 것도 고려해볼 수 있다.

관광객을 상대로 한 사기도 끊이지 않고 있다. 진짜 택시와 비슷하게 꾸민 가짜 택시와 택시미터기 조작사기도 자주 발생한다. 또한 한국 돈을 구경하고 싶다며 지갑에서 슬쩍 돈을 빼가거나 돈을 세는 척하면서 일부를 빼가는 '지폐 밑장빼기'도 조심해야 한다. 거스름돈을 줄 때 위폐나 심하게 훼손된 지폐를 슬쩍 끼워 넣는 경우도 있으니 한장 한장 손으로 직접 세어보는 것이 안전하다.

많은 사기들이 수산물사업, 부동산개발, 공기업 구조조정, 대체에너지 개발 등 특정 시기의 유행 아이템들과 연계해 그럴듯하게 포장되므로 겉보기에는 적법한 사업과 구분하기 쉽지 않다. 하지만 사실관계를 철저히 확인하고 서류를 구체적으로 검증해가면 의심스런 점들은 조금씩 드러난다. 이런 확인과 검증을 생략한다면 사기를 당할 확률이 높아질 수밖에 없다. 결국 사기를 당하는 원인은 이런 확인에 소홀한 자신에게도 있다.

카지노에는 시계, 거울, 창문이 없다고 한다. 시계를 보며 시간을 갖고 신중히 생각하고 거울로 자신을 돌아보고 창문으로 다른 사람들과 전문가의 의견을 듣고 소통하는 것이 사기 예방의 최선책 같다. 사기는 알아야 보이고 아는 만큼 보인다.

해외투자 Tip

대부분의 사기는 치밀히 계획되어 한 번에 당하는 것 이 아니라 작은 것들로 신뢰를 쌓은 후에 이루어지므로 주위에서 사기임을 경고하는데도 지금까지 들어간 비용과 시간이 아까워 스스로 긍정의 자기최면을 걸면서 결국 큰 손해를 보고서야 뒤늦게 깨닫는 경우가 대부분이다. 사기는 알아야 보이고 아는 만큼 보이는 것 같다. 해외투자는 반드시 법률 검토를 거치고 정확한 정보를 바탕으로 안전하게 진행해야 한다.

!KEYPOINT

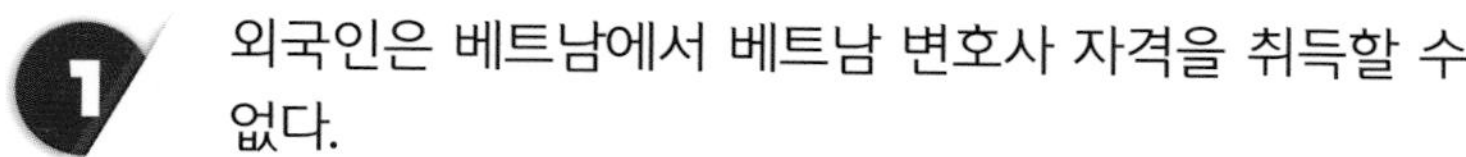

1. 외국인은 베트남에서 베트남 변호사 자격을 취득할 수 없다.

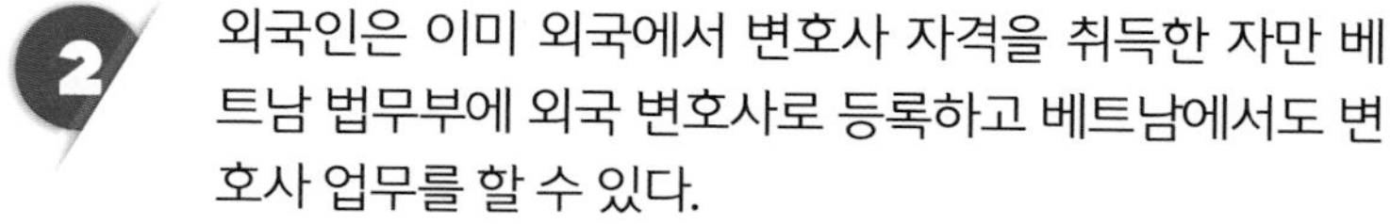

2. 외국인은 이미 외국에서 변호사 자격을 취득한 자만 베트남 법무부에 외국 변호사로 등록하고 베트남에서도 변호사 업무를 할 수 있다.

무자격 변호사

한국의 베트남에 대한 투자가 증가하면서 변호사 무자격자가 베트남 변호사를 사칭하는 경우도 종종 발생하고 있다. 결론부터 말하자면 외국인은 베트남에서 베트남 변호사 자격을 취득할 수는 없고, 이미 외국에서 변호사 자격을 취득한 자만 베트남 법무부에 외국 변호사로 등록하고 베트남에서도 변호사 업무를 할 수 있다. 그와 관련해 베트남에서 변호사가 되는 방법에 대해 알아보겠다. 그 방법을 이해하기 위해 먼저 한국과 미국에서 법조인이 되는 방법부터 간략히 살펴보자.

미국에서는 학사학위 취득 후 로스쿨을 졸업하고 변호사 자격시험에 합격하면 변호사가 될 수 있다. 검사는 변호사 자격증이 있으면 누구나 지원할 수 있지만 판사는 반드시 법조인으로서 일정 경력이 있어야 하고 선출 또는 임명으로 된다.

한국은 2017년 사법시험이 폐지되어 미국식 로스쿨(법학전문대

학원) 제도와 흡사하다. 로스쿨 제도 하에서는 미국처럼 학사학위 취득 후 3년제 로스쿨을 졸업하고 변호사 자격시험에 합격해야만 변호사가 될 수 있다. 변호사 자격 취득자는 누구나 판사나 검사로 임용될 수 있지만 사법시험 체제와 달리 판사는 미국처럼 법조 경력이 요구되고 별도의 임용 과정이 있다(참고로 경력 법조인만 법관으로 임용하는 것을 법조일원화(法曹一元化)라고 한다). 검사도 별도의 임용 과정을 거쳐야 한다.

변호사, 검사, 판사가 되기 위해서는 먼저 같은 변호사 자격시험을 통과해야 하는 한국이나 미국과 달리 베트남은 각각 다른 자격시험을 통과해야 한다. 베트남에서 변호사의 길을 선택하면 법학학사 학위 취득 후 2년간 사법연수원에서의 변호사 연수와 로펌(법무법인)에서 실무수습을 완료하면 변호사 시험 자격이 주어진다(2013년 7월 1일 이전에는 사법연수원에서 변호사 연수 6개월 + 로펌 실무수습 18개월 / 2013년 7월 1일 이후부터는 변호사 연수 12개월 + 로펌

실무수습 12개월). 변호사 자격시험은 지역에 따라 다르지만 최소 6개월마다 시행되며 합격하면 변호사 자격증을 취득하고 변호사가 된다.

검사의 길을 걷고자 할 경우, 법학학사 취득 후 검찰공무원으로 일하면서 검찰 연수 과정을 밟고 최소 4년의 법조 경력을 쌓아야 하고 검사 자격시험을 통과하면 검사로 임용될 수 있다. 판사의 길을 걷고자 할 경우, 법학학사 취득 후 법원공무원으로 일하면서 판사 연수 과정을 밟고 최소 5년의 법조 경력을 쌓아야 하고 판사 자격시험을 통과하면 판사로 임용될 수 있다. 판사, 검사, 법원·검찰의 수석조사관, 법학 교수 등으로 일하다가 나중에 변호사가 되고자 할 때는 경력 등에 따라 변호사 연수와 실무수습 기간을 감면받거나 면제받을 수 있고 변호사 자격시험도 면제받을 수 있다.

정리하면 베트남에서 변호사가 되는 방법은 처음부터 변호사의 길을 선택하거나 판사나 검사 등 다른 법조 영역에서 시작했다가 나중에 변호사가 되는 것이다. 한국과 미국에서도 검사로 시작했다가 변호사로 일할 수도 있고 변호사로 일하다가 나중에 판사나 검사로 임용될 수도 있다. 이 부분은 베트남도 비슷하다.

베트남 변호사, 판사, 검사의 자격 요건 중 하나는 베트남 국민이어야 하므로 외국인은 베트남에서 변호사가 될 수 없다. 외국인이 베트남에서 베트남 변호사, 판사, 검사가 되기 위해서는 베트남 국적부터 취득해야 한다. 하지만 베트남은 이미 법률시장이 개방되어 외국인이 외국에서 변호사 자격을 취득한 후, 베트남 법무부에 외국 변호사로 등록하면 베트남에서도 변호사 업무를 할 수 있고 외국계 로펌이 베트남 변호사를 고용할 수도 있다.

〈법조인이 되는 방법 - 한국, 미국, 베트남 비교〉

1. 한국

· 학사 학위 + 로스쿨 학위 + 변호사 자격시험 합격 → 변호사 [법조 경력을 쌓은 후] → (경력직) 검사

· 학사 학위 + 로스쿨 학위 + 변호사 자격시험 합격 → 변호사 [법조 경력을 쌓은 후] → 판사

· 학사 학위 + 로스쿨 재학 중 검사 시험 합격 + 로스쿨 학위 + 변호사 자격시험 합격 → (초임) 검사[법조 경력을 쌓은 후] → 판사

2. 미국

· 학사 학위 + 로스쿨 학위 + 변호사 자격시험 합격 → 변호사 또는 검사[법조 경력을 쌓은 후] → 판사

3. 베트남

· 법학학사 학위 + 사법연수원 연수 + 로펌 수습 + 변호사 자격시험 합격 → 변호사

· 법학학사 학위 + 검찰공무원 경력 + 검찰연수원·사법연수원

연수 + 법조 경력 + 검사 자격시험 합격 → 검사

· 법학학사 학위 + 법원공무원 경력 + 법원연수원·사법연수원 연수 + 법조 경력 + 판사 자격시험 합격 → 판사

LAW

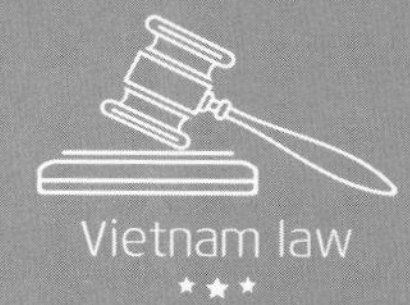

CHART
부록

VI- Những thay đổi sau khi cấp giấy chứng nhận quyền sử dụng đất

Ngày, tháng, năm	Nội dung thay đổi và cơ sở pháp lý	Xác nhận của cơ quan có thẩm quyền

NGƯỜI ĐƯỢC CẤP GIẤY CHỨNG NHẬN QUYỀN SỬ DỤNG ĐẤT CẦN CHÚ Ý :

1. Được hưởng quyền và phải thực hiện nghĩa vụ của người sử dụng đất theo quy định của Luật Đất đai và các Nghị định hướng dẫn thi hành Luật Đất đai.

2. Phải mang Giấy chứng nhận này đến đăng ký tại cơ quan có thẩm quyền khi: chuyển đổi, chuyển nhượng, cho thuê, cho thuê lại, thừa kế, tặng cho quyền sử dụng đất, thế chấp, bảo lãnh, góp vốn bằng quyền sử dụng đất; người sử dụng đất được phép đổi tên; có thay đổi về hình dạng, kích thước, diện tích thửa đất; chuyển mục đích sử dụng đất; có thay đổi thời hạn sử dụng đất; chuyển đổi từ hình thức Nhà nước cho thuê đất sang hình thức Nhà nước giao đất có thu tiền sử dụng đất; Nhà nước thu hồi đất.

3. Không được tự ý sửa chữa, tẩy xóa bất kỳ nội dung nào trong Giấy chứng nhận. Khi bị mất hoặc hư hỏng Giấy chứng nhận phải khai báo ngay với cơ quan cấp giấy.

4. Nếu có thắc mắc hoặc cần tìm hiểu về chính sách, pháp luật đất đai, có thể hỏi cán bộ địa chính xã, phường, thị trấn hoặc cơ quan quản lý đất đai có liên quan. Cán bộ địa chính và cơ quan quản lý đất đai có trách nhiệm giải đáp thắc mắc hoặc cung cấp thông tin về chính sách, pháp luật đất đai cho người sử dụng đất.

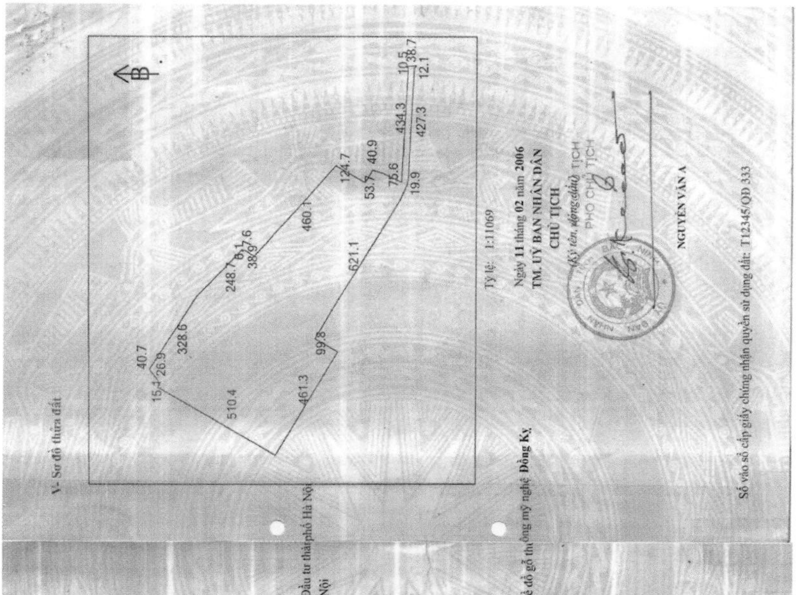

CHART 2 토지 사용권 증서 [도표의 (1) 레드북] 속장

CỘNG HÒA XÃ HỘI CHỦ NGHĨA VIỆT NAM
Độc lập - Tự do - Hạnh phúc

UỶ BAN NHÂN DÂN

Tỉnh Bắc Ninh

CHỨNG NHẬN

I- Tên người sử dụng đất

Công ty Cổ phần đầu tư địa ốc ABC
Giấy chứng nhận Đăng ký kinh doanh số: 0102345678
Đăng ký lần đầu, ngày **15/6/2007** ; Đăng ký thay đổi lần 7, ngày **25/11/2008**
Cơ quan cấp Đăng ký kinh doanh: Phòng Đăng ký kinh doanh số 01 - Sở Kế hoạch và Đầu tư thành phố Hà Nội
Địa chỉ trụ sở chính: Số **15 Đông Tác** phường Đống Đa , quận Ba Đình, thành phố Hà Nội

II- Thửa đất được quyền sử dụng

1. Thửa đất số: 2. Tờ bản đồ số:
3. Địa chỉ thửa đất: **xã Vĩnh Trụ** , huyện Yên Phong, tỉnh Bắc Ninh

4. Diện tích: **480** m²
Bằng chữ: Bốn trăm tám mươi **mét vuông**
5. Hình thức sử dụng:
+ Sử dụng riêng: **480** m²
+ Sử dụng chung: Không m²
6. Mục đích sử dụng đất: Xây dựng và kinh doanh hạ tầng Cụm CN làng nghề đồ gỗ thủ công mỹ nghệ **Đồng Kỵ**
7. Thời hạn sử dụng đất: Đến ngày **15/3/2058**
8. Nguồn gốc sử dụng đất: Nhà nước cho thuê đất trả tiền hàng năm

III- Tài sản gắn liền với đất

IV- Ghi chú

Trong đó:

Diện tích tại xã **Vĩnh Trụ** : **480** m2

V- Sơ đồ thửa đất

Tỷ lệ: 1:11069

Ngày **11** tháng **02** năm **2006**
TM. UỶ BAN NHÂN DÂN
CHỦ TỊCH
(Ký tên, đóng dấu)
PHÓ CHỦ TỊCH

NGUYỄN VĂN A

Số vào sổ cấp giấy chứng nhận quyền sử dụng đất: T12345/QĐ 333

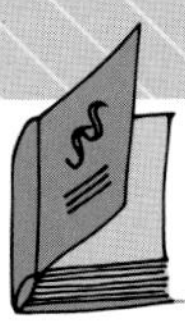

CHART 3 토지사용권과 주택소유권 및 부지에 부착되는 자산소유권 증서 [도표의 (5) 현재 핑크북] 겉장

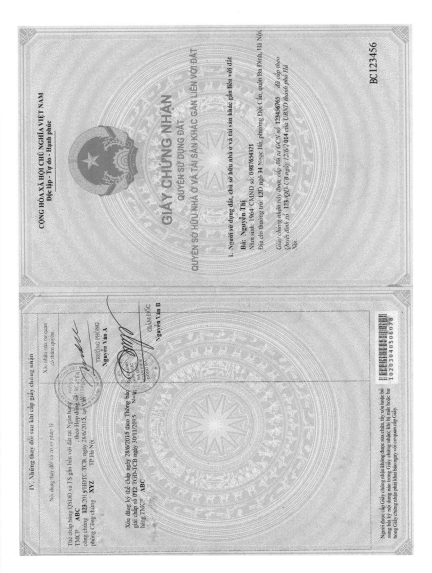

CỘNG HÒA XÃ HỘI CHỦ NGHĨA VIỆT NAM
Độc lập - Tự do - Hạnh phúc

GIẤY CHỨNG NHẬN
QUYỀN SỬ DỤNG ĐẤT
QUYỀN SỞ HỮU NHÀ Ở VÀ TÀI SẢN KHÁC GẮN LIỀN VỚI ĐẤT

I. Người sử dụng đất, chủ sở hữu nhà ở và tài sản khác gắn liền với đất

Bà: Nguyễn Thị
Năm sinh: 1964 CMND số: 0987654321
Địa chỉ thường trú: 12D ngõ 34 Ngọc Hà, phường Đội Cấn, quận Ba Đình, Hà Nội.

Giấy chứng nhận này được cấp đổi từ GCN số 12345765 *đã cấp theo Quyết định số* 123/QĐ-UB *ngày* 12/6/2014 *của UBND thành phố Hà Nội.*

BC123456

IV. Những thay đổi sau khi cấp giấy chứng nhận

Nội dung thay đổi và cơ sở pháp lý	Xác nhận của cơ quan có thẩm quyền
Thế chấp bằng QSDĐ và TS gắn liền với đất tại Ngân hàng TMCP ABC, theo Hợp đồng số công chứng 123/2015/HĐTC-TCB, ngày 28/6/2015, tại Văn phòng Công chứng XYZ TP Hà Nội.	TRƯỞNG PHÒNG Nguyễn Văn A
Xóa đăng ký thế chấp ngày 28/6/2015 theo Thông báo giải chấp số 012 TGĐ-TCB ngày 30/11/2015 Ngân hàng TMCP ABC	GIÁM ĐỐC Nguyễn Văn B

Người được cấp Giấy chứng nhận không được sửa chữa, tẩy xóa hoặc bổ sung bất kỳ nội dung nào trong Giấy chứng nhận; khi bị mất hoặc hư hỏng Giấy chứng nhận phải khai báo ngay với cơ quan cấp Giấy.

10203040506078

CHART 4 토지사용권과 주택소유권 및 부지에 부착되는 자산소유권 증서 [도표의 (5) 현재 핑크북] 속장

II. Thửa đất, nhà ở và tài sản khác gắn liền với đất

1. Thửa đất:

a) Thửa đất số: 121, 122 tờ bản đồ số: 45

b) Địa chỉ: Số 01 tổ 2 cụm 2, Phường Ngọc Hà, Quận Ba Đình, TP Hà Nội

c) Diện tích: 70 m², (bằng chữ: Bảy mươi mét vuông)

d) Hình thức sử dụng: riêng 70 m², chung Không

đ) Mục đích sử dụng: Đất ở tại đô thị

e) Thời hạn sử dụng: Lâu dài

g) Nguồn gốc sử dụng: Nhận quyền sử dụng đất do chuyển nhượng quyền sử dụng đất

2. Nhà ở:

a) Địa chỉ: Như địa chỉ thửa đất.

b) Diện tích xây dựng: 54 m², c) Diện tích sàn: 125 m²

d) Kết cấu: Bê tông

đ) Cấp (Hạng): Cấp 4, e) Số tầng: 3

f) Năm hoàn thành xây dựng: -/-, h) Thời hạn sở hữu: -/-

3. Công trình xây dựng khác: *Chưa chứng nhận quyền sở hữu.*

4. Rừng sản xuất là rừng trồng: *Chưa chứng nhận quyền sở hữu.*

5. Cây lâu năm: *Chưa chứng nhận quyền sở hữu.*

6. Ghi chú: *Không*

Hà Nội, ngày 25 tháng 12 năm 2014

TM. ỦY BAN NHÂN DÂN QUẬN BA ĐÌNH

KT. CHỦ TỊCH

PHÓ CHỦ TỊCH

Nguyễn Văn A

Số vào sổ cấp GCN: AB000123

III. Sơ đồ thửa đất, nhà ở và tài sản khác gắn liền với đất

B

1 3.7 2 1.36 3 12.67 4 11 5 11.74 6 2.25 7 3.84 8 1.48 9 2.1

B3 121; 122 / 70

Đường đi

Tỷ lệ: 1/200

- Sơ đồ thửa đất sẽ được hiệu chỉnh khi có bản đồ địa chính chính quy.

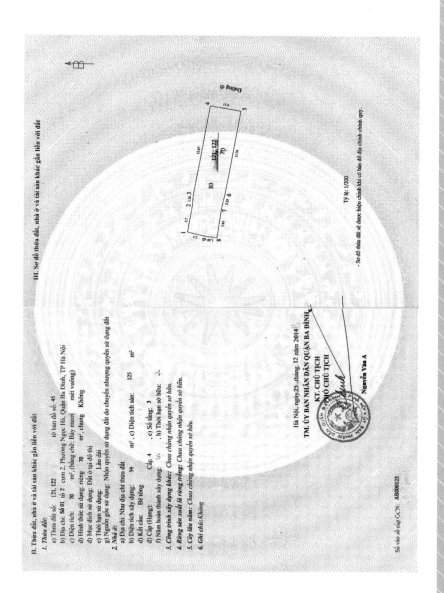

- GCNĐKĐT/02 -

Trụ sở chính tại: Tòa nhà Hong Tower , 125-8, Honggi -si, Gil dong - gu , Seoul, Hàn Quốc.

Điện thoại: + 82-2-3984-3900; Fax: +82-2-3984-3984

Email: hong@gdong.com Website: www. gdong.com

Đại diện bởi: Ông Hong Gil Dong, Quốc tịch Hàn quốc; sinh ngày 24/04/1924; hộ chiếu số M39843984 do Bộ Ngoại giao và Thương mại Hàn Quốc cấp ngày 20/3/2012; chức vụ: Chủ tịch; địa chỉ thường trú: 10641064 Poonglim Iwan APT Chasan-ri,Gyeong-eup, Gyeonggia-si, Gyeonggi-do, Hàn Quốc (847-847); chỗ ở hiện tại: 16-6, Gyeong-eup, Gyeonggia-si, ng-gu, Seoul, Hàn Quốc; điện thoại: + 82-2-3984-3900 fax: + 82-2-3984-3900 email: hong@gdong.com ; website: www. gdong.com

Tổ chức kinh tế thực hiện dự án đầu tư:

CÔNG TY TNHH HONG GIL DONG VIỆT NAM, mã số doanh nghiệp: 0123459789 do Phòng đăng ký kinh doanh số 1, Sở Kế hoạch và Đầu tư thành phố Hà Nội cấp lần đầu ngày 09/6/2008, đăng ký thay đổi lần thứ 5 ngày 21/5/2016; điện thoại: 04.39847573; email: hong@gdong.com; website: www. gdong.com

Đăng ký thực hiện dự án đầu tư với nội dung như sau:

Điều 1. Nội dung dự án đầu tư

1. Tên dự án đầu tư: **HONG GIL DONG VIỆT NAM.**

2. Mục tiêu và quy mô dự án:

- Cung cấp dịch vụ xây dựng công trình dân dụng và công nghiệp (CPC 512, CPC 513); Lắp đặt hệ thống điện, hệ thống cấp thoát nước và lắp đặt xây dựng khác cho các công trình tại Việt Nam và nước ngoài (CPC 516);

- Hoạt động mua bán hàng hóa và các hoạt động liên quan trực tiếp đến mua bán hàng hóa. Nội dung cụ thể:

Thực hiện quyền nhập khẩu và quyền phân phối bán buôn (không thành lập cơ sở bán buôn) các hàng hóa có mã HS: 7306, 7307, 7318, 7326, 7419, 8536, 8537, 9405, 8481, 3921, 3926, 4009, 4016, 4908, 7313, 7412, 7606, 8518, 8539, 8544, 9030, 9031 cho các thương nhân có đăng ký kinh doanh hoặc có quyền phân phối các hàng hóa tương ứng và các thương nhân, đơn vị, tổ chức sử dụng hàng hóa vào quá trình sản xuất, chế tạo (CPC 622).

3. Địa điểm thực hiện dự án: Tầng 19, Tòa nhà Hong Gil Dong , số 19 phố Đồng Hồ , phường Đồng Hồng Cát , quận Duy Tân, thành phố Happy , Việt Nam.

4. Diện tích mặt đất, mặt nước sử dụng (nếu có): Không.

총투자(자본)금

5. Tổng vốn [illegible]: 22.200.[illegible] (Hai mươi hai tỷ, ha[illegible] hai [illegible] [illegible] tương đương 1.100.000 USD (Một [illegible] một trăm ngh[illegible] Đô la [illegible]).

Trong đó, vốn góp để thực hiện dự án là 5.800.400.000 VNĐ (Năm tỷ,

- GCNĐKĐT/03 -

tám trăm triệu, bốn trăm nghìn đồng Việt Nam) tương đương 300.000 USD (Ba trăm nghìn Đô la Mỹ), chiếm 27,27% tổng vốn đầu tư.

출자자본금

Giá trị, tỷ lệ, ph[illegible] tiến [illegible] góp [illegible] như sau:

CÔNG TY [illegible] DONG [illegible] INVESTMENT CONSTRUCTION đã góp 5.800.400.000 VNĐ (năm tỷ, tám trăm triệu bốn trăm nghìn đồng Việt Nam) tương đương 300.000 USD (ba trăm nghìn Đô la Mỹ)

차입자본금

Vốn vay thực hiện dự án là: 16.828.800.000 VNĐ (mười sáu tỷ, tám trăm hai mươi tám triệu, t[illegible] đồng Việt Nam) tương đương 800.000 USD (tám trăm nghìn [illegible] Mỹ), chiếm [illegible] tổng vốn đầu tư được vay theo quy định của pháp luật và phù hợp tiến độ thực hiện dự án.

6. Thời hạn hoạt động của dự án: 30 (ba mươi) năm, kể từ ngày được cấp chứng nhận đầu tư (ngày 09/6/2010).

Riêng mục tiêu mua bán hàng hóa, thời hạn thực hiện dự án là 10 năm kể từ ngày được cấp chứng nhận điều chỉnh lần thứ 3 (ngày 25/11/2013).

7. Tiến độ thực hiện dự án đầu tư: Dự án chính thức đi vào hoạt động kể từ ngày được cấp chứng nhận lần đầu.

Điều 2. Các ưu đãi, hỗ trợ đầu tư

Theo quy định hiện hành của pháp luật.

Điều 3. Các điều kiện đối với nhà đầu tư thực hiện dự án

- Nhà đầu tư, tổ chức kinh tế phải làm thủ tục đăng ký cấp tài khoản sử dụng trên Hệ thống thông tin quốc gia về đầu tư nước ngoài theo quy định của pháp luật.

- Nhà đầu tư nước ngoài phải tuân thủ và đáp ứng các điều kiện đầu tư theo quy định pháp luật Việt Nam và các điều ước quốc tế mà Việt Nam là thành viên.

- Tổ chức kinh tế do Nhà đầu tư thành lập để thực hiện dự án có nghĩa vụ nộp cho nhà nước Việt Nam các loại thuế theo quy định của pháp luật và chỉ được triển khai hoạt động đối với các lĩnh vực đầu tư kinh doanh có điều kiện khi đáp ứng các điều kiện và/hoặc được cấp giấy phép/giấy chứng nhận/chứng chỉ hành nghề hoặc văn bản xác nhận theo quy định pháp luật hiện hành; chấp hành quy định của Luật Đầu tư, Luật Doanh nghiệp, Giấy chứng nhận đăng ký đầu tư và các quy định về bảo vệ môi trường, phòng chống cháy nổ, an toàn lao động và quy định pháp luật khác liên quan đến lĩnh vực hoạt động đầu tư kinh doanh đã đăng ký.

- Nhà đầu tư có trách nhiệm thực hiện chế độ báo cáo hoạt động đầu tư theo quy định tại Điều 71 Luật Đầu tư và cập nhật đầy đủ, kịp thời, chính xác các thông tin liên quan vào Hệ thống thông tin quốc gia về đầu tư theo quy định tại Điều 70 Luật Đầu tư và chịu sự kiểm tra, giám sát của các cơ quan nhà nước có thẩm quyền theo quy định của pháp luật.

CHART 6 ERC에 기재된 "자본금"

SỞ KẾ HOẠCH VÀ ĐẦU TƯ
TỈNH HAPPY
PHÒNG ĐĂNG KÝ KINH DOANH

CỘNG HÒA XÃ HỘI CHỦ NGHĨA VIỆT NAM
Độc lập – Tự do – Hạnh phúc

GIẤY CHỨNG NHẬN ĐĂNG KÝ DOANH NGHIỆP
CÔNG TY CỔ PHẦN

Mã số doanh nghiệp: 0400000000

Đăng ký lần đầu: ngày 07 tháng 07 năm 2007

Đăng ký thay đổi lần thứ: 05, ngày 05 tháng 05 năm 2015

(GCN ĐKDN này cấp thay cho nội dung về ĐKKD trong GCN Đầu tư số: 040000000080 do Ban Quản lý các Khu công nghiệp tỉnh Hap py cấp thay đổi lần thứ 9 ngày 19/3/2015)

1. Tên công ty

Tên công ty viết bằng tiếng Việt: CÔNG TY CỔ PHẦN HONG GIL DONG
Tên công ty viết bằng tiếng nước ngoài: HONG GIL DONG . JSC
Tên công ty viết tắt: HGD

2. Địa chỉ trụ sở chính

Lô 555 500 Khu công nghiệp Tân An, Phường Hải Hải , Thành phố Happies , Tỉnh Happy , Việt Nam

Điện thoại: *03505 505 505* Fax: *03505 505 505*
Email: Website:

3. Vốn điều lệ

Vốn điều lệ: 19.000.000.000 đồng
Bằng chữ: Mười chín tỷ đồng
Mệnh giá cổ phần: 10.000 đồng
Tổng số cổ phần: 1.900.000

정관자본금

4. Số cổ phần được quyền chào bán: 0

5. Người đại diện theo pháp luật của công ty

* Họ và tên: Hong Gil Dong Giới tính: *Nam*
Chức danh: Tổng giám đốc
Sinh ngày: *17/04/1948* Dân tộc: Quốc tịch: *Hàn Quốc*
Loại giấy tờ chứng thực cá nhân: *Hộ chiếu nước ngoài*
Số giấy chứng thực cá nhân: *M61666616*
Ngày cấp: *17/04/2004* Nơi cấp: *Bộ ngoại giao và Thương mại Hàn Quốc*
Nơi đăng ký hộ khẩu thường trú: PHƯỜNG BU GOK, 2 GIL DURE RO 2 KHU SANG ROK, THÀNH PHỐ AN SAN, TỈNH GYEONG GI, HÀN QUỐC
Chỗ ở hiện tại: *Lô 555 500 Khu công nghiệp Tân An, Phường Hải Hải , Thành phố Happies , Tỉnh Happy , Việt Nam*

TRƯỞNG PHÒNG

PHÒNG ĐĂNG KÝ KINH DOANH

TRƯỞNG PHÒNG
Hồng Cát Đồng

CHART 7 정관에 기재된 "자본금"

CHƯƠNG II. VỐN ĐIỀU LỆ

Điều 7 Vốn Điều Lệ

1. Vốn Điều Lệ của Công Ty là 6.600.000.000 VNĐ *(Sáu tỷ sáu trăm triệu đồng)* tương đương 300.000 USD *(Ba trăm nghìn Đô la Mỹ)*[1]. Vốn Điều Lệ của Công Ty sẽ do các Thành Viên góp như sau:

   - Ông HONG GIL DONG góp 4.950.000.000 VNĐ *(Bốn tỷ chín trăm năm mươi triệu đồng)* tương đương 225.000 USD *(Hai trăm hai mươi lăm nghìn Đô la Mỹ)* chiếm 75% Vốn Điều Lệ trong vòng 90 ngày kể từ ngày được cấp Giấy Chứng Nhận Đăng Ký Doanh Nghiệp.

   - Bà SU KAL CHI góp 1.650.000.000 VNĐ *(Một tỷ sáu trăm năm mươi triệu đồng)* tương đương 75.000 USD *(Bảy mươi lăm nghìn Đô la Mỹ)*, chiếm 25% Vốn Điều Lệ trong vòng 90 ngày kể từ ngày được cấp Giấy Chứng Nhận Đăng Ký Doanh Nghiệp.

2. Vốn Điều Lệ của Công Ty có thể được điều chỉnh tuỳ từng thời điểm bởi Hội Đồng Thành Viên nếu thấy cần thiết và phải được sự chấp thuận của cơ quan Nhà nước có thẩm quyền của Việt Nam.

정관 자본금

Điều 8 Thay đổi Vốn Điều Lệ

1. Công Ty thay đổi Vốn Điều Lệ trong các trường hợp sau đây:

a) Hoàn trả một phần vốn góp trong Vốn Điều Lệ của Công Ty nếu đã hoạt động kinh doanh liên tục trong hơn 02 năm, kể từ ngày đăng ký doanh nghiệp và bảo đảm thanh toán đủ các khoản nợ và nghĩa vụ tài sản khác sau khi đã hoàn trả cho Thành Viên;

b) Công ty mua lại phần vốn góp của các Thành Viên theo quy định tại Điều 52 Luật Doanh Nghiệp;

c) Vốn Điều Lệ không được các Thành Viên thanh toán đầy đủ và đúng hạn theo quy định tại Điều 9 Điều Lệ.

2. Công Ty tăng Vốn Điều Lệ bằng các hình thức sau:

a) Tăng vốn góp của Thành Viên;

b) Tiếp nhận vốn góp của thành viên mới.

CHART 8 자본금 계좌

TYPE	Capital Account(USD)
NAME	CONG TY TNHH ABCXYX VIETNAM
ACCOUNT NO.	0000 - 123456 - 01 - 111
CURRENCY	USD
ISSUE DATE	20160101-01

ABC

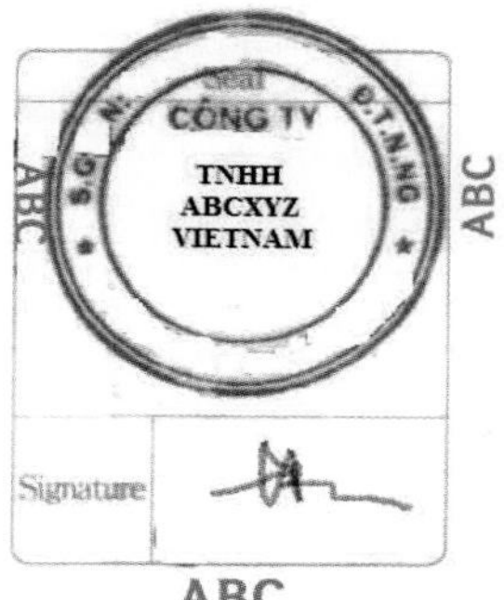

ABC

AUTHORIZED SIGNATURE

THANK YOU FOR OPENING AN ACCOUNT WITH US.

- Please keep your security code confidentially.
- Immediate written notice should be given to the bank, if this passbook is lost or stolen.

MEMO

SWIFT CODE : IBK0123XHAN

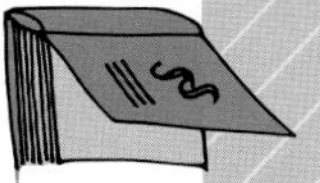

SỞ KẾ HOẠCH VÀ ĐẦU TƯ
THÀNH PHỐ ĐÀ NẴNG
PHÒNG ĐĂNG KÝ KINH DOANH

CỘNG HÒA XÃ HỘI CHỦ NGHĨA VIỆT NAM
Độc lập – Tự do – Hạnh phúc

GIẤY CHỨNG NHẬN ĐĂNG KÝ DOANH NGHIỆP

CÔNG TY TRÁCH NHIỆM HỮU HẠN HAI THÀNH VIÊN TRỞ LÊN 법인유형

Mã số doanh nghiệp: 0000000000

Đăng ký lần đầu: ngày 00 tháng 00 năm 2007

Đăng ký thay đổi lần thứ x: ngày 00 tháng 00 năm 2012

1. Tên công ty 법인명

Tên công ty viết bằng tiếng Việt: CÔNG TY TNHH ABC

Tên công ty viết bằng tiếng nước ngoài: ABC COMPANY LIMITED

Tên công ty viết tắt: ABC

2. Địa chỉ trụ sở chính 본점 소재지

00 Aaa bbb cddd, Phường Eee Cc Ddd Mn, Quận Nnnn Uu, Thành phố Đà Nẵng Việt Nam

Điện thoại: *00.0000 000* Fax:

Email:

3. Ngành, nghề kinh doanh 사업분야

STT	Tên ngành	Mã ngành
1	Hoạt động kiến trúc và tư vấn kỹ thuật có liên quan Chi tiết: Khảo sát địa chất, địa hình, thủy văn; Tư vấn, giám sát các công trình xây dựng; Dịch vụ thí nghiệm, kiểm tra độ bền cơ học bê tông, kết cấu xây dựng. Quy hoạch, thiết kế công trình thủy điện. Quy hoạch, thiết kế đường dây và trạm biến áp đến 220KV. Dịch vụ đo đạc bản đồ địa chính. Thiết kế xây dựng công trình giao thông (cầu, đường bộ). Tư vấn lập dự án. Thiết kế kết cấu công trình xây dựng dân dụng, công nghiệp. Thiết kế công trình thủy lợi. Thiết kế công trình hạ tầng kỹ thuật đô thị. Thẩm tra các dự án đầu tư xây dựng. Kiểm tra, chứng đủ điều kiện đảm bảo an toàn chịu lực và chứng nhận sự phù hợp về chất lượng công trình.	*7110 (Chính)*
2	Xây dựng nhà các loại Chi tiết: Xây dựng các công trình dân dụng, công nghiệp.	*4100*
3	Xây dựng công trình kỹ thuật dân dụng khác Chi tiết: Xây dựng các công trình giao thông, thủy lợi, viễn thông;	*4290*
4	Khoan, lắp đặt thiết bị khai thác nước ngầm; Khoan phụt xử lý nền móng công trình; Khai thác khoáng sản (Ngoài địa bàn Thành phố Đà Nẵng).	*Ngành, nghề chưa khớp mã với Hệ thống ngành kinh tế Việt Nam*

4. Vốn điều lệ 0. 정관자본금

Bằng chữ: Mười tỷ đồng

5. Vốn pháp định

6. Danh sách thành viên góp vốn

STT	Tên thành viên	Nơi đăng ký hộ khẩu thường trú đối với cá nhân; địa chỉ trụ sở chính đối với tổ chức	Giá trị phần vốn góp (VNĐ)	Tỷ lệ (%)	Số giấy CMND (hoặc chứng thực cá nhân hợp pháp khác) đối với cá nhân; MSDN đối với doanh nghiệp; Số Quyết định thành lập đối với tổ chức	Ghi chú
1	NGUYỄN VĂN A	Tổ 00, Phường Hhhh Gggi, Quận Thhh Kkk, Thành phố Hà Nội, Việt Nam	400.000.000	4,00	000000000	
2	NGUYỄN ĐÔNG B	00 Abb Ccc Ddd E, Phường Hhh Mmmm, Quận Qqq Ppp, Thành phố Hà Nội, Việt Nam	400.000.000	4,00	000999888	
3	BÙI VĂN C	Tổ 00, Phường Hhh Cccc Bbbb, Quận Hhh Cccc, Thành phố Đà Nẵng, Việt Nam	8.960.000.000	89,60	666888333	
4	TRẦN VĂN D	Thôn 0, Xã Tttt Ssss, Huyện Aaa Ssss, Tỉnh Nghệ An, Việt Nam	240.000.000	2,40	888666555	

7. Người đại diện theo pháp luật của công ty 법적 대표자

Chức danh: *Giám đốc*

Họ và tên: NGUYỄN VĂN A Giới tính: *Nam*

Sinh ngày: *00/09/19xx* Dân tộc: *Kinh* Quốc tịch: *Việt Nam*

Loại giấy chứng thực cá nhân: *Giấy chứng minh nhân dân*

Số: *222888333*

Ngày cấp: *00/12/20xx* Nơi cấp: *Công An TP Đà Nẵng*

Nơi đăng ký hộ khẩu thường trú:

Tổ 00, Phường Hhh Mmm Nnnn, Quận Ccc Dddd, Thành phố Đà Nẵng, Việt Nam

Chỗ ở hiện tại:

Tổ 00, Phường Hhh Mmm Nnnn, Quận Ccc Dddd, Thành phố Đà Nẵng, Việt Nam

8. Thông tin về chi nhánh

9. Thông tin về văn phòng đại diện

10. Thông tin về địa điểm kinh doanh

TRƯỞNG PHÒNG

HỒ VĂN A

CHART 10 구 투자법상의 투자허가서(IC)

ỦY BAN NHÂN DÂN
THÀNH PHỐ H N

CỘNG HOÀ XÃ HỘI CHỦ NGHĨA VIỆT NAM
Độc lập - Tự do - Hạnh phúc

GIẤY CHỨNG NHẬN ĐẦU TƯ

Số: 000000000000
Chứng nhận lần đầu : Ngày 00 tháng 00 năm 2000

Căn cứ Luật Tổ chức Hội đồng nhân dân và Ủy ban nhân dân ngày 26/11/2003;

Căn cứ Luật Đầu tư số 59/2005/QH11 và Nghị định 108/2006/NĐ-CP ngày 22/9/2006 của Chính phủ quy định chi tiết và hướng dẫn thi hành một số điều của Luật Đầu tư; Căn cứ Quyết định số 1088/2006/QĐ-BKH ngày 19/10/2006 của Bộ Kế hoạch và Đầu tư về việc ban hành mẫu các văn bản thực hiện thủ tục đầu tư tại Việt Nam;

Căn cứ Luật Doanh nghiệp số 60/2005/QH11, Nghị định số 43/2010/NĐ-CP ngày 15/04/2010 của Chính phủ về đăng ký doanh nghiệp và Thông tư số 01/2013/TT-BKH ngày 21/01/2013 của Bộ Kế hoạch và Đầu tư hướng dẫn về đăng ký doanh nghiệp;

Căn cứ Nghị định số 102/NĐ-CP ngày 01/10/2010 của Chính phủ hướng dẫn thi hành chi tiết một số Điều của Luật Doanh nghiệp;

Căn cứ Nghị định số 124/2008/NĐ-CP ngày 11/12/2008 của Chính phủ quy định chi tiết và hướng dẫn thi hành một số điều của Luật Thuế thu nhập doanh nghiệp và Nghị định số 122/2011/NĐ-CP ngày 27/12/2011 của Chính phủ v/v sửa đổi, bổ sung một số Điều của Nghị định số 124/2008/NĐ-CP ngày 11/12/2008; Nghị định số 87/2010/NĐ-CP ngày 13/8/2010 quy định chi tiết thi hành Luật Thuế xuất khẩu, Thuế nhập khẩu;

Xét Bản đăng ký cấp Giấy chứng nhận đầu tư và hồ sơ đính kèm do Công ty ABC Co.,Ltd (Hàn quốc) nộp ngày 00/0/2000;

Xét đề nghị của Sở Kế hoạch và Đầu tư tại Tờ trình số: 000/TTr-KH&ĐT ngày 00/0/2000,

ỦY BAN NHÂN DÂN THÀNH PHỐ HÀ NỘI

Chứng nhận:

CÔNG TY ABC CO.,LTD.

Giấy chứng nhận thành lập số: 666-66-66666 do Cơ quan thuế quận M, Hàn Quốc cấp ngày 00/00/2000, xác nhận ngày 00/0/2000. Trụ sở chính tại: 1111, I-ro, D-myeon, , C-gun, G- do, Hàn Quốc;

Điện thoại: + 82-55-555-5555 Fax: +82-55-555-5533

-GCNĐT/ -2

Đại diện bởi: Ông **HONG GIL DONG** ; sinh ngày: 00/0/1900; quốc tịch: Hàn Quốc; hộ chiếu số: M00000000 do Bộ Ngoại giao và Thương mại Hàn Quốc cấp ngày 00/00/2010. Địa chỉ thường trú và Chỗ ở hiện tại: 000-000, D Apt. W-dong, M-gu, C-si, Hàn Quốc.

Chức vụ: Giám đốc đại diện.

Đăng ký thành lập doanh nghiệp và thực hiện dự án đầu tư với nội dung sau:

Điều 1. Nội dung đăng ký kinh doanh

1. Tên doanh nghiệp: 법인명 **ABC VINA**

- Tên tiếng Anh: **ABC** ...LIABILITY COMPANY

- Tên viết tắt: **ABC VINA CO.,LTD.**

2. Loại hình doanh nghiệp: 법인유형 ...iên.

3. Địa chỉ trụ sở chính: Phòng ... 4 ... đường M xã M, huyện M, thành phố HN .

4. Ngành, nghề kinh doanh: 사업분야

STT	Mã CPC	Tên ngành
1	41000	Xây dựng nhà các loại;
2	431	Phá dỡ và chuẩn bị mặt bằng;

5. Vốn của Doanh nghiệp: 기업의 자본금

Vốn điều lệ: 0.000.000.000VN... 000.000USD (Hai trăm nghìn Đôla Mỹ) được nhà đầu tư góp 100% vốn bằng tiền mặt trong vòng 06 (sáu) tháng kể từ ngày được cấp Giấy chứng nhận đầu tư.

6. Người đại diện theo pháp luật của doanh nghiệp: 법적대표자

Ông **KIM JUNG GOO** ; sinh ngày: 00/00/1900; quốc tịch: Hàn Quốc; Hộ chiếu số: M00000000 do Bộ Ngoại giao và Thương mại Hàn quốc cấp ngày 00/0/2000. Địa chỉ thường trú: 0-0000, S Apt., G -dong, G-gu,Busan, Hàn Quốc

Chức danh: Tổng Giám đốc.

-GCNĐT/ -3

Điều 2. Nội dung dự án đầu tư 투자프로젝트 내용

1. Tên dự án đầu tư: DỰ ÁN THA... TNHH **ABC** VINA

2. Mục tiêu và qui mô của dự án: Cung cấp dịch vụ xây dựng đối với các công trình xây dựng; Dịch vụ lắp ráp và dựng các công trình được làm sẵn, bao gồm: dịch vụ lắp đặt và dựng các công trình được làm sẵn; Dịch vụ lắp đặt; Dịch vụ hoàn thiện và kết thúc công trình xây dựng;Các dịch vụ cho thuê liên quan đến trang thiết bị xây dựng hoặc tháo dỡ, đập bỏ các công trình xây dựng hay thiết kế dân dụng có người vận hành .

3. Địa điểm thực hiện dự án: 투자 프로젝트 이행지 ... đường M , xã M, huyện M ,thành phố Hà N...

4. Tổng vốn đầu tư: 총투자자본금 ... triệu đồng Việt Nam) tương ...

trong đó, vốn góp để thực hiện dự án là 0.000.000.000VND (tỷ hai trăm triệu đồng Việt Nam) tương đương 000.000USD (trăm nghìn Đôla Mỹ) được nhà đầu tư góp 100% vốn, bằng tiền mặt trong vòng 06(sáu)tháng kể từ ngày được cấp Giấy chứng nhận đầu tư.

5. Thời hạn hoạt động của dự án: 프로젝트기간 ... Giấy chứng nhận đầu tư.

6. Tiến độ thực hiện dự án: Hoạt động chính thức trong vòng 01 tháng kể từ ngày được cấp Giấy chứng nhận đầu tư.

7. Một số điều kiện ràng buộc khi thực hiện dự án:

- Trong quá trình hoạt động, Công ty phải tuân thủ các quy định pháp luật hiện hành liên quan đến lĩnh vực hoạt động của Công ty; quy định của Giấy chứng nhận đầu tư; các quy định về bảo vệ môi trường, phòng chống cháy nổ, an toàn lao động và các vấn đề khác liên quan đến việc triển khai thực hiện dự án tại địa điểm đã đăng ký và chịu sự kiểm tra, giám sát của các cơ quan Nhà nước có thẩm quyền và thực hiện đánh giá dự án đầu tư theo quy định tại Nghị định 113/2009/NĐ-CP của Chính phủ.

- Công ty phải tuân thủ và đáp ứng đầy đủ các điều kiện về năng lực thực hiện các hoạt động xây dựng đã đăng ký theo quy định của Luật Xây dựng và Nghị định 12/2009/NĐ-CP ngày 10/2/2009 của Chính phủ về quản lý dự án đầu tư xây dựng công trình và các văn bản quy định pháp luật hiện hành khác có liên quan.

- Đối với các hoạt động kinh doanh yêu cầu có chứng chỉ hành nghề, Công ty và cá nhân liên quan phải hành nghề đúng với nội dung chứng chỉ được cấp, nhận và thực hiện các công việc hoạt động liên quan trong phạm vi cho phép của chứng chỉ hành nghề và tuân thủ các quy định của pháp luật chuyên ngành và pháp luật khác có liên quan.

- Mọi điều khoản của Điều lệ doanh nghiệp trái với nội dung quy định tại Giấy chứng nhận đầu tư này và pháp luật Việt Nam phải được hiểu và thực hiện theo quy định tại Giấy chứng nhận đầu tư này và pháp luật Việt Nam.

-GCNĐT/ -4

- Công ty phải chịu trách nhiệm trước pháp luật tính chính xác, trung thực về trụ sở đăng ký và địa điểm thực hiện dự án thuộc quyền sở hữu/quyền sử dụng hợp pháp của Công ty và được sử dụng đúng mục đích theo quy định của pháp luật.

- Công ty có trách nhiệm báo cáo tình hình thực hiện dự án hàng quý, 06 tháng và báo cáo năm theo quy định tại Thông tư số 04/2011/TT-BKHĐT ngày 31/3/2011 của Bộ Kế hoạch và Đầu tư quy định hệ thống biểu mẫu báo cáo thống kê cơ sở áp dụng đối với doanh nghiệp nhà nước, doanh nghiệp và dự án có vốn đầu tư trực tiếp nước ngoài. Báo cáo được gửi đến Sở Kế hoạch và Đầu tư, Cục Thống kê và cơ quan có liên quan (định kỳ trước ngày 05 của tháng kế tiếp); chịu trách nhiệm về tính chính xác, trung thực của nội dung báo cáo và chịu mọi hậu quả phát sinh theo quy định của pháp luật hiện hành nếu không thực hiện hoặc thực hiện không đầy đủ chế độ báo cáo định kỳ hay báo cáo sai sự thật. Cơ quan Nhà nước có thẩm quyền không thực hiện điều chỉnh dự án đầu tư/Giấy chứng nhận đầu tư trong trường hợp Công ty không thực hiện đầy đủ các quy định nêu trên.

- Công ty phải thực hiện đăng ký giá hoặc kê khai giá tại cơ quan nhà nước có thẩm quyền theo qui định tại Thông tư số 104/2008/TT-BTC ngày 13/11/2008 và Thông tư số 122/2010/TT-BTC ngày 12/8/2010 của Bộ Tài chính;

- Dự án sẽ chấm dứt hoạt động theo quy định tại Điều 65 Luật Đầu tư, Điều 68 Nghị định 108/2006/NĐ-CP của Chính phủ.

- Công ty có nghĩa vụ nộp cho nhà nước Việt Nam các loại thuế theo quy định hiện hành tại thời điểm nộp thuế hàng năm.

8. Các ưu đãi đối với dự án: 투자혜택 ...theo quy định của pháp luật hiện hành.

Điều 3. Giấy chứng nhận đầu tư đồng thời là Giấy chứng nhận đăng ký kinh doanh, có hiệu lực từ ngày ký và được lập thành 02 (*hai*) bản gốc: 01 (*một*) bản cấp cho **CÔNG TY TNHH ABC VINA** và 01 (*một*) bản lưu tại Ủy ban nhân dân thành phố H N .

Nơi nhận:
- Các Bộ: KH&ĐT, CT, TC, XD;
- Ngân hàng nhà nước Việt Nam;
- Chủ tịch UBND H N (để b/c);
- Các Sở: KH&ĐT, XD, CT, TC, LĐTB&XH;
- Cục Thuế, Thống kê;
- Hải quan, Công an H N;
- UBND huyện T ;
- UBND xã M

TM. ỦY BAN NHÂN DÂN
KT. CHỦ TỊCH
PHÓ CHỦ TỊCH

Nguyễn V K

CHART 11 신 투자법상의 투자등록증(IRC)

UBND THÀNH PHỐ HÀ NỘI
SỞ KẾ HOẠCH VÀ ĐẦU TƯ

CỘNG HOÀ XÃ HỘI CHỦ NGHĨA VIỆT NAM
Độc lập - Tự do - Hạnh phúc

GIẤY CHỨNG NHẬN ĐĂNG KÝ ĐẦU TƯ

Mã số dự án: 000000000

Chứng nhận lần đầu: ngày 00 *tháng* 0 *năm* 0000

Căn cứ Luật Đầu tư số 67/2014/QH13 ngày 26/ 11/2014;

Căn cứ Quyết định số 13/2014/QĐ-UBND ngày 07/3/2014 của UBND thành phố Hà Nội về việc quy định chức năng, nhiệm vụ, quyền hạn và cơ cấu tổ chức của Sở Kế hoạch và Đầu tư thành phố Hà Nội;

Căn cứ Quyết định số 3000/QĐ-UBND ngày 30/6/2015 của UBND Thành phố Hà Nội về việc ban hành kế hoạch triển khai thực hiện Luật Đầu tư 2014 trên địa bàn Thành phố;

Căn cứ các văn bản hướng dẫn của Bộ Kế hoạch và Đầu tư số 5122/BKHĐT-PC ngày 24/7/2015 về việc triển khai thi hành Luật Đầu tư; số 4366/BKHĐT-PC ngày 30/6/2015 về việc triển khai thi hành Luật Đầu tư; số 4326/BKHĐT-ĐTNN ngày 30/6/2015 về thủ tục tiếp nhận và biểu mẫu thực hiện hoạt động đầu tư theo Luật Đầu tư;

Căn cứ văn bản đề nghị thực hiện dự án đầu tư và hồ sơ kèm theo do Nhà đầu tư nộp ngày 07/8/0000

SỞ KẾ HOẠCH VÀ ĐẦU TƯ THÀNH PHỐ HÀ NỘI

Chứng nhận nhà đầu tư:

ABCD EFGH CO.,LTD; Gi 투자자 g ký kinh doanh số:000-00-00000 do Cơ quan thuế quận Ccc Hcci ... 0000; địa chỉ trụ sở:000-00, Jii Ggg Niii, Mmm Nnn ,Hhhh Oooo Vvvv Cccc Hhh Dd , Hàn Quốc; điện thoại: 82-0-0000-000 ; email: ooooouu@abcdefgh.com ; website: www.abcdefgh .com.

Đại diện theo pháp luật bởi: ABC XYZ BDC; giới tính: Nam; sinh ngày: 00/10/000 ; quốc tịch: Hàn Quốc; hộ chiếu số A00000000 do Bộ Ngoại giao và Thương mại Hàn Quốc cấp ngày 00/12/0001; chức danh: Tổng Giám Đốc Điều Hành; địa chỉ thường trú và chỗ ở hiện tại: 0000 , Gaaa hbbb dccc, Haaa Hbbbsi, Gccc Mnnn , Hàn Quốc.

Đăng ký thực hiện dự án đầu tư với nội dung như sau:

Điều 1: Nội dung dự án đầu tư 투자프로젝트 내용

1. Tên dự án đầu tư: **DỰ ÁN THÀ... ABC... EFGH VINA**

2. Mục tiêu và quy mô dự án: Cung cấp các dịch vụ:

- GCNĐKĐT/02 -

- Xây dựng nhà các loại (CPC 51230);

- Xây dựng công trình kỹ thuật dân dụng khác (CPC 51230, CPC 51390);

- Hoạt động xây dựng chuyên dụng khác (CPC 51550, CPC 51590, CPC 51660, CPC 51699);

- Hoàn thiện công trình xây dựng (CPC 51750, CPC 51770)

3. Địa điểm thực hiện dự án: 투자 프로젝트 이행지 ... OPQ RSTI), phường AHG MTV, quận A... M C..., thành phố Hà Nội.

4. Diện tích mặt đất, mặt nước sử dụng (nếu có): Không. Diện tích văn phòng đăng ký:XY m²

5. Tổng vốn đầu tư của dự án: 총투자 자본금 ...ỷ, ba trăm bốn mươi hai triệu hai trăm nghìn Việt Nam đồng) ... 650.000 USD (Một triệu sáu trăm năm mươi nghìn Đô la Mỹ).

- Trong đó vốn góp để thực hiện dự án là 20.000.000.000 VNĐ (Hai mươi tỷ Việt Nam đồng), tương đương với 888.000 USD (Tám trăm tám mươi tám nghìn Đô la Mỹ), chiếm 53,82 % tổng vốn đầu tư do Nhà đầu tư góp bằng tiền mặt , hoàn thành chậm nhất vào ngày 00/00/0000.

- Vốn vay là 15.342.200.000 VNĐ (mười lăm tỷ,ba trăm bốn mươi hai triệu, hai trăm nghìn Việt Nam đồng), tương đương với 762.000 USD (bảy trăm sáu hai nghìn Đô la Mỹ) chiếm 46.18% tổng vốn đầu tư được Nhà đầu tư vay từ Công ty mẹ, các tổ chức tín dụng trong và ngoài nước và các tổ chức khác theo quy định của pháp luật trong thời gian hoạt động của Dự án.

6. Thời hạn hoạt động của dự án: 프로젝트 기간 Giấy chứng nhận đăng ký đầu tư.

7. Tiến độ thực hiện dự án đầu tư: Dự án chính thức đi vào hoạt động trong thời hạn 08 (tám) tháng kể từ ngày được cấp Giấy chứng nhận đăng ký doanh nghiệp.

Điều 2: Các ưu đãi, hỗ trợ đầu tư 투자혜택

Theo quy định hiện hành của pháp luật.

Điều 3. Các điều kiện đối với nhà đầu tư thực hiện dự án

- Sau khi được cấp Giấy chứng nhận đăng ký đầu tư, Nhà đầu tư phải thực hiện thủ tục thành lập tổ chức kinh tế theo quy định của Luật Doanh nghiệp để triển khai dự án đầu tư đã đăng ký theo quy định tại Điều 22, Luật Đầu tư.

- Nhà đầu tư nước ngoài phải tuân thủ và đáp ứng các điều kiện đầu tư theo quy định pháp luật Việt Nam và các điều ước quốc tế mà Việt Nam là thành viên.

- Nhà đầu tư và tổ chức kinh tế được thành lập chỉ được triển khai hoạt động đối với các lĩnh vực đầu tư kinh doanh có điều kiện khi đáp ứng các điều kiện và/hoặc được cấp giấy phép/giấy chứng nhận/chứng chỉ hành nghề hoặc văn bản xác nhận... theo đúng quy định pháp luật hiện hành; chấp hành quy định của Luật Đầu tư, Luật Doanh nghiệp, Giấy chứng nhận đăng ký đầu tư, các quy định về bảo

- GCNĐKĐT/03 -

vệ môi trường, phòng chống cháy nổ, an toàn lao động và quy định pháp luật khác liên quan đến lĩnh vực hoạt động đầu tư kinh doanh đã đăng ký.

- Nhà đầu tư có trách nhiệm thực hiện chế độ báo cáo hoạt động đầu tư theo quy định tại Điều 71, Luật Đầu tư và cập nhật đầy đủ, kịp thời, chính xác các thông tin liên quan vào Hệ thống thông tin quốc gia về đầu tư theo quy định tại Điều 70, Luật Đầu tư và chịu sự kiểm tra, giám sát của các cơ quan nhà nước có thẩm quyền theo quy định của pháp luật.

- Nhà đầu tư chịu trách nhiệm trước pháp luật về tính chính xác, trung thực và bảo đảm quyền sử dụng hợp pháp, sử dụng đúng mục đích theo quy định của pháp luật đối với địa điểm thực hiện dự án đã đăng ký. Cơ quan đăng ký đầu tư không giải quyết tranh chấp phát sinh (nếu có) liên quan đến địa điểm thực hiện dự án đăng ký của Nhà đầu tư.

- Dự án sẽ chấm dứt hoạt động theo quy định tại Điều 48 Luật Đầu tư 2014.

Điều 4. Giấy chứng nhận đăng ký đầu tư này được cấp theo đề nghị của Nhà đầu tư, có hiệu lực từ ngày ký và được lập thành 02 *(hai)* bản gốc; Nhà đầu tư được cấp 01 *(một)* bản và 01 *(một)* bản được lưu tại Sở Kế hoạch và Đầu tư thành phố Hà Nội.

Sao gửi:
- Bộ Kế hoạch và Đầu tư;
- Ngân hàng nhà nước Việt Nam;
- UBND thành phố Hà Nội;
- Đ/c Giám đốc Sở KH&ĐT (để b/c);
- Sở Xây dựng;
- Các ngành: Cục thuế, Cục Thống kê, Công an thành phố Hà Nội;
- UBND quận Adm Ctyy;
- Phòng ĐKKD số 01 (để p/h);
- Phòng ĐTNN.

KT. GIÁM ĐỐC
PHÓ GIÁM ĐỐC

Vũ Văn Xyz

CHART 12 신 투자법상의 기업등록증(ERC)

SỞ KẾ HOẠCH VÀ ĐẦU TƯ
THÀNH PHỐ HÀ NỘI
PHÒNG ĐĂNG KÝ KINH DOANH

CỘNG HÒA XÃ HỘI CHỦ NGHĨA VIỆT NAM
Độc lập – Tự do – Hạnh phúc

GIẤY CHỨNG NHẬN ĐĂNG KÝ DOANH NGHIỆP
CÔNG TY TRÁCH NHIỆM HỮU HẠN MỘT THÀNH VIÊN 법인유형

Mã số doanh nghiệp: 0101010101
Đăng ký lần đầu: ngày 00 tháng 00 năm 0000

1. **Tên công ty** 법인명
Tên công ty viết bằng ... G TY TNHH ABCD EFGH VINA
Tên công ty viết bằng tiếng nước ngoài: ABCD EFGH VINA LIMITED LIABILITY COMPANY
Tên công ty viết tắt: ABCD EFGH VINA CO., LTD.

2. **Địa chỉ trụ sở chính**
Phòng 00, tầng0, số 00A ABC XYZ, Phường AHG MTV, Quận ADM CTY, Thành phố Hà Nội, Việt Nam
Điện thoại: Fax:
Email: Website:

3. **Vốn điều lệ** 정관자본금
Bằng chữ: Hai mươi ...

4. **Thông tin về chủ sở hữu** 법인 소유자
Tên tổ chức: ABCD EFGH
Do: *Cục thuế quận AAAAAA, Hàn Quốc* Cấp ngày: *X/Y/0000*
Địa chỉ trụ sở chính: *000-00, Bbbbb Ccc, Mmm Nnn, Pooo Aaad Www Rrrrrr Ddddd, HÀN QUỐC*

5. **Người đại diện theo pháp luật của công ty** 법적 대표자
* Họ và tên: DFG
Chức danh: Chủ tịch công ty
Sinh ngày: *0/0/0000* Dân tộc: Quốc tịch: Hàn Quốc
Loại giấy tờ chứng thực cá nhân: *Hộ chiếu nước ngoài*
Số giấy chứng thực cá nhân: *123456789*
Ngày cấp: *Y/Y/2015* Nơi cấp: *Bộ Ngoại giao và Thương mại Hàn Quốc*
Nơi đăng ký hộ khẩu thường trú: 00-0, Ggggg Dddddd, Aaaa Bbbbb, Oooo Hhhh, HÀN QUỐC
Chỗ ở hiện tại: 01 Dddd 21 Hhh, Lllll Cccc Aaaa Sassss, Ssss Hhh Ooo, Eee Hhh G, Aeee, HÀN QUỐC

* Họ và tên: CBD Giới tính: *Nam*
Chức danh: Tổng giám đốc
Sinh ngày: *00/00/0000* Dân tộc: Quốc tịch: Hàn Quốc
Loại giấy tờ chứng thực cá nhân: *Hộ chiếu nước ngoài*
... y chứng thực cá nhân: *000000000*
... cấp: *00/00/0000* Nơi cấp: *Bộ Ngoại giao và Thương mại Hàn Quốc*
Nơi đăng ký hộ khẩu thường trú: 53, Ggggg, Hhhh Eee Ss, Nnn Ooo Hh, HÀN QUỐC
Chỗ ở hiện tại: 53, Ggg Rr, Aaa Wss Ss, Oo Gg Nn Ii, HÀN QUỐC

TRƯỞNG PHÒNG

PHÒNG ĐĂNG KÝ KINH DOANH SỐ 01

Phùng Thị ABC

CHART 13 구(舊) (외국) 도급자 허가증과 프로젝트 오피스 등록증 예제 (2004년~2012년)

BỘ XÂY DỰNG
****
Số :00/2011/BXD-GPTXD

CỘNG HOÀ XÃ HỘI CHỦ NGHĨA VIỆT NAM
Độc lập - Tự do - Hạnh phúc

Hà Nội, ngày 4 tháng 4 năm 2011

BỘ TRƯỞNG BỘ XÂY DỰNG

Căn cứ Luật Xây dựng số 16/2003/QH11 ngày 26 tháng 11 năm 2003;

Căn cứ Quyết định số 87/2004/QĐ-TTg ngày 19 tháng 5 năm 2004 của Thủ tướng Chính phủ về Ban hành Quy chế Quản lý hoạt động của nhà thầu nước ngoài trong lĩnh vực xây dựng tại Việt Nam;

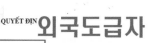

Căn cứ Thông tư số 05/2004/TT-BXD ngày 15 tháng 9 năm 2004 của Bộ trưởng Bộ Xây dựng Hướng dẫn thủ tục và quản lý việc cấp giấy phép cho nhà thầu nước ngoài hoạt động trong lĩnh vực xây dựng tại Việt Nam;

Xét đơn và hồ sơ của Công ty ABC CO., LTD, pháp nhân Hàn Quốc về việc xin giấy phép thầu phụ thực hiện Thi công hạng mục Dự án khu đô thị mới tại thành phố Hà Nội;

Căn cứ văn bản chấp thuận nhà thầu phụ ngày 13/3/2011 của chủ đầu tư là Công ty TNHH XYZ và Hợp đồng số K1-C-000 ngày 12/12/2010 giữa Công ty ABC với Công ty ABCD CO., LTD,

QUYẾT ĐỊN 외국도급자

Điều 1.

Cho phép Công ty ABC CO., LTD (sau đây gọi là Nhà thầu), pháp nhân Hàn Quốc, có địa chỉ đăng ký tại 666, H-dong, N-gu, P-si Gyeongsangbuk-do, Korea, được nhận thầu phụ thực hiện Thi công hạng mục thuộc Dự án khu đô thị mới tại thành phố Hà Nội.

Dự án được Uỷ ban nhân dân thành phố 프로젝트 (용역명) tư số 123456789123 chứng nhận lần đầu ngà... đổi lần thứ nhất ngày 10/10/2010.

Điều 2.

1- Nhà thầu thực hiện nhiệm vụ thầu theo hợp đồng với nhà thầu chính, sử dụng thầu phụ Việt Nam thông qua hợp đồng thầu phụ.

2- Nhà thầu thực hiện các nghĩa vụ như qui định tại Điều 7 của "Quy chế Quản lý hoạt động của nhà thầu nước ngoài trong lĩnh vực xây dựng tại Việt Nam" được ban hành theo Quyết định số 87/2004/QĐ-TTg ngày 19/5/2004 của Thủ tướng Chính phủ.

3- Nhà thầu phải lập báo cáo tình hình thực hiện hợp đồng định kỳ 6 tháng một lần và khi hoàn thành, gửi về Bộ Xây dựng theo mẫu tại phụ lục số 6 của Thông tư số 05/2004/TT-BXD ngày 15/9/2004 của Bộ trưởng Bộ Xây dựng.

Điều 3.

1- Giấy phép này đồng thời có giá trị để Nhà thầu liên hệ với các cơ quan Nhà nước Việt Nam có liên quan thực hiện nội dung các điều khoản nêu trên theo qui định của pháp luật.

2- Giấy phép này chỉ có giá trị cho việc nhận thầu thực hiện công việc nêu tại Điều 1 Quyết định này.

Điều 4.

Giấy phép này lập thành 03 bản gốc; một bản cấp cho Nhà thầu, một bản giao cho chủ đầu tư, một bản lưu tại Bộ Xây dựng nước Cộng hoà Xã hội Chủ nghĩa Việt Nam; đồng thời sao gửi Bộ Tài chính, Bộ Công thương, Bộ Công an, Ngân hàng Nhà nước Việt Nam và Uỷ ban nhân dân thành phố Hà Nội.

KT. BỘ TRƯỞNG
THỨ TRƯỞNG

Nguyễn Văn A

CHART 14 구(舊) (외국) 도급자 허가증과 프로젝트 오피스 등록증 예제 (2004년~2012년)

UBND THÀNH PHỐ HÀ NỘI
SỞ XÂY DỰNG

CỘNG HOÀ XÃ HỘI CHỦ NGHĨA VIỆT NAM
Độc lập - Tự do - Hạnh phúc

Số:00 / ... / ... Hà Nội, ngày ... tháng ... năm 2011

프로젝트 오피스 등록증

GIẤY XÁC NHẬN
ĐĂNG KÝ VĂN PHÒNG ĐIỀU HÀNH CÔNG TRÌNH

Căn cứ văn bản đề nghị số 01/2011 ngày 03/03/2011 của **Liên danh** ABC và XYZ về việc đăng ... trình tại thành phố Hà Nội. Sở Xây dựng xác nhận:

외국도급자

1. Tên nhà thầu : Liên danh ABC và XYZ

2. Trụ sở chính : ABC - pháp nhân Hàn Quốc, có địa chỉ tại 20-20, U -Dong, Jongno, Seoul, Hàn Quốc, là thành viên và đại diện của Liên danh.

3. Nhận thầu (gói thầu, công trình) : Thầu chính công việc chuẩn bị cho Gói thầu số 3 ... xây dựng đường vành đai 2 thành phố Hà Nội.

도급허가 발급번호

4. Số giấy phép thầu : 123/2011/BXD-GPTXD ngày 25/02/2011.
Do Bộ Xây dựng cấp

5. Địa chỉ văn phòng điều hành : Đường L , xã M... , huyện ... L...m, thành phố Hà Nội.

PO 주소

Điện thoại : Chưa có Fax : Chưa có

6. Người đại diện văn phòng điều hành: HONG GIL DONG

PO 대표자

Hoạt động của Văn phòng điều hành ... theo các quy định có liên quan của luật pháp Việt Nam./.

KT GIÁM ĐỐC
PHÓ GIÁM ĐỐC

SỞ XÂY DỰNG HÀ NỘI

Nguyễn Văn A

CHART 15 구(舊) (외국) 도급자 허가증 예제 (2012년~2016년 8월 14일)

BỘ XÂY DỰNG

Số : 123 /2012/QĐ-BXD

CỘNG HOÀ XÃ HỘI CHỦ NGHĨA VIỆT NAM
Độc lập - Tự do - Hạnh phúc

Hà Nội, ngày 12 tháng 12 năm 2012

QUYẾT ĐỊNH
Về việc cấp Giấy phép thầu cho nhà thầu nước ngoài

외국 도급자에게 도급허가 발급에 대한 결정문

Căn cứ Luật Xây dựng số 16/2003/QH11 ngày 26/11/2003;

Căn cứ Quyết định số 87/2004/QĐ-TTg ngày 19/5/2004 của Thủ tướng Chính phủ về Ban hành Quy chế quản lý hoạt động của nhà thầu nước ngoài trong lĩnh vực xây dựng tại Việt Nam;

Căn cứ Quyết định số 03/2012/QĐ-TTg ngày 16/01/2012 của Thủ tướng Chính phủ về sửa đổi, bổ sung một số điều của Quy chế Quản lý hoạt động của nhà thầu nước ngoài trong lĩnh vực xây dựng tại Việt Nam ban hành kèm theo Quyết định số 87/2004/QĐ-TTg ngày 19/5/2004 của Thủ tướng Chính phủ;

Căn cứ Thông tư số 01/2012/TT-BXD ngày 08/5/2012 của Bộ trưởng Bộ Xây dựng Hướng dẫn thủ tục cấp giấy phép thầu và quản lý nhà thầu nước ngoài hoạt động xây dựng tại Việt Nam;

Xét đơn và hồ sơ của Công ty ABC , là pháp nhân Hàn Quốc, về việc xin giấy phép thầu phụ cho dự án Trung tâm OOO tại thành phố Hà Nội;

Căn cứ văn bản chấp thuận thầu phụ số 2012-1111 ngày 11/11/2012 của chủ đầu tư là Công ty TNHH OOO Việt Nam và Thông báo trúng thầu số LTCH-34-340-34 ngày 10/10/2012 của Công ty XYZ CO., LTD.

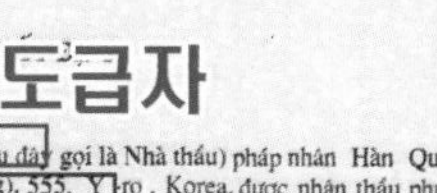

Điều 1.

외국도급자

Cho phép Công ty ABC (sau đây gọi là Nhà thầu) pháp nhân Hàn Quốc, có địa chỉ đăng ký tại (Y-dong), 555, Y-ro , Korea, được nhận thầu phụ, cho dự án Trung tâm OOO tại thành phố Hà Nội

프로젝트 (용역명)

Dự án được Uỷ ban nhân dân thành phố Hà Nội cấp giấy chứng nhận đầu tư số 123456789123 ngày 07/7/2009 và chứng nhận thay đổi lần thứ hai ngày 08/8/2010.

Điều 2.

1- Nhà thầu thực hiện nhiệm vụ thầu theo hợp đồng với nhà thầu chính, sử dụng thầu phụ Việt Nam thông qua hợp đồng thầu phụ.

2. Nhà thầu thực hiện các nghĩa vụ như qui định tại Điều 7 của "Quy chế Quản lý hoạt động của nhà thầu nước ngoài trong lĩnh vực xây dựng tại Việt Nam" được ban hành theo Quyết định số 87/2004/QĐ-TTg ngày 19/5/2004 của Thủ tướng Chính phủ và quy định tại khoản 5 Điều 1 Quyết định số 3/... của Thủ tướng Chính phủ về sửa đổi, bổ sung ... QĐ-TTg.

3. Nhà thầu phải lập báo cáo định kỳ 6 tháng một lần và khi hoàn thành hợp đồng, gửi về Bộ Xây dựng tình hình thực hiện hợp đồng đã ký kết theo mẫu tại Phụ lục số 9 của Thông tư số 01/2012/TT-BXD ngày 08/5/2012 của Bộ trưởng Bộ Xây dựng.

Điều 3.

1. Giấy phép này đồng thời có giá trị để Nhà thầu liên hệ với các cơ quan Nhà nước Việt Nam có liên quan thực hiện nội dung các điều khoản nêu trên theo quy định của pháp luật.

2. Giấy phép này chỉ có giá trị cho việc nhận thầu thực hiện công việc nêu tại Điều 1 Quyết định này.

Điều 4.

Giấy phép này lập thành 03 bản gốc; một bản cấp cho Nhà thầu, một bản giao cho chủ đầu tư, một bản lưu tại Bộ Xây dựng nước Cộng hoà Xã hội Chủ nghĩa Việt Nam; đồng thời sao gửi Bộ Tài chính, Bộ Công thương, Bộ Công an, Ngân hàng Nhà nước Việt Nam và Uỷ ban nhân dân thành phố Hà Nội.

KT. BỘ TRƯỞNG
THỨ TRƯỞNG

Nguyễn Văn A

CHART 16 현(現) 건설활동 라이선스 예제 (2016년 8월 15일~현재)

UỶ BAN NHÂN DÂN
THÀNH PHỐ HAPPY CITY
SỞ XÂY DỰNG

CỘNG HOÀ XÃ HỘI CHỦ NGHĨA VIỆT NAM
Độc lập - Tự do - Hạnh phúc

Số: 00 /QĐ-SXD

Happy City , ngày 09 tháng 9 năm 2016

외국 도급자에게 건설 활동을 위한 라이선스 발급에 대한 결정문

QUYẾT ĐỊNH
Về việc cấp Giấy phép hoạt động xây dựng cho nhà thầu nước ngoài

GIÁM ĐỐC SỞ XÂY DỰNG HAPPY CITY

Căn cứ Luật Xây dựng số 50/2014/QH13 ngày 18/6/2014;

Căn cứ Nghị định số 59/2015/NĐ-CP ngày 18/6/2015 của Chính phủ về Quản lý dự án đầu tư xây dựng;

Căn cứ Thông tư số 14/2016/TT-BXD ngày 30/6/2016 của Bộ trưởng Bộ Xây dựng hướng dẫn về cấp giấy phép hoạt động xây dựng và quản lý nhà thầu nước ngoài hoạt động xây dựng tại Việt Nam;

Xét đơn và hồ sơ của Công ty HONG GILDONG CONSTRUCTION CO., LTD, là pháp nhân thuộc nước Hàn Quốc, về việc nhận thầu chính thi công kho chứa thành phẩm và lắp đặt điện khu nhà kho thuộc Dự án Nhà máy sản xuất máy điện thoại tại Lô CN X.1 , khu công nghiệp Happy 2 , phường Hồng Hà , quận Hà Hà , Happy City và Hợp đồng thi công giữa Chủ đầu tư là Công ty TNHH ABC VINA INVEST và Công ty HONG GILDONG CONSTRUCTION CO., LTD - Hàn Quốc,

QUYẾT ĐỊNH:

Điều 1.

외국도급자

Cho phép Công ty HONG GILDONG CONSTRUCTION CO.,LTD (sau đây gọi là Nhà thầu), pháp nhân thuộc nước Hàn Quốc có địa chỉ đăng ký tại 000, Hong Gildong buiding, 01 HongGildong 01-gil, Gildong - gu, Seoul, Hàn Quốc.

Điện thoại: 82-2-0000-0000 Fax: 82-2-0000-0000 .

프로젝트 (용역명)

Được thực hiện thầu chính Thi công kho chứa thành phẩm và lắp đặt điện khu nhà kho thuộc Dự án Nhà máy sản xuất máy điện thoại tại Lô CN X1 khu công nghiệp Happy 2 . phường Hồng Hà . quận Hà Hà . Happy City

Điều 2.

1. Nhà thầu thực hiện nhiệm vụ thầu chính theo hợp đồng với chủ đầu tư; sử dụng thầu phụ Việt Nam như đã được xác định trong hồ sơ dự thầu.

2. Nhà thầu thực hiện các nghĩa vụ như quy định tại Điều 74 của Nghị định số 59/2015/NĐ-CP ngày 18/6/2015 của Chính phủ về quản lý dự án đầu tư xây dựng.

3. Nhà thầu phải lập báo cáo định kỳ và khi hoàn thành hợp đồng, gửi về Sở Xây dựng (phòng Kế hoạch - Tổng hợp) về tình hình thực hiện hợp đồng đã ký kết theo quy định tại Điều 9 và theo mẫu tại Phụ lục số 9 của Thông tư số 14/2016/TT-BXD ngày 30/6/2016 của Bộ trưởng Bộ Xây dựng.

Điều 3.

1. Giấy phép này đồng thời có giá trị để Nhà thầu liên hệ với các cơ quan Nhà nước Việt Nam có liên quan thực hiện nội dung các điều khoản nêu trên theo quy định của pháp luật.

2. Giấy phép này chỉ có giá trị cho việc nhận thầu thực hiện công việc nêu tại Điều 1 Quyết định này.

Điều 4:

Giấy phép này lập thành 03 bản gốc; một bản cấp cho Nhà thầu, một bản giao cho chủ đầu tư, một bản lưu tại Sở Xây dựng; đồng thời gửi Bộ Tài chính, Bộ Công thương, Bộ Công an, Ngân hàng Nhà nước Việt Nam, Bộ Xây dựng và Ủy ban nhân dân thành phố Happy City./.

Nơi nhận:
- Như Điều 4;
- Lưu: VT, KHTH.

GIÁM ĐỐC

Nguyễn Văn A

CHART 17 대표사무소 세금 코드 통보증

TỔNG CỤC THUẾ
Cục thuế Hà Nội

CỘNG HÒA XÃ HỘI CHỦ NGHĨA VIỆT NAM
Độc lập - Tự do - Hạnh phúc

THÔNG BÁO
Mã số thuế nộp hộ của NNT 통보

Cục thuế thông báo cho đơn vị mã số thuế dùng để kê khai nộp hộ các khoản thuế cho các đơn vị và cá nhân như sau:

Mã số thuế nộp hộ:	1111111111	세금코드
Mã số thuế:		
Tên NNT:	VPĐD ABC CO., LTD tại Hà Nội	납세의무자명
Địa chỉ trụ sở:	P1111 t11 Hanoi Tower, khu E , Huyện Từ Liêm, Hà Nội	
Địa chỉ nhận thông báo thuế:	P1111 t11 Hanoi Tower, khu E , Huyện Từ Liêm, Hà Nội	
Loại thuế nộp hộ:	Thu nhập cá nhân	세금의 종류 : 개인소득

Kể từ ngày cơ quan thuế thông báo mã số thuế, doanh nghiệp được phép sử dụng mã số thuế để kê khai, nộp thuế hộ các khoản thuế do cơ quan thuế uỷ quyền. Doanh nghiệp không được sử dụng mã số thuế nộp hộ để hạch toán ghi chép các hoạt động sản xuất kinh doanh của đơn vị mình, đề nghị doanh nghiệp sử dụng mã số thuế trên đúng mục đích.

Ngày 03 tháng 03 năm 2012

CỤC TRƯỞNG CỤC THUẾ
KT. CỤC TRƯỞNG
PHÓ CỤC TRƯỞNG

CỤC THUẾ THÀNH PHỐ HÀ NỘI

Viên Việt Hùng

CHỨNG THỰC BẢN SAO ĐÚNG VỚI BẢN CHÍNH.
Số chứng thực: 7 7 7 Quyển số: 0 7 SCT/BS

Ngày: 04 -04- 2012

CHỦ TỊCH UBND PHƯỜNG TRUNG HÒA

K/T. CHỦ TỊCH
PHÓ CHỦ TỊCH
Phan Thị Hải Yến

CHART 18 대표사무소 세금 코드 통보증

Mẫu: 11-MST

TỔNG CỤC THUẾ
CỤC THUẾ THÀNH PHỐ HAP PY
Số : 016/2016/CT-TBMST

CỘNG HÒA XÃ HỘI CHỦ NGHĨA VIỆT NAM
Độc Lập - Tự Do - Hạnh Phúc

THÔNG BÁO MÃ SỐ THUẾ
NOTICE TAX IDENTIFICATION NUMBER (TIN)

통보

Cục thuế thông báo mã số thuế của đơn vị/ cá nhân như sau :
Hereby, We would like to inform your TIN as follow:

Mã số thuế *Tax Identification Number*	: **9876543210**

세금코드

Tên đơn vị/ cá nhân *Name of Mission*	: **VĂN PHÒNG ĐẠI DIỆN HONGGIL DONG TECH CO., LTD TẠI HAP PY**

납세의무자명

Địa chỉ trụ sở *Address in Vietnam* : **PHÒNG 0110, TÒA NHÀ HONGDONG TOWER 167 ĐƯỜNG NGUYỄN CÁT ĐỒNG, PHƯỜNG CÁT ĐỒNG, QUẬN ĐỒNG CÁT, THÀNH PHỐ HAP PY**

Ngày cấp mã số thuế *Date of issuing TIN* : **01/09/2016**

Yêu cầu đơn vị phải sử dụng mã số thuế theo đúng quy định kể từ ngày nhận được thông báo này.
You are required to use the TIN from receiving this notice

Hap Py, Ngày 03 tháng 09 năm 2016
CỤC TRƯỞNG CỤC THUẾ
Head of Tax Department

Cơ quan thuế trực tiếp quản lý :
VĂN PHÒNG CỤC THUẾ

CỤC THUẾ HAP PY

ĐỒNG HỒNG

CHART 19 베트남 부가세 영수증

HÓA ĐƠN GIÁ TRỊ GIA TĂNG
VAT INVOICE

Liên 2 : Giao cho người mua *(Copy 2 : Customer)*

Ngày *(Date)* ..**.....tháng *(month)*..**...năm *(year)* 20.**....

Mẫu số *(Form)* : **01GTKT1/001**

Ký hiệu *(Serial)* : **LP/12P**

Số hoá đơn *(Invoice No.)* : 0000125

Đơn vị bán hàng *(Company name)*: **CHI NHÁNH CÔNG TY OOO**

Mã số thuế *(Tax code)*: **0 3 0 4 4 4 4 4 4 4 - 0 0 1**

Địa chỉ *(Address)*: Phòng 808, tầng 8, Trung tâm thương mại Kim Mã, Quận Ba Đình, TP.Hà Nội

Điện thoại *(Tel)*: (84.4) 3771 0771 - Fax: (84.4) 3771 3777

Số tài khoản *(AC/No.)*: ....

Họ tên người mua hàng *(Buyer)*: ....

Tên đơn vị *(Company name)*: Công ty TNHH ABC Việt Nam

Mã số thuế *(Tax code)*: 0123456789

Địa chỉ *(Address)*: P.11, T.11, TTTM AAA, Lý Thái Tổ, Hoàn Kiếm, Hà Nội

Hình thức thanh toán *(Payment term)*: TM ....Số tài khoản *(Account Number)*: ....

STT *(No.)*	Tên hàng hóa, dịch vụ *(Description)*	Đơn vị tính *(Unit)*	Số lượng *(Quantity)*	Đơn giá *(Unit price)*	Thành tiền *(Amount)*
(1)	(2)	(3)	(4)	(5)	(6) = (4) x (5)
	Phí tư vấn	giờ	05	2.000.000	10.000.000
				Cộng tiền hàng *(Sub-Total)* :	10.000.000
Thuế suất GTGT *(VAT rate)* : 10 %				Tiền thuế GTGT *(VAT payable)* :	1.000.000
				Tổng cộng tiền thanh toán *(Grand total)* :	11.000.000

Số tiền viết bằng chữ *(Amount in words)* : Mười một triệu đồng

Người mua hàng / *Buyer's*
(Ký, ghi rõ họ, tên)
(Sign & full name)

Hong Gil Dong

Người bán hàng / *Seller's*
(Ký, đóng dấu, ghi rõ họ, tên)
(Sign, stamp & full name)

CHI NHÁNH TẠI HÀ NỘI

(Cần kiểm tra đối chiếu khi lập, giao, nhận hóa đơn)

In tại Công Ty Cổ Phần Thương Mại Dịch Vụ Quảng Cáo In Sài Gòn - Mã Số Thuế : 0 3 1 1 5 7 5 7 3 0 - Điện thoại : (08) 35 129 434 - Fax: (08) 35 106 320

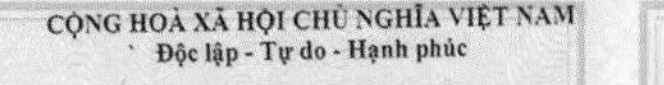

UBND THÀNH PHỐ HÀ NỘI
SỞ CÔNG THƯƠNG

CỘNG HOÀ XÃ HỘI CHỦ NGHĨA VIỆT NAM
Độc lập - Tự do - Hạnh phúc

Hà Nội, ngày 2 tháng 02 năm 2012

GIẤY PHÉP
THÀNH LẬP VĂN PHÒNG ĐẠI DIỆN
CỦA THƯƠNG NHÂN NƯỚC NGOÀI TẠI HÀ NỘI

대표사무소 라이선스

Số: 01000000

Cấp lần đầu: ngày 02 tháng 02 năm 2012

GIÁM ĐỐC SỞ CÔNG THƯƠNG HÀ NỘI

Căn cứ Luật Thương mại ngày 14 tháng 6 năm 2005;

Căn cứ Nghị định số 72/2006/NĐ-CP ngày 25 tháng 7 năm 2006 của Chính phủ quy định chi tiết Luật Thương mại về Văn phòng đại diện, Chi nhánh của thương nhân nước ngoài tại Việt Nam;

Căn cứ Thông tư số 11/2006/TT-BTM ngày 28 tháng 9 năm 2006 của Bộ Thương mại hướng dẫn thực hiện Nghị định số 72/2006/NĐ-CP ngày 25 tháng 7 năm 2006 của Chính phủ quy định chi tiết Luật Thương mại về Văn phòng đại diện, Chi nhánh của thương nhân nước ngoài tại Việt Nam;

Xét đơn đề nghị cấp Giấy phép thành lập Văn phòng đại diện tại Hà Nội của ABC CO., LTD

QUYẾT ĐỊNH:

Điều 1. Cho phép: ABC CO., LTD

- Nơi đăng ký thành lập: Hàn Quốc
- Địa chỉ trụ sở chính: 66, Jong-gil, Jong-gu, Seoul, Korea.
- Lĩnh vực hoạt động chính: Xây dựng công trình và nhà ở, thiết kế, cơ khí, điện.

Được thành lập Văn phòng đại diện tại Thành phố Hà Nội.

대표사무소 명

Điều 2. Tên Văn phòng đại diện:
Văn phòng đại diện ABC CO., LTD tại Hà Nội

주소

Điều 3. Địa chỉ trụ sở Văn phòng đại diện
Phòng [illegible], tầng 11, HaNoi Tower, Cầu Giấy, Xã Mễ Trì, huyện Từ Liêm, Hà Nội.

대표사무소장 이름과 관련정보

Điều 4. Người đứng đầu Văn phòng đại diện
Họ và tên: HONG GIL DONG Giới tính: *Nam*
Quốc tịch: Hàn Quốc
Hộ chiếu số: [illegible] cấp ngày 12 tháng 12 năm 2012
Do: Bộ Ngoại giao và Thương mại Hàn Quốc cấp.

Điều 5. Nội dung hoạt động của Văn phòng đại diện

1. Thực hiện chức năng văn phòng liên lạc;
2. Xúc tiến xây dựng các dự án hợp tác của ABC CO., LTD tại Việt Nam.
3. Nghiên cứu thị trường để thúc đẩy cơ hội mua bán hàng hoá, cung ứng và tiêu dùng dịch vụ thương mại của ABC CO., LTD.
4. Theo dõi, đôn đốc việc thực hiện các hợp đồng đã ký kết với các đối tác Việt Nam hoặc liên quan đến thị trường Việt Nam của ABC CO., LTD.
5. Các hoạt động khác mà pháp luật Việt Nam cho phép.

라이선스 유효기간

Điều 6. Thời hạn hiệu lực của Giấy phép
Giấy phép này có hiệu lực từ ngày 02 tháng 02 năm 2012 đến ngày 02 tháng 02 năm 2017.

Điều 7. Giấy phép này được lập thành 02 (hai) bản gốc: 01 (một) bản cấp cho ABC CO., LTD; 01 (một) bản lưu tại Sở Công Thương Hà Nội.

KT. GIÁM ĐỐC
PHÓ GIÁM ĐỐC

Nguyễn Văn Đồng

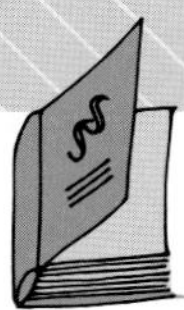

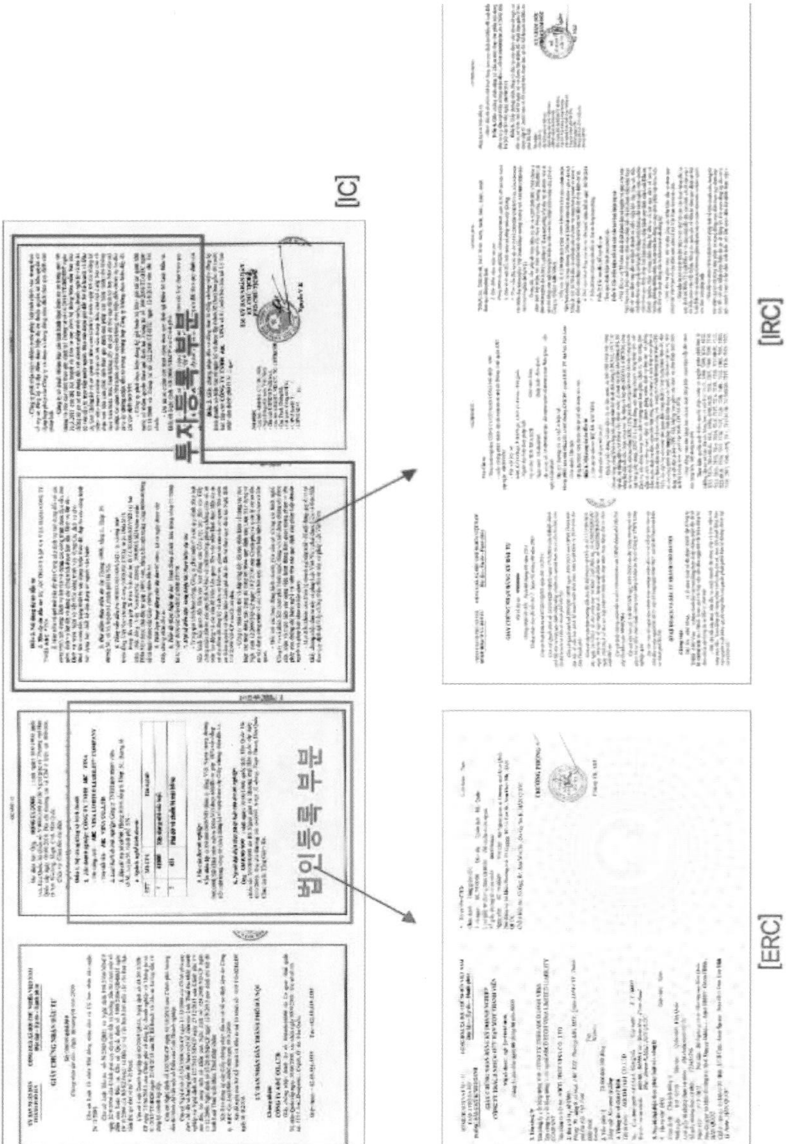

CHART 21 투자허가서(IC), 법인등록증(ERC), 투자등록증(IRC)

투자등록 부분

법인등록 부분

[IC]

[ERC]

[IRC]

CHART 22 영업 허가서(BL)

ỦY BAN NHÂN DÂN
THÀNH PHỐ HAP PY

CỘNG HÒA XÃ HỘI CHỦ NGHĨA VIỆT NAM
Độc lập - Tự do - Hạnh phúc

GIẤY PHÉP KINH DOANH → 영업허가서(BL)

Số: 0161899909 -KD → ERC 발급 번호

Cấp lần đầu: Ngày 09 *tháng* 07 *năm* 2017

Tên doanh nghiệp: CÔNG TY TNHH DHQ GAGED XYZZZZ → 법인 이름

Giấy chứng nhận đăng ký doanh nghiệp: 0161899909 do Phòng Đăng ký kinh doanh, Sở Kế hoạch và Đầu tư thành phố Hap py đăng → 베트남 본사 주소 01/4/2016 , đăng ký thay đổi lần thứ Xngày 01/4/2017 .

Địa chỉ trụ sở chính: Phòng abcd, tầng 00, Tòa nhà XX , số 00 phố AB BA , phường 00XYZABC , quận XYABC, thành phố Hap py, Việt Nam.

Đăng ký kinh doanh hoạt động mua bán hàng hoá và các hoạt động liên quan trực tiếp đến mua bán hàng hoá tại Việt Nam với nội dung sau:

I. *Nội dung kinh doanh*: Thực hiện quyền nhập khẩu, quyền phân phối bán buôn (không thành lập cơ sở bán buôn) các hàng hóa có mã HS: 7009, 0097 7268, 2626, 7426, 2636, 8267, 9405, 8481, 3921, 3926, 4009, 4016, 4908, 7313 7412, 7606, 8526, 2639, 8264, 9030, 9031, 7304, 3009, 7608, 7609.00.00, 8547 8538, 3506, 3917, 7266, 8302, 3923, 4804, 4009, 3920 theo quy định pháp luật.

→ 등록된 HS 코드

Công ty chỉ được thực hiện quyền nhập khẩu và quyền phân phối các hàng hóa thuộc diện quản lý chuyên ngành và/hoặc thuộc diện kinh doanh có điều kiện sau khi được cơ quan quản lý chuyên ngành cấp Giấy phép kinh doanh, giấy tờ có giá trị tương đương và/hoặc đủ điều kiện kinh doanh theo quy định pháp luật.

II. *Cơ sở bán lẻ*: Không. → 소매점 등록 여부

III. Giấy phép này có hiệu lực đến ngày 09/7/2027 .

IV. Giấy phép này được lập thành 02 (hai) bản gốc: 01 bản cấp cho doanh nghiệp và 01 bản lưu tại Ủy ban nhân dân thành phố Hap py./.

Công ty TNHH DHQ GAGED XYZZZZ có nghĩa vụ thực hiện hoạt động mua bán hàng hóa, chấp hành chế độ báo cáo thống kê định kỳ theo quy định pháp luật hiện hành và Giấy phép kinh doanh đã cấp./.

Nơi nhận:
- Bộ Công thương;
- Chủ tịch UBND TP Hap py (để b/c);
- Phó Chủ tịch Nguyên Tú ;
- Các Sở: KH&ĐT, CT TP Hap py;
- Các ngành: Hải quan, Thuế, Công an TP Hap py;
- UBND quận XYABC ;
- VPUB: CVP, PCVP D.V.Vũng, TKBT, KT;
- Lưu: VT.

TM. ỦY BAN NHÂN DÂN
KT. CHỦ TỊCH
PHÓ CHỦ TỊCH

CHART 23 기업 등록 내용 변경에 대한 확인서

SỞ KẾ HOẠCH VÀ ĐẦU TƯ THÀNH PHỐ HAPPY **PHÒNG ĐĂNG KÝ KINH DOANH**	**CỘNG HÒA XÃ HỘI CHỦ NGHĨA VIỆT NAM** **Độc lập – Tự do – Hạnh phúc** *Hà Nội, ngày 9 tháng 06 năm 2017*

Số:

* 61234/17*

법인등록사항 변경증서

GIẤY XÁC NHẬN
Về việc thay đổi nội dung đăng ký doanh nghiệp

Phòng Đăng ký kinh doanh: *Thành phố* HAPPY
Địa chỉ trụ sở: *Nhà* 123 *A - Khu Đô thị* Bắc OPQ HB *, đường* Hòa Bình
Phường HB1 *, Quận* Đông Tây *, Thành phố* Happy *, Việt Nam*
Điện thoại: 099.1234567 Fax: 099.7654321
Email: *pdkkd_sokhdt@happy.gov.vn* Website: *www.* happy.gov.vn

Xác nhận:
Tên doanh nghiệp: CÔNG TY TNHH XÂY DỰNG ABC HAPPY

법인 이름

Mã số doanh nghiệp/Mã số thuế: 0001234567
Số Giấy chứng nhận đăng ký kinh doanh:
Đã thông báo thay đổi nội dung đăng ký doanh nghiệp đến Phòng Đăng ký kinh doanh.
Thông tin của doanh nghiệp đã được cập nhật vào Hệ thống thông tin quốc gia về đăng ký doanh nghiệp như sau:
Ngành, nghề kinh doanh:

(변경 후) 사업

STT	Tên ngành	Mã ngành
1	Lắp đặt hệ thống điện	4321(Chính)
2	Xây dựng công trình kỹ thuật dân dụng khác Chi tiết: Xây dựng công trình dân dụng	4290
3	Lắp đặt hệ thống cấp, thoát nước, lò sưởi và điều hoà không khí Chi tiết: Lắp đặt hệ thống cấp thoát nước và lò sưởi	4322
4	Lắp đặt hệ thống xây dựng khác Chi tiết: Lắp đặt xây dựng khác	4329
5	Hoạt động dịch vụ hỗ trợ kinh doanh khác còn lại chưa được phân vào đâu Chi tiết: Hoạt động mua bán hàng hóa và các hoạt động liên quan trực tiếp đến mua bán hàng hóa: Thực hiện quyền nhập khẩu các hàng hóa có mã HS: 3926, 6809, 6210, 8528, 8471, 9021, 9018, 9402, 9022 cho các thương nhân có đăng ký kinh doanh hoặc có quyền phân phối các hàng hóa tương ứng và các thương nhân, đơn vị, tổ chức sử dụng hàng hóa vào quá trình sản xuất	8299
6	Bán buôn chuyên doanh khác chưa được phân vào đâu Chi tiết: Hoạt động mua bán hàng hóa và các hoạt động liên quan trực tiếp đến mua bán hàng hóa: Thực hiện quyền phân phối (không thành lập cơ sở bán buôn, cơ sở bán lẻ) các hàng hóa có mã HS: 3926, 6809, 6210, 8528, 8471, 9021, 9018, 9402, 9022 cho các thương nhân có đăng ký kinh doanh hoặc có quyền phân phối các hàng hóa tương ứng và các thương nhân, đơn vị, tổ chức sử dụng hàng hóa vào quá trình sản xuất	4669
7	(Đối với các ngành nghề kinh doanh có điều kiện, Doanh nghiệp chỉ kinh doanh khi có đủ điều kiện theo quy định của pháp luật. Doanh nghiệp có vốn đầu tư nước ngoài có trách nhiệm thực hiện thủ tục đầu tư theo quy định của Luật Đầu tư và chỉ kinh doanh các ngành nghề khi có đủ điều kiện theo quy định của Luật Đầu tư và pháp luật có liên quan cũng như các điều ước quốc tế mà Việt Nam tham gia).	Ngành, nghề chưa khớp mã với Hệ thống ngành kinh tế Việt Nam

Thông tin đăng ký thuế:

(변경 후) 세금 등록 정보

STT	Các chỉ tiêu thông tin đăng ký thuế	
1 0	Thông tin về Giám đốc (Tổng giám đốc), Kế toán trưởng: Họ và tên Giám đốc (Tổng giám đốc): PARK MIN HONGU Điện thoại: 0900199901	
2	Địa chỉ nhận thông báo thuế: *Phòng* 2202 *Tầng* 11 *, Tòa nhà* DEF *, Số* 33 *phố* HB20 *, Phường* Tây Bắc *, Quận* Tây Nam *, Thành phố* Happy *, Việt Nam* Điện thoại: 0900199901 Fax: Email: parkminhong8xy@gmail.com	
3	Hình thức hạch toán:	*Hạch toán độc lập*
4	Năm tài chính: Áp dụng từ ngày 1/1 đến ngày 31/12	
5	Tổng số lao động:	100
6	Đăng ký xuất khẩu:	*Không*
7	Tài khoản ngân hàng, kho bạc: Tài khoản ngân hàng: Tài khoản kho bạc:	
8	Các loại thuế phải nộp:	*Thuế bảo vệ môi trường; Phí; lệ phí; Thuế thu nhập cá nhân; Giá trị gia tăng; Thu nhập doanh nghiệp; Thuế xuất; nhập khẩu; Thuế môn bài* ; Khác
9	Ngành, nghề kinh doanh chính: *Lắp đặt hệ thống điện - Mã:4321*	

Thông tin về người quản lý doanh nghiệp:

(변경 후) 임원 정보

* Họ và tên: PARK MIN HONGU Giới tính: *Nam*
Chức danh: Giám đốc, Tổng Giám đốc
Sinh ngày: 01/09/1970 Dân tộc: Quốc tịch: *Hàn Quốc*
Loại giấy tờ chứng thực cá nhân: *Hộ chiếu nước ngoài*
Số giấy chứng thực cá nhân: M01234876
Ngày cấp: 01/08/2005 Nơi cấp: *Bộ Ngoại giao và Thương mại Hàn Quốc*
Nơi đăng ký hộ khẩu thường trú: P1105, Tầng 11, Số 232 Blue Sky Tower , Hoa Phong *eup,* Tân Nam *-si,* Duy Minh *-do, Hàn Quốc (* 112-886 *), Hàn Quốc*
Chỗ ở hiện tại: *Phòng* 09 *tầng* 8*, tòa* Họa Ban Xanh *, khu đô thị* Tân Cao Nguyên *Xã* Tân Phương*, Huyện* Bình Minh*, Thành phố* Happy *, Việt Nam*

Nơi nhận:
-CÔNG TY TNHH XÂY DỰNG ABC HAPPY . Địa chỉ:Phòng 2202, Tầng 11, Tòa nhà DEF , Số 33 phố HB20 , Phường Tây Bắc , Quận Tây Nam , Thành phố Hà Nội, Việt Nam
- Đàm Văn B.............;
- Lưu:

TRƯỞNG PHÒNG

SAMPLE

Đ. Văn N.

CHART 24 현재 임시 거주증(TRC)

CỘNG HOÀ XÃ HỘI CHỦ NGHĨA VIỆT NAM
Socialist Republic of Viet Nam

THẺ TẠM TRÚ - TEMPORARY RESIDENT CARD

Số thẻ/ *No* **AA123456** Ký hiệu/ *Type:* **LD**
Họ tên/ *Name:* **HONG GIL DONG**
Ngày sinh/ *Date of birth:* **01/01/1980**
Giới tính/ *Sex:* **Nam(Male)**
Mang hộ chiếu của / *Passport of:* **Korea (South)**
Số/ *No:* **M12345678**

Thẻ có giá trị đến/ *This Card is valid until (Day/ Month/ Year):* ...**21/10/2018**........

Người mang Thẻ được tạm trú tại Việt Nam trong thời hạn giá trị của Thẻ và được miễn thị thực Việt Nam
The Card holder is permitted to stay in Viet Nam within the card validity and exempted from a Vietnamese visa

Cấp tại **Hà Nội**......, ngày...**20**..tháng.**10**...năm..**2016**........
Date of issue (Day/ Month/ Year)

Phó Trưởng phòng
Deputy *Chief of Division*

Taung Hong Lien

CHART 25 이전 임시 거주증(TRC)

N6A

CỘNG HOÀ XÃ HỘI CHỦ NGHĨA VIỆT NAM
Socialist Republic of Viet Nam

THẺ TẠM TRÚ
TEMPORARY RESIDENCE CARD

Số (No)......AA12345678

Cục Quản lý xuất nhập cảnh cấp cho:
Issued by the Immigration Department to

Họ tên......HONG GIL DONG
Full name Giới tính (*Sex*): nam (M)☒ nữ (F)☐
Sinh ngày......01...... tháng......01...... năm 1980
Date of birth (day, month, year)
Mang hộ chiếu của (*Holding the passport of*)......
CH HÀN QUỐC
Số (*Passport number*)......M12345678......
Cơ quan, tổ chức bảo lãnh (*Sponsoring agency/organization*)......
CN CÔNG TY ABCDEF&AB TẠI HÀ NỘI
Thẻ này có giá trị đến ngày 29...01.../2015
This card expires on (day, month, year)

Cấp ngày 31 tháng 01 năm 2013
Date of issue (day, month, year)
PHÓ TRƯỞNG PHÒNG
Deputy Chief of Division

Lê Thung Lien

NHỮNG ĐIỀU CẦN CHÚ Ý

1. Người mang thẻ này được miễn thị thực Việt Nam.
2. Người mang thẻ này phải:
   - Xuất trình thẻ khi nhà chức trách yêu cầu.
   - Bảo quản, giữ gìn thẻ cẩn thận.
   - Làm thủ tục xin cấp thẻ mới nếu có nhu cầu thay đổi nội dung ghi trong thẻ.
   - Có văn bản trình báo ngay với cơ quan cấp thẻ khi thẻ bị hư hỏng, thất lạc.
3. Nghiêm cấm các hành vi: làm giả, tẩy xoá, sửa chữa, mua bán, cho người khác mượn và sử dụng thẻ.

IMPORTANT INFORMATION

1. The holder of this card does not require a Vietnamese visa.
2. The card holder must:
   - Show the card to the authorities on request.
   - Keep this card carefully.
   - Apply for a new card if any change or alteration of its particulars is required.
   - Immediately report in writing to the issuing office in case of damage or loss of the card.
3. Any case of forgery, unofficial alteration, mutilation or sale of this card is strictly prohibited, as is its lending for unlawful use.

CHART 26 노동허가 면제확인서

ỦY BAN NHÂN DÂN TP HAPPY **SỞ LAO ĐỘNG - THƯƠNG BINH VÀ XÃ HỘI**	**CỘNG HOÀ XÃ HỘI CHỦ NGHĨA VIỆT NAM** **Độc lập - Tự do - Hạnh phúc**
Số: 13 /LĐTBXH-HN V/v xác nhận người lao động nước ngoài không thuộc diện cấp giấy phép lao động.	TP Happy, *ngày* 10 *tháng* 4 *năm 2016*

Kính gửi: Công ty TNHH ABC Vina

Thực hiện Nghị định số 11/2016/NĐ-CP ngày 03/2/2016 của Chính phủ quy định chi tiết và hướng dẫn thi hành một số điều của Bộ luật lao động về lao động nước ngoài làm việc tại Việt Nam và theo đề nghị tại văn bản số 11 /2016/CT-CV ngày của Công ty TNHH ABC Vina về việc đề nghị xác nhận người lao động nước ngoài không thuộc diện cấp giấy phép lao động, Sở Lao động - Thương binh và Xã hội TP Happy xác nhận:

1. Họ và tên: Hong Gil Dong 2. Giới tính: Nữ
3. Ngày, tháng, năm sinh: 01/02/1970
4. Quốc tịch: Hàn Quốc
5. Hộ chiếu số: M 1234567 6. Ngày cấp: 12/6/2015
7. Trình độ chuyên môn: Văn bản xác nhận là chuyên gia xây dựng
8. Làm việc tại doanh nghiệp, tổ chức: Công ty TNHH ABC Vina
9. Địa điểm làm việc: Phòng 705, tầng 7 tòa nhà tổ hợp đa chức năng JKMN Đường 10, Quận 11,TP Happy
10. Vị trí công việc: Chuyên gia xây dựng
11. Thời hạn làm việc từ ngày 15/04/2016 đến ngày 14/04/2018
12. Không thuộc diện cấp giấy phép lao động.

Lý do: Di chuyển trong nội bộ doanh nghiệp thuộc phạm vi 11 ngành dịch vụ trong biểu cam kết dịch vụ của Việt Nam với tổ chức thương mại thế giới (theo Khoản 3, Phần II, Phụ lục I của Thông tư số 41/2014/TT-BCT ngày 09/11/2014 của Bộ Công thương).

Sở Lao động - Thương binh và Xã hội Happy thông báo để Công ty TNHH ABC Vina biết và thực hiện./.

Nơi nhận:
- Như trên;
- Lưu Sở LĐTBXH.

KT.GIÁM ĐỐC
PHÓ GIÁM ĐỐC

CỘNG HOÀ X.H.C.N VIỆT NAM
SỞ LAO ĐỘNG THƯƠNG BINH VÀ XÃ HỘI
THÀNH PHỐ

NGUYỄN VĂN B

CHART 27 노동허가 승인서 - 회사에게 발급

UBND THÀNH PHỐ HAPPY
SỞ LAO ĐỘNG - THƯƠNG BINH VÀ XÃ HỘI

CỘNG HOÀ XÃ HỘI CHỦ NGHĨA VIỆT NAM
Độc lập - Tự do - Hạnh phúc

Số: 12 / 345 /LĐTBXH- TB
V/v: Thông báo chấp thuận vị trí công việc sử dụng người lao động nước ngoài.

TP. Happy, *ngày* 7 *tháng* 4 *năm 2016*

Kính gửi: Công ty TNHH **ABC Vina**

Căn cứ Quyết định số 1234/**QĐ-UBND** ngày **02/4/2016** của Chủ tịch Ủy ban nhân dân thành phố Happy về việc ủy quyền cho Giám đốc Sở Lao động Thương binh và Xã hội quyết định việc chấp thuận cho người sử dụng lao động sử dụng lao động nước ngoài theo quy định tại Nghị định số 11/2016/NĐ-CP ;

Theo đề nghị tại văn bản số 002/ **ABC Vina-CV** ngày 01/04/2016 của Công ty TNHH **ABC Vina** và đề nghị của Phòng Chính sách Lao động Việc làm, Sở Lao động Thương binh và Xã hội Happy thông báo về những vị trí công việc mà Công ty TNHH **ABC Vina** được sử dụng người lao động nước ngoài như sau:

I/ VỊ TRÍ CÔNG VIỆC ĐƯỢC CHẤP THUẬN:

1. Vị trí công việc: Chuyên gia xây dựng
   - Số lượng người: **01** người
   - Thời gian làm việc: **2016 - 2018**
2. Vị trí công việc: Chuyên gia Quản lý chất lượng
   - Số lượng người: **02** người
   - Thời gian làm việc: **2016 - 2018**
3. Vị trí công việc: Chuyên gia quản lý xây dựng
   - Số lượng người: **03** người
   - Thời gian làm việc: **2016 - 2018**
4. Vị trí công việc: **Lao động kỹ thuật** - Kỹ sư vẽ Auto Cad
   - Số lượng người: **04** người
   - Thời gian làm việc: **2016 - 2018**
5. Vị trí công việc: **Lao động kỹ thuật** - Kỹ sư điện tự động
   - Số lượng người: **03** người
   - Thời gian làm việc: **2016 - 2018**

II/ VỊ TRÍ CÔNG VIỆC KHÔNG ĐƯỢC CHẤP THUẬN:

Không có

Công ty TNHH **ABC Vina** có trách nhiệm thực hiện đúng các quy định về người lao động nước ngoài làm việc tại Việt Nam./.

Nơi nhận:
- Như trên
- Lưu: CS LĐVL

KT. GIÁM ĐỐC
PHÓ GIÁM ĐỐC

SỞ LAO ĐỘNG THƯƠNG BINH VÀ XÃ HỘI

Nguyễn Văn B

CHART 28 노동허가증 - 외국인 근로자에게 발급

GIẤY PHÉP LAO ĐỘNG
WORK PERMIT

Số: SLĐ 12345678
No **9876/SHN/2015**

1. Họ và tên: HONG GIL DONG..........
Full name

2. Nam (M) Nữ (F):.**Nam**..........

3. Ngày, tháng, năm sinh:.. 01/01/1970..........
Date of birth (DD-MM-YY)

4. Quốc tịch hiện nay:.**Hàn quốc**.......... Số hộ chiếu:.M 98765432 ......
Nationality *Passport number*

5. Trình độ chuyên môn (tay nghề):. **Cử nhân xây dựng**..........
Professional qualification (skill)

6. Làm việc tại doanh nghiệp/tổ chức: **Công ty TNHH ABC Vina** ....
Working at enterprise/organization

....

7. Địa điểm làm việc:..........
Working place

Phòng 705, tầng 7 tòa nhà tổ hợp đa chức năng JKMN, Đường 10, Quận 11, Thành phố Happy

8. Vị trí công việc: **Chuyên gia quản lý xây dựng**..........
Job assignment

....

9. Thời hạn làm việc từ ngày...**15 / 4 / 2016** đến ngày... **14 / 4 / 2018** .
Period of work from *to*

10. Tình trạng giấy phép lao động:
Work permit status

Cấp mới [x] *New issuance* — Cấp lại [ ] *Re-issuance* — Cấp lại lần thứ:.......... *Number of re-issuance*

Ngày. **15** ..*tháng*.**4** ....*năm*.. **2016** ..

GIÁM ĐỐC
SỞ LAO ĐỘNG - THƯƠNG BINH VÀ XÃ HỘI THÀNH PHỐ HAPPY
DIRECTOR OF DEPARTMENT OF LABOUR, INVALIDS AND SOCIAL AFFAIRS
(Ký và ghi rõ họ tên, đóng dấu)
(Signature and stamp)

SỞ LAO ĐỘNG THƯƠNG BINH VÀ XÃ HỘI

PHÓ GIÁM ĐỐC
NGUYỄN VĂN B

CHART 29 식품안전조건 적합증명서 (음식 제공 사업체; MOH 발행)

CỘNG HOÀ XÃ HỘI CHỦ NGHĨA VIỆT NAM
Độc lập - Tự do - Hạnh phúc
THE SOCIALIST REPUBLIC OF VIETNAM
Independence - Freedom - Happiness
****

GIẤY CHỨNG NHẬN

ĐỦ ĐIỀU KIỆN VỆ SINH AN TOÀN THỰC PHẨM
Certificate of Food Hygiene and Safety
CHI CỤC AN TOÀN VỆ SINH THỰC PHẨM HÀ NỘI

CHỨNG NHẬN
Certifies

TÊN CƠ SỞ *(Name of food premises)*:
CÔNG TY ABC
LOẠI HÌNH SẢN XUẤT: *(Kind of business)*:
CHẾ BIẾN VÀ BẢO QUẢN THỊT LỢN, THỊT CHUA
ĐỊA CHỈ *(Address)*:
SỐ X ĐƯỜNG N PHƯỜNG M QUẬN P HÀ NỘI
ĐIỆN THOẠI *(Tel)*: 123456789 FAX: 987654321

ĐỦ ĐIỀU KIỆN VỆ SINH AN TOÀN THỰC PHẨM THEO QUY ĐỊNH
Conforms to food hygiene and safety regulations

Hà Nội, ngày (day) DDtháng (month) MM năm (year) YYYY
CHI CỤC TRƯỞNG
(Ký tên, đóng dấu - Sign and seal)

SỐ ĐK: 2468/ATTP-CN
(Reg.No.)

TS. Lê Đức Thọ

CHART 30 식품안전조건 적합증명서 (음료 제공 사업체; MOIT 발행)

CỘNG HOÀ XÃ HỘI CHỦ NGHĨA VIỆT NAM
Độc lập – Tự do – Hạnh phúc

GIẤY CHỨNG NHẬN
CƠ SỞ ĐỦ ĐIỀU KIỆN AN TOÀN THỰC PHẨM

SỞ CÔNG THƯƠNG THÀNH PHỐ HỒ CHÍ MINH
Chứng nhận

Cơ sở: **CÔNG TY ABC**
Loại hình:
Chủ cơ sở:
Địa chỉ:

Điện thoại: Fax

ĐỦ ĐIỀU KIỆN AN TOÀN THỰC PHẨM ĐỂ
ĐÓNG GÓI BÁNH KẸO

Thành phố Hồ Chí Minh, ngày DD tháng MM năm YYYY
KT. GIÁM ĐỐC
PHÓ GIÁM ĐỐC

SỞ CÔNG THƯƠNG

Trần Xuân Điền

Số cấp 12345/GCN ATTP-SCT
Giấy chứng nhận có hiệu lực đến
Ngày DD / MM / YYYY
và thay thế Giấy chứng nhận
Số:..............cấp ngày..../..../20....

CHART 31 식품안전지식 확인증 (법적 대표자와 식·음료 취급 직원)

SỞ Y TẾ HÀ NỘI
CHI CỤC ATVSTP

CỘNG HOÀ XÃ HỘI CHỦ NGHĨA VIỆT NAM
Độc lập – Tự do – Hạnh phúc

GIẤY XÁC NHẬN KIẾN THỨC VỀ
AN TOÀN THỰC PHẨM

Số: 12 / YYYY / XNTH-CCATVSTPHN

Căn cứ Thông tư liên tịch số 13/2014/TTLT-BYT-BNNPTNT-BCT ngày 09 tháng 04 năm 2014 của Bộ Y tế, Bộ Nông nghiệp và Phát triển nông thôn, Bộ Công thương và nội dung, tài liệu kiến thức an toàn thực phẩm của Cục An toàn thực phẩm - Bộ Y tế

Chi cục An toàn vệ sinh thực phẩm Hà Nội xác nhận các ông/bà:

Thuộc tổ chức: CÔNG TY **XYZ**

Địa chỉ : SỐ X, PHỐ Y, PHƯỜNG Z, QUẬN M, HÀ NỘI

Giấy chứng nhận đăng ký kinh doanh số: 123456789 **cấp ngày** DD/MM/YYYY

Nơi cấp: Sở Kế hoạch và Đầu tư TP Hà Nội

Điện thoại: 24681012 **Fax:** **Email:**

(có tên trong danh sách kèm theo giấy này) có kiến thức cơ bản về an toàn thực phẩm theo quy định hiện hành.

Giấy này có giá trị hết ngày DD **tháng**MM **năm** YYYY

Nơi nhận:
- CÔNG TY XYZ
- Lưu trữ tại Chi cục ATVSTP Hà Nội.

Hà Nội, ngày DD *tháng*MM *năm* YYYY
CHI CỤC TRƯỞNG

Lê Đức Thọ

CHART 32 주류 판매 면허

ỦY BAN NHÂN DÂN QUẬN 1
PHÒNG KINH TẾ

Số: 12 /GPR-KT

CỘNG HÒA XÃ HỘI CHỦ NGHĨA VIỆT NAM
Độc lập – Tự do – Hạnh phúc

QuậnN, ngàyDDthángMnăm YYYY

GIẤY PHÉP KINH DOANH
BÁN LẺ RƯỢU

TRƯỞNG PHÒNG KINH TẾ QUẬN N

Căn cứ Nghị định số 14/2008/NĐ-CP ngày 04/02/2008 của Chính phủ Quy định tổ chức các cơ quan chuyên môn thuộc Ủy ban nhân dân quận, huyện, thị xã, thành phố thuộc tỉnh;

Căn cứ Nghị định số 40/2008/NĐ-CP ngày 07/04/2008 của Chính phủ về sản xuất, kinh doanh rượu;

Căn cứ Thông tư số 10/2008/TT-BCT ngày 25/7/2008 của Bộ Công Thương hướng dẫn thực hiện một số điều của Nghị định số 40/2008/NĐ-CP ngày 07/04/2008 của Chính phủ về sản xuất, kinh doanh rượu;

Xét đơn đề nghị cấp Giấy phép kinh doanh bán lẻ rượu của CÔNG TY ABC

QUYẾT ĐỊNH:

Điều 1. Cấp phép kinh doanh

Cho phép: **CÔNG TY ABC**

Trụ sở tại: **Số X, phường M, quận N**

Điện thoại: 35791113 Fax: /

Giấy chứng nhận Đăng ký kinh doanh số: 123456789 do Sở Kế hoạch và Đầu tư cấp ngày DD tháng Mnăm YYYY

Được phép kinh doanh bán lẻ rượu tại địa điểm: Số X , phường M, quận N

Điều 2. Trách nhiệm thực hiện

CÔNG TY ABC phải thực hiện đúng các quy định tại Nghị định số 40/2008/NĐ-CP ngày 07/04/2008 của Chính phủ, Thông tư số 10/2008/TT-BCT ngày 25/7/2008 của Bộ Công Thương và những quy định của pháp luật liên quan.

Điều 3. Thời hạn Giấy phép

Giấy phép này có giá trị đến **ngày DD thángM nămYYYY**.

Nơi nhận:
- Công ty ABC
- Sở Công thương;
- Đội QLTT AB
- Chi cục Thuế quận N
- UBND Phường M
- Lưu.

TRƯỞNG PHÒNG

PHÒNG KINH TẾ

Lê Thanh Ngữ

※ 이 책의 내용은 저자가 근무하는 로펌의 공식적인 법률 의견이 아니다. 베트남 법은 계속 새로 만들어지고 수정되고 있어 이 책의 내용을 적용할 때는 그 법이 아직 유효한지 바뀐 것은 없는지 저자와 확인해 볼 것을 권한다.

※ 법률 책의 특성상 처음부터 끝까지 읽는 것보다 필요한 부분을 발췌해서 보는 경우가 많을 것이다. 따라서 다른 챕터에서 나온 동일한 내용이 반복되는 경우가 종종 있다.

※ 이 책의 주석은 한경 경제용어사전, 시사경제용어사전, 시사상식사전, 두산백과, 한국민족문화대백과, 위키백과, 네이버 용어사전, 네이버 지식백과 등을 참고 또는 인용하였다.

김유호 변호사 연락처

- 사무실(베트남): +84 (0)24 3226 3986 (베이커 맥킨지 로펌)
- 휴대전화(베트남): +84 (0)90 438 7074
- 인터넷폰(한국): 070 4645 2449
- richard.kim@bakermckenzie.com
- yuho.richard.kim@gmail.com